# TEMAS DE DIREITO URBANÍSTICO 5

MINISTÉRIO PÚBLICO DO ESTADO DE SÃO PAULO
Procuradoria Geral de Justiça

| | |
|---|---|
| Procurador-Geral de Justiça | Rodrigo César Rebello Pinho |

CENTRO DE APOIO OPERACIONAL
DE URBANISMO E MEIO AMBIENTE

| | |
|---|---|
| *Coordenadora* | Marisa Rocha Teixeira Dissinger |
| *Assessores* | Ana Laura Bandeira Lins Lunardelli<br>Carlos Henrique Prestes Camargo<br>Cláudia Cecília Fedeli<br>Fernando Reverendo Vidal Akaoui<br>Roberto Luís de Oliveira Pimentel |

GOVERNO DO ESTADO DE SÃO PAULO
TRABALHANDO POR VOCÊ

| | |
|---|---|
| Governador | José Serra |

imprensaoficial

IMPRENSA OFICIAL DO ESTADO DE SÃO PAULO

| | |
|---|---|
| *Diretor-Presidente* | Hubert Alquéres |
| *Diretor Vice-Presidente* | Paulo Moreira Leite |
| *Diretor Industrial* | Teiji Tomioka |
| *Diretor Financeiro* | Clodoaldo Pelissioni |
| *Diretora de Gestão Corporativa* | Lucia Maria Dal Medico |
| *Chefe de Gabinete* | Vera Lúcia Wey |

# TEMAS DE DIREITO URBANÍSTICO 5

CENTRO DE APOIO OPERACIONAL
DE URBANISMO E MEIO AMBIENTE

MINISTÉRIO PÚBLICO DO ESTADO DE SÃO PAULO
Procuradoria Geral de Justiça

imprensaoficial

São Paulo, 2007

Dados Internacionais de Catalogação na Publicação (CIP)
(Câmara Brasileira do Livro, SP, Brasil)

Temas de direito urbanístico. 5 / [coordenadora Marisa Rocha Teixeira Dissinger]. – São Paulo : Imprensa Oficial do Estado : Ministério Público do Estado de São Paulo, 2007.

Vários autores.
Acima do título: Ministério Público do Estado de São Paulo. Procuradoria Geral de Justiça.
"CAOUMA - Centro de Apoio de Urbanismo e Meio Ambiente"
Bibliografia.

ISBN 978-85-7060-560-3 (Imprensa Oficial)

1. Urbanismo e renovação urbana - Leis e legislação - Brasil I. Dissinger, Marisa Rocha Teixeira. II. Ministério Público do Estado de São Paulo. Procuradoria Geral de Justiça.

05-1605 CDU-34:71(81)

Índices para catálogo sistemático:
1. Brasil : Direito urbanístico 34:71(81)
2. Brasil : Urbanismo : Leis 34:71(81)

Foi feito o depósito legal na Biblioteca Nacional
(Lei nº 10.994, de 14/12/2004)

Impresso no Brasil 2007

"Esta publicação é uma co-edição Ministério Público e Imprensa Oficial do Estado de São Paulo"

Ministério Público do Estado de São Paulo
Rua Riachuelo, 115 Centro
01007-000 São Paulo SP
www.mp.sp.gov.br
Fax 6099-9674
Tel 11 3119-9000

Imprensa Oficial do Estado de São Paulo
Rua da Mooca, 1921 Mooca
03103-902 São Paulo SP
www.imprensaoficial.com.br
livros@imprensaoficial.com.br
SAC Grande São Paulo 11 5013-5108 | 5109
SAC Demais localidades 0800-123 401

# PREFÁCIO

Há exatos dez anos, na qualidade de Coordenadora, tive a oportunidade de fazer a apresentação do "Manual Prático de Habitação e Urbanismo", primeiro roteiro organizado pelo CAOHURB, cuja finalidade era abordar de forma simples e direta os temas de Habitação e Urbanismo mais freqüentes nas Promotorias de Justiça do Estado de São Paulo.

Passada uma década, encontro-me à frente do Centro de Apoio Operacional de Urbanismo e Meio Ambiente e, mais uma vez, tenho a grata satisfação de prefaciar uma obra de cunho urbanístico. Desta feita, trata-se do "Temas de Direito Urbanístico 5", publicação que integra coleção já consagrada, voltada para todos os operadores do direito, a quem são oferecidos artigos sobre o Direito Urbanístico, colocando olhos críticos sobre questões diversas que vão desde a segurança em edificações até o Plano Diretor, passando inclusive pelos cuidados necessários com a paisagem urbana, sem perder de vista a necessidade da moradia legal nas cidades.

Além da seriedade na análise de matérias eminentemente técnicas, os autores mostram equilíbrio no trato com um binômio precioso a todos nós: a preservação do desenvolvimento urbano ao lado da sustentabilidade ambiental. Este é o desafio que se coloca hoje em dia, mormente quando são poucas as políticas públicas habitacionais, o que compromete direitos fundamentais tutelados constitucionalmente.

Agradeço aos autores por sua contribuição intelectual, bem como à Imprensa Oficial do Estado de São Paulo - IMESP, que mais uma vez prestigiou o Ministério Público ao renovar esta parceria.

Por fim, minhas homenagens aos Promotores de Justiça Assessores que auxiliaram na organização desta obra: Ana Laura Bandeira Lins Lunardelli, Carlos Henrique Prestes de Camargo, Cláudia Cecília Fedeli, Fernando Reverendo Vidal Akaoui e Roberto Luís de Oliveira Pimentel.

***Marisa Rocha Teixeira Dissinger***
Procuradora de Justiça

# ÍNDICE

## TEMAS DE DIREITO URBANÍSTICO VOLUME 1

## TEMAS DE DIREITO URBANÍSTICO VOLUME 2

As "pichações" em São Paulo: Danos Patrimoniais, Urbanísticos e Ambientais. Diagnóstico e Propostas para sua Inibição - José Geraldo Brito Filomeno

Poder de Polícia e o Corpo de Bombeiros - Álvaro Lazzarini

Ação Civil por Danos Urbanísticos: Questões Controvertidas - João Francisco Moreira Viegas

Tutela Antecipada, Medidas Cautelares, Liminares e o Registro de Imóveis - Kioitsi Chicuta

Possibilidade de Decisões Judiciais Sobre Zoneamento - Maria Fernanda de Toledo Rodovalho Podval

A Ação Popular como Instrumento de Defesa dos Direitos Metaindividuais Urbanísticos - Daniel Isaac Friedmann

Da Impossibilidade de Aquisição de Imóvel Urbano em Área de Invasão por Meio do Usucapião Constitucional: uma Abordagem Sócio-jurídica - Manoel Sérgio da Rocha Monteiro

A Competência Municipal para o Ordenamento do Território e a Questão dos Bens Estaduais de Uso Especial - José Jesus Cazetta Júnior

Notas Introdutórias ao Direito Urbanístico - Victor Carvalho Pinto

A Megalópole da Periferia - Eduardo Rheingantz

Função Social da Propriedade Urbana e Exclusão Social - Washington Luís Lincoln de Assis

O Poder Judiciário e o Ministério Público na Garantia do Livre Acesso às Praias Marítimas e Loteamentos - Edward Ferreira Filho

Tutela Legal do Paisagismo - João Lopes Guimarães Júnior

Políticas Públicas e Direito Urbanístico. Papel do Poder Judiciário e Ação Civil Pública - Guilherme Mello Ferraz de Siqueira

Loteamentos Irregulares e Clandestinos. A Improbidade Administrativa Decorrente da Omissão dos Agentes Públicos no seu Dever de Fiscalização - Marcus Vinícius Monteiro dos Santos

Parcelamento do Solo Urbano, o Consumidor e o Registro Imobiliário - Sérgio Jacomino

Apontamentos Acerca da Aplicação do Código Florestal em Áreas Urbanas e seu Reflexo no Parcelamento do Solo - Fernando Reverendo Vidal Akaoui

A Responsabilidade dos Agentes da Administração Pública em Delitos Urbanísticos e Ambientais - William Terra de Oliveira

O Inquérito Policial como Instrumento Alternativo para Investigação dos Loteamentos Clandestinos - Nilton Belli Filho

Loteamentos Clandestinos: uma Proposta de Prevenção e Repressão - José Carlos de Freitas

### PALESTRAS

Regularização do parcelamento do solo - Narciso Orlandi Neto

Fraudes à Lei de Parcelamento do Solo e à Lei de Incorporação Imobiliária - Antonio Cezar Peluso

# TEMAS DE DIREITO URBANÍSTICO VOLUME 3

Concessões Urbanísticas - Adilson Abreu Dallari

Telecomunicações e Infra-estrutura: artigos 73 e 74 da Lei 9.472/97 - Lucia Valle Figueiredo

Limitações ao Planejamento Urbano Democrático - Ermínia Maricato

Direito Urbanístico e Reparação de Dano: entre o modelo e o real - Maria Lucia Refinetti Martins

Aspectos Tributários do Estatuto da Cidade - Regina Helena Costa

Planejamento: Responsabilidade do Estado por danos decorrentes de sua inexecução - Mariana Moreira

Meio Ambiente Artificial e Pessoa Portadora de Deficiência – Aspectos Relevantes dessa Convivência - Lauro Luiz Gomes Ribeiro

As Cláusulas Convencionais de Loteamento e a Lei Municipal Posterior - Maria Christina Marton Corrêa Seifarth de Freitas

Política Urbana e Direito à Vida - Cláudio Luis Watanabe Escavassini

Do Direito de Propriedade ao Direito à Vida – Novas Perspectivas Instituídas com a Lei nº 10.257/2001 - Mário Augusto Vicente Malaquias

Perspectivas para a Regularização Fundiária em Favelas à Luz do Estatuto da Cidade - Edésio Fernandes

Dano Moral Contra a Coletividade – Ocorrências na Ordem Urbanística - Marco Antonio Marcondes Pereira

A Tutela Jurisdicional do Espaço Urbano: Técnica e Estratégia Processual - Carlos Alberto de Salles

Os Compromissos de Ajustamento de Conduta - Hugo Nigro Mazzilli

O Controle Jurisdicional da Atividade Admnistrativa Urbanística - Oswaldo Luiz Palu

O Papel do Ministério Público no Controle da Proteção Coletiva contra Incêndios - César Ricardo Martins

Contribuição de Melhoria e Loteamentos Irregulares - Marcelo Ferreira de Souza Netto

O Papel do Ministério Público no Parcelamento do Solo Urbano - Cláudia Maria Beré

Os Loteamentos e a Pessoa Portadora de Deficiência - Luiz Antonio Miguel Ferreira

A Indevida Utilização do Condomínio Tradicional para o Parcelamento do Solo em Partes Ideais: Fraude à Lei Impeditiva do Registro Imobiliário - Luís Paulo Aliende Ribeiro

O Patrimônio Cultural e os Deveres de Proteção e Preservação - Filippe Augusto Vieira de Andrade

Regime Jurídico do Plano Diretor - Victor Carvalho Pinto

Estatuto da Cidade: a Obrigatória Participação do Ministério Público nos Instrumentos da Política Urbana - Amaitê Iara Giriboni de Mello

O Estatuto da Cidade e o Equilíbrio no Espaço Urbano - José Carlos de Freitas

Legislação

Lei n° 10.257/01 (Estatuto da Cidade)
Medida Provisória n° 2.220/01

## TEMAS DE DIREITO URBANÍSTICO VOLUME 4

# ARTIGOS

# A PROTEÇÃO DA ORDEM CONSTITUCIONAL URBANÍSTICA E AMBIENTAL NO ÂMBITO DA JURISDIÇÃO CONSTITUCIONAL ESTADUAL

OSWALDO LUIZ PALU*

***SUMÁRIO:*** 1. Introdução. 2. Novos Rumos. Novas Perspectivas. 3. A Decisão Político-administrativa. 4. A Decisão Técnica - Duas vertentes. 5. A Decisão Técnica em sua primeira vertente - Art. 1º e 144 da Constituição do Estado. 6. A Decisão Técnica em sua segunda vertente - As chamadas normas de efeitos concretos. 7. Natureza das normas estaduais. 8. A Constituição impõe-se ao Lesgislador - Liberdade de conformação do Legislador e sua limitação em matéria de Urbanismo e Meio Ambiente. 9. O Poder de iniciativa. O Poder de Emenda Parlamentar - O Urbanismo e Meio Ambiente. 10. Ordem Constitucional Urbanística e Ambiental. Casos da Procuradoria-Geral de Justiça de São Paulo.

## 1. INTRODUÇÃO

As Justiças Estaduais e suas Vicissitudes.

Antes de qualquer consideração sobre o controle concentrado de constitucionalidade no âmbito das Justiças dos Estados convém abordar, ainda que rapidamente, o momento de particular desprestígio

* Procurador de Justiça. Mestre em Direito pela Pontifícia Universidade Católica de São Paulo. Doutor em Direito do Estado pela Universidade de São Paulo

que tal ramo da Justiça vem atravessando, o que reflete diretamente no controle de normas estadual.

A existência das Justiças Estaduais é decorrente do **Estado federal,** princípio que, em sua forma clássica (**federalismo dual**) encontra-se em franco declínio. Ainda assim no ordenamento que deu origem a tal repartição de competências e que nos serviu de inspiração, já a partir da Constituição de 1891, há tenaz movimento para a valorização das Justiças Estaduais[1]. Hoje fala-se em um **federalismo cooperativo**, em um **federalismo centrífugo** e no princípio da **lealdade federal**, para obviar os grandes problemas do federalismo dual: a justaposição de estruturas estatais similares (federal e estaduais) para desempenhar funções análogas, com enormes custos e desconcertantes conflitos de competências constitucionais. O federalismo é,

---

[1] Conforme **LAURENCE H. TRIBE** (*American Constitutional Law*, third edition, p. 465, Foundation Press, New York, 2000):

"The Constitution presumes the existence of the states as lawmakers and governmental institutions distinct from the federal government. Only Article IV, §3 (**preserving the territorial integrity each state**), Article V (**protecting each state from dilution of its equal representation in the Senate**), the Tenth Amendment (**affirming that the states and the people retain all powers not delegated to the United States or prohibited to the states**), and the Eleventh Amendment (**protecting states from certain suits in federal courts**) textually limit federal power in the interest of the states as independent entities – and of these textual limits only the **Eleventh Amendment expressly limits federal *judicial* power as such**. Yet this whole is vastly greater than the sum of its parts, so it should not be too surprising that, despite its meager textual foundation, there nonetheless exists a substantial body of law which restricts the authority of the federal judiciary in order to preserve state autonomy. Much of this law is statutory; its detailed elaboration is therefore beyond the scope of this treatise. A substantial part, however, is judge-made. These judicially developed limits generally do not purport to be "constitutional" in the sense of being beyond the reach of Congress. But they are constitutional in a broader sense: In significant part, they reflect conceptions of the proper relationship between the federal and state governments, conceptions which lie behind the governmental structures that the Constitution creates. The next series of sections explores **four doctrinal areas** in which the Supreme Court has elaborated significant federalism-based restrictions on the power of the federal courts. Considered first is the general prohibition, absent at least implicit congressional authorization, on creation of federal common law that would suppliant state common law or legislation. Second is the doctrine protecting state court judgments from federal court review provided they rest on an "adequate and independent state ground" – a rule crucial to furthering the development of state constitutional jurisprudence and to safeguarding reasonable procedural requirements of state judicial systems. Third is the Eleventh Amendment, which the Supreme Court has interpreted as embodying a conception of sovereign immunity that, among other things, bars litigants from suing states, at least directly, in federal court without their consent — even pursuant to a clear congressional decision, in otherwise valid legislation enacted under Article I, to override state immunity. finally are the "abstention" doctrines: various exceptions to the responsibility of the federal courts to exercise the jurisdiction they possess, requiring them to abstain in favor of state proceedings where necessary to protect the integrity of state law or to minimize friction with state judicial systems by respecting their institutional autonomy – central examples of the Supreme Court's renewed emphasis on the ambiguous but powerful policy of **"judicial federalism"** that unites much of the doctrine discussed in this chapter."

hoje, entendido em um conceito normativo, em que cada ordenamento nacional define seus contornos.

Ocorre que, em nosso país, o Poder Judiciário (e o Ministério Público) estão organizados, **ao menos desde o início da República**, em um modelo dual, ainda que imperfeito, com as Justiças dos Estados muito mais organizadas em termos administrativos do que a Justiça Federal, que chegou a ser extinta em um dos períodos republicanos (não me refiro aos tribunais nacionais mas apenas à Justiça Federal).

Foi a descentralização dos Judiciários Estaduais uma vertente de amplitude inversamente proporcional ao **centralismo,** ranço cultural que advém de época de nossa colonização, e que persiste.[2]

---

[2] Em sua imortal obra **'Os donos do poder'**, Raymundo Faoro (Globo, São Paulo, págs. 192 e ss., 2001) disseca as origens do antigo referido fenômeno, que se renova paroxisticamente, sob novas roupagens: **"*A Obra da Centralização Colonial*.** A obra de resguardo do fisco, do patrimônio real, destrói todas as formas de autoridade local, vinculada às populações e solidária com seus interesses; as milícias de recrutamento nas vilas e nos sertões cedem o lugar aos efetivos portugueses, castrados os capitães-mores com o Regulamento de 1709. O Senado da Câmara desce de sua efêmera dignidade, reduzido a simples auxiliar dos senhores que governam a capitania, servos do poder central, escravos do rei. Os termos, vilas e comarcas se dividem, para atomizar as hostes dos caudilhos, na fórmula consagrada de dividir para governar e para **centralizar**. Sobre a colônia descem as sufocadoras garras da administração colonial, cortadas nos conselhos do reino, sem respeito pelas peculiaridades do trópico. A ordem pública portuguesa, imobilizada nos alvarás, regimento ordenações, prestigiada pelos batalhões, atravessa o oceano, incorrupta, carapaça imposta ao corpo sem que as medidas deste a reclamem. O Estado sobrepôs-se, estranho, alheio, distante à sociedade, amputando todos membros que resistissem ao domínio. A conquista dos sertões, a descoberta das minas sugerira uma política de transação, agora revogada e anulada, não raro a ferro e fogo. Nenhuma comunicação, nenhum contato, nenhuma onda vitalizadora flui entre o governo e as populações: a ordem se traduz não obediência passiva ou no silêncio. Não admira que, duzentos anos depois liberdades públicas só existam para divertimento de letrados, agarrados aos sonhos que o litoral traz de outros mundos. "Essa organização administrativa e política, que assim se constitui, não é, então, como a da sociedade americana, 'uma criação consciente dos indivíduos'. Não emana da própria sociedade. Dela não surge como uma transformação do seu todo no tempo e no espaço. E uma espécie de carapaça disforme, vinda de fora, importada. Vasta, complexa, pesada, não está, pela enormidade da sua massa, em correspondência com a rarefação e o tamanho da população, que subordina. Perfeitamente adequada a uma sociedade que possuísse o grau de condensação e complexidade de qualquer sociedade européia, em fase adiantada de evolução. (...) A administração local, única parcialmente brasileira, será apenas autônoma para pequenas obras, uma ponte, uma estrada vicinal. (...) O Estado não é sentido como protetor dos interesses da população, o defensor das atividades particulares. Ele será apenas o monstro sem alma, o titular da violência, o impiedoso cobrador de impostos, o recrutador de homens para empresas com as quais ninguém se sentirá solidário – salvo os buscadores de benefícios escusos e de cargos públicos (...) Ao sul e ao norte, os centros de autoridade são sucursais obedientes de Lisboa: o Estado, imposto à colônia antes que ela tivesse povo, permanece íntegro, reforçado pela espada ultramarina, quando a sociedade americana ousa romper a casca do ovo que aprisiona. **A colônia prepara, para os séculos seguintes, uma pesada herança, que as leis, os decretos e os alvarás não lograrão dissolver**."

### 1.1. O Caráter Nacional do Poder Judiciário e do Ministério Público

Entende-se, atualmente, que o Poder Judiciário e o Ministério Público são estruturas **nacionais**, não da União ou dos Estados, alheios ao princípio do Estado Federal. Tal se afigura, em princípio, correto. O que não parece correto é a prática da utilização de raciocínios falaciosos para rebaixar os Poderes Judiciários Estaduais a um nível em que não se pode reconhecê-los como órgãos de soberania nacional e, caso não seja interrompida, vai legar a este importante ramo da Justiça a mais completa irrelevância.

Explico-me. Sabe-se, com K. LOEWENSTEIN, que existem três *reais* funções de *Estado*: a) a **decisão política conformadora ou fundamental** (*policy determination*); b) **a execução da decisão política** (*policy execution*); e c) **o controle da decisão política** (*policy control*). Para K. Loewenstein, **a função judicial** é, fundamentalmente, *a **função de execução da decisão política fundamental***, tomada anteriormente e que se apresenta em norma geral e abstrata. Mas a função mais relevante que o autor atribui ao Judiciário **é como controlador do poder político e não como mero executor da decisão política** (tarefa da Administração) está no *controle judicial da constitucionalidade (judicial review)*, mas esta função, que ele admite e acoroçoa, **'não pertence, em absoluto, à teoria clássica de separação de poderes.'**[3]

Hoje, o *controle da constitucionalidade das leis (especialmente o controle concentrado) e o controle das opções políticas de governo (fundamentalmente ações civis públicas)* fazem do Poder Judiciário um real poder estatal. Sem isso, seria mero **executor da decisão política** (*policy execution*), já tomadas, ou pelo governante, ato de governo ou pelo legislador. Considerando o desprestígio de que goza o sistema difuso de constitucionalidade no Brasil, apenas se diferencia o Poder Judiciário Estadual como poder estatal e não como mera administração da Justiça (em tudo igual à administração Pública = burocracia) pelo controle de constitucionalidade estadual concentrado (jurisdição constitucional estadual) e pelo controle dos atos de governo.

Quanto ao primeiro, ele subsiste, a duras penas, tendo sido prestigiado pelo STF, que poderia tê-lo desfigurado e o reduzido a irrelevância – e não o fez – quando admitiu ações diretas de inconstitucionalidade em face das normas estaduais de repetição obrigatória.

---

[3] *Teoria de la constitución*, Ariel Derecho, p. 67.

Quanto ao segundo, ao contrário, vê-se jurisprudência reducionista da competência das Justiças Estaduais. Tem-se chegado, inclusive, ao cúmulo de, em ações civis públicas, o órgão do *parquet* federal aduzir um indigitado **interesse econômico-financeiro** da União (que, por vezes, custeia **parte** dos programas ou obras estaduais ou municipais), para divisar um 'interesse nacional' apto a deslocar a competência para a Justiça Federal.[4]

1.2. **Réquiem para a Justiça Estadual.** A ser assim, em uma ordem tributária irracional e concentradora, que carreia mais de **70% da arrecadação tributária** (na maioria *contribuições*, válvula de escape às limitações constitucionais ao poder de tributar) para um ente parcial, a União, bastaria que este ente fizesse inserir, por ex., R$1,00 em qualquer programa estadual ou municipal para que a competência para qualquer ação fosse, sempre, deslocada para a Justiça Federal (a parte escolheria o juiz). Um mero interesse econômico não se traduz em interesse jurídico e uma ordem tributária centralizada é utilizada para **desfigurar, também, o equilíbrio dos ramos estadual e federal da Justiça.**

Sabe-se, com **HANS KELSEN,** que uma federação ou Estado descentralizado significa que a ordem jurídica **nacional** contém não apenas normas **centrais**, mas também normas **locais, ambas parciais**. As diferentes esferas territoriais de validade das ordens locais são as subdivisões territoriais. As normas **centrais** da ordem jurídica **total**, ou **nacional**, também formam uma ordem **parcial**, ou seja, a ordem jurídica **central. Elas também constituem uma comunidade jurídica parcial**, ou seja, a comunidade jurídica central. A ordem jurídica central que constitui a comunidade jurídica central forma, juntamente com as ordens jurídicas locais que constituem as comunidades jurídicas locais, **a ordem jurídica total ou nacional que constitui a comunidade jurídica total**, o Estado. **Tanto a comunidade central** quanto as **comunidades locais** são **membros da comunidade total**. ('Teoria Geral do Direito e do Estado', p.434, Martins Fontes, 2005).

**O interesse nacional ou total encontra-se diluído tanto pelo ramo federal como pelo ramo estadual do Poder Judiciário (ambos nacionais ou totais), conforme o caso, segundo a Constituição e não segundo quem custeia parte do serviço ou programa.** O

---

[4] Um argumento contraditório. Se fosse relevante quem custeia parte de determinado programa ou obra, **para defender os interesses do Tesouro** existe a **Advocacia Geral da União –AGU** único órgão que **defende o interesse meramente fazendário**.

interesse **total ou nacional** é velado tanto pelo Ministério Público Federal (que somente vela com exclusividade a parte do interesse social da competência do ramo judiciário da União, ordem parcial) como pelo Ministério Público Estadual.

## 2. NOVOS RUMOS. NOVAS PERSPECTIVAS

Entrementes, como se disse, com apoio até aqui do STF, no que concerne ao controle de constitucionalidade concentrado, a jurisdição constitucional estadual vem mudando de perfil.

Tomando como referência a proteção da ordem urbanística e ambiental constitucional – nosso tema – nota-se um difuso, mas notável movimento de incremento em importância para resolução dos sérios problemas ambientais e urbanísticos nos âmbitos dos Municípios e mesmo do Estado que, de outro modo, não teriam solução. E isso graças a uma mudança de perspectiva da Procuradoria-Geral de Justiça e do próprio Tribunal de Justiça de São Paulo sobre o conceito e o conteúdo das ações diretas de inconstitucionalidade estaduais.

2.1. O Ministério Público do Estado de São Paulo não tinha exemplos de ações diretas de inconstitucionalidade para defesa da ordem urbanística e do meio ambiente em quantidade apreciável. Poder-se-ia lembrar a famosa ação, proposta em meados da última década, acerca da legislação urbanística da Capital no que concerne às chamadas **Operações Interligadas** e da chamada **Operação Urbana Centro**, em que se aferiu uma ilegal delegação de competência constitucional do Poder Legislativo a um órgão do Poder Executivo, a Comissão de Normas sobre a Legislação Urbana (CNLU) para estabelecer requisitos edilícios, gabarito e contrapartidas.

Lentamente, entretanto, o panorama mudou. Em realidade, através daquilo que os administrativistas italianos chamam de **discricionariedade técnica** (a justaposição de uma decisão político-administrativa e de um decisão técnica), tomadas pelo Procurador-Geral de Justiça, concretizou-se uma eficaz proteção da ordem constitucional urbanística e do meio ambiente por meio das ADIs.

## 3. A DECISÃO POLITICO-ADMINISTRATIVA

A **decisão político-administrativa** foi a de utilizar-se, sempre que possível, desse precioso instrumento que é a ação direta de inconstitucionalidade estadual, com a possibilidade de ser deferida imediatamente medida cautelar para suspensão do ato legislativo impugnado, evitando que o mesmo tema transcorra todo o sistema difuso com as suas deficiências notoriamente conhecidas.

## 4. A DECISAO TÉCNICA - DUAS VERTENTES

Esta decisão prende-se, no tema de que tratamos, em duas vertentes:

a) à maior amplitude na interpretação dos artigos 1º e 144 da Constituição do Estado; e

b) ao abrandamento jurisprudência do STF sobre a inviabilidade de ADI em relação às chamadas 'leis de efeitos concretos'.

## 5. A DECISÃO TÉCNICA EM SUA PRIMEIRA VERTENTE – ART. 1º E 144 DA CONSTITUIÇÃO DO ESTADO

5.1. Prosseguindo, como decorrência do nosso assim chamado *Estado federal* as unidades federativas têm suas Constituições, e São Paulo tem a sua, e que prevê nos seus artigos 1º e 144 que:

> "Art. 1º - O Estado de São Paulo, integrante da *República Federativa do Brasil*, exerce as **competências que não lhe são vedadas pela Constituição Federal**.
>
> Art. 144 - Os Municípios, com autonomia política, legislativa, administrativa e financeira se auto organizarão por Lei Orgânica, ***atendidos os princípios estabelecidos na Constituição Federal*** e nesta Constituição."

5.2. Ora, a mudança de perspectiva da Procuradoria-Geral de Justiça deu-se então na interpretação que se tinha desses artigos e que, até meados da década passada, era estreita pois ainda se discutia, mesmo em se tratando de **norma da Constituição Estadual expressamente repetida da Constituição da República – a chamada norma de repetição obrigatória** – se poderia ela servir como **parâmetro** para a propositura de uma **ação direta de inconstitucionalidade - ADI.**

Essa matéria, evidentemente, está hoje pacificada, especialmente a partir de famoso aresto do Supremo Tribunal Federal relatado pelo **E.**

**Ministro Moreira Alves**, que, acompanhado pelos seus pares, construiu sólida e fundamentada jurisprudência no sentido de que, sendo a norma parâmetro uma das chamadas normas de repetição obrigatória (presente, portanto, tanto na Constituiçao da República como na Constituição do Estado) é possível a ADI estadual. Essa jurisprudência abriu as portas para o efetivo controle de constitucionalidade estadual concentrado. Não é exagero dizer que este aresto é um dos maiores vértices desse controle.[5]

O parâmetro de uma ADI estadual é **sempre e unicamente a Constituição do Estado** e isso vem claro no art. 125, § 2º da Constituição da República.[6]

Assim sendo, determinados preceitos da Constituição da República devem obrigatoriamente constar, por **repetição**, na Constituição dos Estados, pelo **princípio da simetria**. Por ex., o princípio do art. 2º da CF (separação de poderes) tem de ser repetido na Constituição do Estado. O disposto no art. 37 da Constituição da República tem de estar reproduzido na Constituição do Estado e assim por diante.[7]

---

[5] **RECLAMAÇÃO 383/SP - SÃO PAULO. Relator: Min. MOREIRA ALVES**
**Julgamento: 11/06/1992**
"EMENTA: Reclamação com fundamento na preservação da competência do Supremo Tribunal Federal. Ação direta de inconstitucionalidade proposta perante Tribunal de Justiça na qual se impugna Lei municipal sob a alegação de ofensa a dispositivos constitucionais estaduais que **reproduzem dispositivos constitucionais federais de observância obrigatória pelos Estados.** Eficácia jurídica desses dispositivos constitucionais estaduais. Jurisdição constitucional dos Estados-membros. - Admissão da propositura da ação direta de inconstitucionalidade perante o Tribunal de Justiça local, com possibilidade de recurso extraordinário se a interpretação da norma constitucional estadual, que reproduz a norma constitucional federal de observância obrigatória pelos Estados, contrariar o sentido e o alcance desta. Reclamação conhecida, mas julgada improcedente."

[6] 'Art. 125 - Os Estados organizarão sua Justiça, observados os princípios estabelecidos nesta Constituição
(...)
§ 2.º Cabe aos Estados a instituição de representação de inconstitucionalidade de leis ou atos normativos estaduais ou municipais em face da Constituição estadual, vedada a atribuição da legitimação para agir a um único órgão.'

[7] **MEDIDA CAUTELAR EM RECLAMAÇÃO 5.049-1 - RELATOR MIN. CELSO DE MELLO**
**DESPACHO: Torna-se necessário conhecer a natureza** das normas constitucionais de parâmetro (se federais ou estaduais) **invocadas** pelo E. Tribunal de justiça do Estado do Rio de Janeiro, **quando** do julgamento do pedido de medida cautelar **formulado** no âmbito da Representação de Inconstitucionalidade n° 2007.007.00019, **de que é Relator** o eminente Des. MARCUS FAVER. Essa **peça é necessária** para que se possa analisar a alegação de usurpação de competência do Supremo Tribunal Federal, **considerado** o fato de que, **em sede** de fiscalização normativa abstrata **instaurada** perante Tribunal de Justiça, **o único** parâmetro de controle **admissível** reside **na própria** Constituição **do Estado** (CF, art. 125, § 2°), **na linha** da jurisprudência desta Suprema Corte:

5.3. A **doutrina de Raul Machado Horta.** Como conseqüência da subordinação à Constituição Federal, que é a matriz do ordenamento jurídico parcial dos Estados-membros, a atividade do constituinte estadual se exaure, em grande parte, na elaboração de **normas de reprodução, mediante as quais faz o transporte da Constituição Federal para a Constituição do Estado das normas centrais**, especialmente as situadas no campo das **normas de preordenação**. A tarefa do constituinte decorrente limita-se a inserir aquelas normas no ordenamento constitucional do Estado, por **um processo de transplantação**. Assim temos nas **Constituições dos Estados-membros:**

**a) As normas de reprodução** decorrem do caráter compulsório da norma constitucional superior,

**b) As normas de imitação** traduzem a adesão voluntária do constituinte a uma determinada disposição constitucional.

5.4. Nada impede que uma ADI estadual tenha como **parâmetro** o art. 5º da Constituição do Estado, norma de reprodução obrigatória do princípio da separação de poderes insituído nacionalmente (art. 2º da CR). Ou o artigo 115 da Cosntituição do Estado (princípios gerais da Administração Pública), que é norma de reprodução daquela do art. 37 da Constituição da República.

---

*"**FISCALIZAÇÃO NORMATIVA ABSTRATA.** AÇÂO DIRETA DE INCONSTITUCIONALIDADE. **TRIBUNAL DE JUSTIÇA** COMPETÊNCIA ORIGINÁRIA. **POSSIBILIDADE** (CF, ART. 125, § 2°). **PARÂMETRO ÚNICO DE CONTROLE** A CONSTITUIÇÃO **DO PRÓPRIO ESTADO-MEMBRO** OU, QUANDO FOR O CASO, A LEI ORGÂNICA DO DISTRITO FEDERAL **IMPOSSIBILIDADE**, CONTUDO, TRATANDO-SE DE JURISDIÇÃO CONSTITUCIONAL 'IN ABSTRACTO' DO ESTADO-MEMBRO (OU DO DISTRITO FEDERAL), **DE ERIGIR-SE** A PRÓPRIA CONSTITUIÇÃO DA REPÚBLICA À CONDIÇÃO DE PARADIGMA DE CONFRONTO. A **QUESTAO DA INCORPORAÇÃO FORMAL** AO TEXTO DA **CARTA LOCAL**, DE NORMAS CONSTITUCIONAIS FEDERAIS **DE OBSERVÂNCIA OBRIGATÓRIA 'ESTADUALIZAÇÃO'**, NESSA HIPÓTESE, DE TAIS NORMAS CONSTITUCIONAIS, **NÃO OBSTANTE O SEU MÁXIMO COEFICIENTE DE FEDERALIDADE.** LEGITIMIDADE DESSE PROCEDIMENTO. HIPÓTESE EM QUE AS NORMAS **ESTADUALIZADAS PODERÃO SER CONSIDERADAS COMO PARÂMETRO** DE CONFRONTO **PARA OS FINS** DO ART 125, § 2°. DA CONSTITUIÇÃO DA REPÚBLICA. **PRECEDENTES. AÇÃO DIRETA** QUE IMPUGNA **PERANTE** TRIBUNAL DE JUSTIÇA, DIPLOMA NORMATIVO LOCAL **CONTESTANDO-O**, EM TESE, **EM FACE** DE NORMAS **DA PRÓPRIA** CONSTITUIÇÃO FEDERAL. **DECISÃO** DO TRIBUNAL DE JUSTIÇA QUE, **AO JULGAR PROCEDENTE** A AÇÃO DIRETA **DECLARA** A INCONSTITUCIONALIDADE **DE DETERMINADA** LEI DISTRITAL (LEI N. 2.721/2001), **CONSIDERANDO-A INCOMPATÍVEL** COM NORMAS **DA PRÓPRIA** CONSTITUIÇÃO FEDERAL. **INADMISSIBILIDADE. USURPAÇAO** DA COMPETÊNCIA DO SUPREMO TRIBUNAL FEDERAL. **ADMISSIBILIDADE** DA RECLAMAÇÃO. **MEDIDA CAUTELAR DEFERIDA**"* **(RCL 3.436-MC/DF - ReL. Min. CELSO DE MELLO, Informativo/STF n° 394).**

Ocorre que algumas Constituições dos Estados, após **reproduzir** as normas obrigatórias, não esgotam determinados assuntos, que a Constituiçao da República disciplinou, mas fazem uma **remissão especial ou geral** como a norma como a do art. 144 da Constituiçao do Estado.[8]

Aqui também houve uma mudança de entendimento da Procuradoria-Geral: se a Consituição do Estado refere-se a **princípios**, claramente não necessitaria arrolar um a um, bastando ao intérprete separar princípios de normas e fazer fazer valer a supremacia da Constituição do Estado (no caso paulista, com supedâneo no art. 144 da Constituição do Estado) e algum princípio da Constituição da República.

E este entendimento vem respaldado por precedente do Supremo Tribunal Federal, no caso relatado pelo **Ilustre Ministro Gilmar Mendes,** que admite a ADI estadual nas chamadas **normas remissivas**, como claramente se vê na Reclamação nº **4.432-TO** em que foi Reclamante o MUNICÍPIO DE PALMAS - MEDIDA CAUTELAR NA ADI Nº 1523.[9]

---

[8] "Art. 144 - Os Municípios, com autonomia política, legislativa, administrativa e financeira se auto organizarão por Lei Orgânica, ***atendidos os princípios estabelecidos na Constituição Federal*** e nesta Constituição. (...)

Art. 218 - O Estado garantirá, em seu território, o planejamento e desenvolvimento de ações que viabilizem, no âmbito de sua competência, **os princípios de seguridade social previstos nos artigos 194 e 195 da Constituição Federal.**"

[9] "...**A norma constitucional estadual de remissão**, na condição de norma dependente, toma de empréstimo, portanto, um determinado elemento da norma constitucional federal remetida, não se fazendo completa senão em combinação com este componente normativo externo ao texto da Constituição Estadual. Essa circunstância, todavia, não retira a força normativa das normas constitucionais estaduais de remissão, que, uma vez conjugadas com as normas às quais se referem, gozam de todos os atributos de uma norma jurídica. É o que se extrai da seguinte passagem de Karl Larenz: "O serem proposições jurídicas, se bem que incompletas, significa que comungam do sentido de validade da lei, que não são proposições enunciativas, mas partes de ordenações de vigência. Todavia, a sua força constitutiva, fundamentadora de conseqüências jurídicas, recebem-na só em conexão com outras proposições jurídicas". Com isso, se uma norma estadual ou municipal viola ou não uma proposição constitucional estadual remissiva, é circunstância que apenas se saberá após a combinação entre **norma remissiva e norma remetida**, que é o que vai determinar o alcance normativo do parâmetro de controle a ser adotado. Entretanto, uma vez determinado esse alcance, a anulação da norma estadual ou municipal por violação a tal parâmetro **nada mais é do que uma conseqüência da supremacia da Constituição Estadual no âmbito do Estado-membro**. Em outras palavras, as conseqüências jurídicas decorrentes de eventual violação à proposição remissiva constante da Constituição Estadual derivam da própria **posição hierárquico-normativa superior desta no âmbito do ordenamento jurídico do Estado-membro**, e não da norma da Constituição Federal a que se faz referência. Assim, se as proposições remissivas constantes das diversas Constituições Estaduais, apesar de seu caráter dependente e incompleto, mantêm sua condição de proposições jurídicas, não haveria razão para se lhes negar a condição de parâmetro normativo idôneo para se proceder, em face delas, ao controle abstrato de normas perante os Tribunais de Justiça. Essa parece ser a tese subjacente ao entendimento adotado pelo Plenário do Supremo Tribunal Federal, que, no julgamento da RCL 733, por

5.5. A Constituição do Estado poderia **repetir, enfadonhamente, as normas de reprodução obrigatória da Constituição da República**, mas preferiu, acertadamente diga-se, a fórmula sintética do art. 144, determinando, como não poderia deixar de ser, que os **princípios** estabelecidos na Constituição da República (somente princípios, não regras) devessem ser observados obrigatoriamente pelos Municípios. Não foi outra a saída encontrada pelos Constituintes nacionais, por exemplo, com o art. 25 da Constituição da República, a determinar que os Estados se organizem segundo os **princípios** da Constituição da República, ***sem explicitá-los*, também enfadonhamente:**

> "***Art. 25*** - *Os Estados organizam-se e regem-se pelas Constituições e leis que adotarem, **observados os princípios desta Constituição.***".

Bastou este dispositivo para que o Supremo Tribunal Federal sempre houvesse entendido que os Estados devem obediência aos princípios da Constituição da República. Há que se indagar qual seria a razão de se interpretar de forma diversa o art. 144 da Constituição do Estado. Veja-se a **correspondência** desse artigo com o art. 144 da Constituição do Estado de São Paulo:

> "***Art. 144*** - Os Municípios, com autonomia política, legislativa, administrativa e financeira se auto organizarão por Lei Orgânica, ***atendidos os princípios estabelecidos na Constituição Federal*** e nesta Constituição".

## 6. A DECISÃO TÉCNICA - SEGUNDA VERTENTE - AS CHAMADAS NORMAS DE EFEITOS CONCRETOS

Outra importante restrição jurisprudencial do STF quanto à cognoscibilldade de ADIs diz respeito à chamadas ***LEIS DE EFEITOS CONCRETOS.***

---

unanimidade de votos, seguiu a orientação do Min. Ilmar Galvão, no sentido de que as normas constitucionais estaduais remissivas à disciplina de determinada matéria prevista na Constituição Federal constituem parâmetro idôneo de controle no âmbito local. (...)" **Portanto, tal qual o entendimento adotado na RCL nº 383 para as hipóteses de normas constitucionais estaduais que reproduzem dispositivos da Constituição Federal, também as normas constitucionais estaduais de caráter remissivo podem compor o parâmetro de controle das ações diretas de inconstitucionalidade perante o Tribunal de Justiça estadual.** Dessa forma, também aqui não é possível vislumbrar qualquer afronta à ADI nº 508/MG, Rel. Min. Sydney Sanches (DJ 23.5.2003). Com essas considerações, nego seguimento à presente reclamação, por ser manifestamente improcedente, ficando prejudicado o pedido de medida liminar (art. 21, § 1º, do RISTF). Publique-se. Arquive-se. Brasília, 27 de setembro de 2006. Ministro GILMAR MENDES.

O Supremo Tribunal Federal ainda tem mantido antiga orientação no sentido de não admitir o controle de constitucionalidade em relação às **leis de efeitos concretos** (mas o próprio STF abre exceções), ainda que essa jurisprudência venha sendo tenazmente combatida, ao menos, pelo **Min. Gilmar Mendes e por algumas decisões da Min. Ellen Gracie.** Diz o E. Ministro em obra escrita com Ives Gandra da Silva Martins ('Controle Concentrado de Constitucionalidade', Saraiva, p. 118, 2001):

> **"No caso de atos editados *sob a forma de lei*** houve por bem o constituinte em não distinguir entre leis dotadas de generalidade e aqueloutras, conformadas sem o atributo da generalidade e abstração.
>
> **Essas leis formais decorrem ou da vontade do legislador ou da vontade do próprio constituinte, que exige que determinados atos, ainda que de efeito concreto, sejam editados sob a forma de lei (v. g., lei de orçamento, lei que institui empresa publica, sociedade de economia mista, autarquia e fundação pública)**. Ora, se a Constituição submete a lei ao processo de controle abstrato, até por ser este o meio próprio de inovação na ordem jurídica e o instrumento adequado de concretização da ordem constitucional, não parece admissível que o intérprete debilite essa garantia da Constituição, isentando um número elevado de atos aprovados sob a forma de lei do controle abstrato de normas e. muito provavelmente. de qualquer forma de controle.
>
> **E que muitos desses atos. por não envolverem situações subjetivas, dificilmente poderão ser submetidos a um controle de legitimidade no âmbito da jurisdição ordinária**.
>
> Ressalte-se que não se vislumbram razões de índole lógica ou jurídica contra a aferição da legitimidade díis leis formais no controle abstrato de normas, até porque ***abstrato*** - isto é não vinculado ao caso concreto há de ser o processo e não o ato legislativo submetido ao controle de constitucionalidade."

**Esta restrição jurisprudencial é muito séria**, pois algumas das leis que **versam sobre urbanismo e sobre o meio ambiente,** nas órbitas estadual e municipal, podem levar à uma errônea conclusão e serem tidas por leis de efeitos concretos.

## 7. NATUREZA DAS NORMAS ESTADUAIS.

Muitas das normas que tratamos são ***regras de subordinação normativa*** (na nomenclatura de José Afonso da Silva, **normas de princípio institutivo**); são direcionadas ao Estado e Municípios e **predefinem o conteúdo da legislação** que será editada. E isto, ou **orientando positivamente tal conteúdo** (mandando que siga determinada linha), **ou negativamente (proibindo que adote certas normas ou soluções)**.[10]

Conceitos desenvolvidos pela Constituição do Estado no tema (advindos do Poder Constituinte Decorrente) usualmente mencionados no controle concentrado sobre os temas de que tratamos:

---

[10] "Art. 180 - No estabelecimento de diretrizes e normas relativas ao desenvolvimento urbano, o Estado e os Municípios assegurarão:

I - o pleno desenvolvimento das funções sociais da cidade e a garantia do bem-estar de seus habitantes;

II - a participação das respectivas entidades comunitárias no estudo, encaminhamento e solução dos problemas, planos, programas e projetos que lhes sejam concernentes;

III - a preservação, proteção e recuperação do meio ambiente urbano e cultural;

IV - a criação e manutenção de áreas de especial interesse histórico, urbanístico, ambiental, turístico e de utilização pública;

V - a observância das normas urbanísticas, de segurança, higiene e qualidade de vida;

VI - a restrição à utilização de áreas de riscos geológicos;

VII - as áreas definidas em projeto de loteamento como áreas verdes ou institucionais não poderão, em qualquer hipótese, ter sua destinação, fim e objetivos originariamente estabelecidos alterados.

Art. 181 - Lei municipal estabelecerá , em conformidade com as diretrizes do plano diretor, normas sobre zoneamento, loteamento, parcelamento, uso e ocupação do solo, índices urbanísticos, proteção ambiental e demais limitações administrativas pertinentes

§ 1º - Os planos diretores, obrigatórios a todos os Municípios, deverão considerar a totalidade de seu território municipal.

§ 2º - Os Municípios observarão, quando for o caso, os parâmetros urbanísticos de interesse regional, fixados em lei estadual, prevalecendo, quando houver conflito, a norma de caráter mais restritivo, respeitadas as respectivas autonomias.

§ 3º - Os Municípios estabelecerão, observadas as diretrizes fixadas para as regiões metropolitanas, micro-regiões e aglomerações urbanas, critérios para regularização e urbanização, assentamentos e loteamentos irregulares.

Art. 191 - O Estado e os Municípios providenciarão, com a participação da coletividade, a preservação, conservação, defesa, recuperação e melhoria do meio ambiente natural, artificial e do trabalho, atendidas as peculiaridades regionais e locais e em harmonia com o desenvolvimento social e econômico.

Art. 196 - A Mata Atlântica, a Serra do Mar, a Zona Costeira, o Complexo Estuarino Lagunar entre Iguape e Cananéia, os Vales dos Rios Paraíba, Ribeira, Tietê e Paranapanema **e as unidades de conservação do Estado são espaços territoriais especialmente protegidos** e sua utilização far-se-á na forma da lei, **dependendo de prévia autorização e dentro de condições que assegurem a preservação do meio ambiente**."

a) **Democracia participativa** – caracteriza-se pela participalção direta e pessoal dos cidadãos, geralmente de modo coletivo, na formação dos atos de governo;

b) **posição privilegiada da lei que institui o Plano Diretor** – a Constituição do Estado vinculou demais normas urbanísticas à observância de tais diretrizes, como também elevou à categoria especial a Lei de Diretrizes Orçamentárias – LDO, a lei que prevê o Plano Plurianual de Investimentos etc. O Plano Diretor tem por objetivo traçar diretrizes de mudança e desenvolvimento para obtenção continua de uma melhor qualidade de vida para a comunidade.

c) o **princípio da reserva de lei.** Nosso sistema constitucional não é tributário da visão francesa de Rousseau, da supremacia da lei, ou da visão inglesa da supremacia do parlamento, mas sim norte-americana (Hamilton, Jefferson, Jay) da supremacia da constituição. Esta impõe-se ao legislador inclusive. A Constituição estabelece campos específicos para a atuação constitucional de cada um dos poderes, inclusive para a atividade parlamentar, o campo da lei, em sentido formal.

## 8. A CONSTITUIÇÃO IMPÕE-SE AO LEGISLADOR - LIBERDADE DE CONFORMAÇÃO DO LEGISLADOR E SUA LIMITAÇÃO EM MATÉRIA DE URBANISMO E MEIO AMBIENTE

Por vezes Câmara Municipais inovam na ordem urbanística e ambiental com tal volúpia (e elas são sempre intrépidas na interpretação de suas próprias competências) esquecendo que no Estado de Direito **o legislador não pode tudo**. Com KÄGI[11] vem a advertência sobre os riscos de uma maioria livremente eleita: a concepção totalitário-decisionista da democracia, face de uma maioria democrática, a instância suprema do Estado. Uma ordem fundamental, ou uma Constituição, deve apoiar-se em uma concepção reforçada da idéia de Estado de Direito; basta que se observe a constituição e a gama de direitos fundamentais, **que devem ser impostos também a uma decisão da representação popular**.

---

[11] *Apud* Ernesto Benda, *El estado social de derecho*, p. 489, *in Manual de Derecho Constitucional*, diversos autores, IVAP-Marcial Pons, Madrid, 1996.

No Estado Democrático de Direito: **'a vontade popular representada pelo parlamento não tem uma validade absoluta e sem limites, mas é válida unicamente na medida em que não se choca com um direito de nível superior, a Constituição.** Esta se reconhece orientada para a consecução de um Estado de Direito, **em sentido material, não formal.**[12]

**O legislador tem ampla liberdade de conformação**[13], mas esta não é absoluta 'tem de ser entendida sempre na perspectiva dos princípios, valores e interesses constitucionalmente relevantes. É indispensável reconhecer ao legislador uma margem relativamente grande de conformação, mas ele não pode **'transfigurar' o conceito, de modo a que cubra dimensões essenciais e qualitativamente distintas daquelas que caracterizam sua intenção jurídico-normativa**'.[14] Ademais, mesmo o caráter 'aberto' das normas programáticas, ou em geral as normas não exeqüíveis por si mesmas, desempenham papel próprio, incorporando precisos objetivos e valores, e propiciando ao legislador margem maior ou menor de concretização.

## 9. O PODER DE INICIATIVA PARLAMENTAR. O PODER DE EMENDA PARLAMENTAR NO TEMA DO URBANISMO E MEIO AMBIENTE

**9.1. O Poder de Iniciativa.** Há certa flutuação jurisprudencial no Tribunal de Justiça de São Paulo sobre a possibilidade da iniciativa parlamentar sobre os temas que tratamos, mas no Supremo Tribunal Federal existe posição, até aqui firme, no sentido da **iniciativa concorrente;** esta a razão pela qual a Procuradoria-Geral não tem impugnado a questão da **iniciativa parlamentar**. Mas há outros empecilhos para que um membro da Câmara Municipal apresente proposta de alteração de normas urbanísticas ou ambientais; normalmente trata-se de normas pontuais que desfiguram o plano original ambiental ou o zoneamento global (este sim, mais complexo, elaborado e proposto pelo Executivo). O poder de emendar dos legislativos também é restrito.

---

[12] Na Alemanha, segundo Ernesto Benda, o Tribunal Constitucional considera o postulado do Estado de Direito como um dos pilares da Lei Fundamental; trata-se de uma *idéia-diretriz*, um *princípio constitucional* inferível menos das normas positivas, mas da imagem global preconstitucional de que partiu o constituinte. *El estado social de derecho*, p. 492, *in Manual de Derecho Constitucional*, diversos autores, IVAP-Marcial Pons, Madrid, 1996.

[13] A este propósito, Conf. Gilmar Ferreira Mendes. *A proporcionalidade na jurisprudência do Supremo Tribunal Federal.* Repertório IOB de jurisprudência, dez. 1994 – n.º 23/94.

[14] *Manual de Direito Constitucional.* Jorge Miranda, II, p. 259.

Sabe-se que o poder de iniciativa segue tendência, hoje, pela difusão, com a conseqüente proliferação dos centros de poder político (**Enrico Spagna Musso**, L'iniziativa nella formazione delle leggi italiane: il potere d'iniziativa legislativa, Napoli, Eugenio Jovene, 1958, pág. 24).

Sobre o poder de iniciativa, lembra o Ilustre **José Jesus Cazetta Filho**, Promotor de Justiça em São Paulo, em parecer quando Assessor da Procuradoria-Geral de Justiça, a iniciativa das leis representa, sobretudo, um momento de escolha política, seja da matéria, seja dos interesses suscetíveis de tutela, orientando-se, portanto, a **determinadas finalidades** e a um **específico objeto**. Quando a competência para o impulso não siga a tendência à dispersão e tenha sido **reservada**, excepcionalmente, a certos órgãos, isso significa que é deles a **responsabilidade** de formular as propostas de transformação do ordenamento normativo, sendo notória a estreita conexão entre a disciplina da iniciativa legislativa e o modo como se configura, em cada País, a forma de governo ou a tendência evolutiva do seu sistema político (**Leon Duguit**, Traité de droit constitutionnel, vol. IV, Paris, Fontemoing, 1923, págs. 305 e ss.; **Vincenzo Miceli**, Iniziativa parlamentare: studio di diritto parlamentare, Milano, Societa Editrice Libraria, 1903, especialmente pág. 53; **Fausto Cuocolo**, Saggio sull'iniziativa legislativa, Milano, Giuffrè, 1971, págs. 6 e ss. e Iniziativa legislativa, Enciclopedia del Diritto, XXI, Milano, Giuffrè, 1971, pp. 610 ss.; **Leopoldo Elia**, Forma di governo e procedimento legislativo negli Stati Uniti d'America, Milano, Giuffrè, 1961; **Vincenzo Gueli**, Concezione dello Stato e del diritto e tecnica giuridica nella teoria del procedimento legislativo, ***in*** Rivista Trimestrale di Diritto Pubblico, 1956, pág. 949).

Como se disse, se a iniciativa é concorrente na matéria de meio ambiente e urbanismo, não podem os parlamentares apresentar projetos **sem os necessários estudos técnicos**, sem promover a participação da comunidade, bem assim não podem apresentar projetos que desfigurem o plano global urbanístico, as diretrizes do plano diretor, causem danos à qualidade de vida dos cidadãos, bem assim o sistema de defesa do meio ambiente integralmente considerado.

**9.2. O Poder de Emenda**. Como não podem iniciar projetos pontuais e destoantes dos planos urbanísticos globais, não podem fazê-lo pelo poder de emenda, quando tal projeto venha do Executivo. Claro que o poder de modificação dos projetos de lei é ínsito à função legislativa. É indispensável, entretanto, que as modificações versem sobre **a estrutura, os princípios e o espírito** do projeto original. Afinal, a emenda tem por objeto a proposta formulada e se insere no procedimento legislativo ativado pelo titular da iniciativa. A este cabe escolher a matéria para a lei e à emenda é defeso modificá-la (**Serio Galeotti**, Contributo ad una teoria del procedimento legislativo, Milano, Giuffrè, 1957, pág. 254; **Enrico Spagna Musso**, Emendamento, Enciclopedia del Diritto, XIV, 1965, pág. 829 e L'iniziativa nella formazione delle leggi, cit., págs. 183 ss.).[15]

Se as emendas propuserem uma regulamentação legislativa substancialmente diversa não serão, propriamente, emendas, mas verdadeiros atos de iniciativa legislativa concorrentes ao projeto de lei ao qual se opõem. E se um projeto é totalmente emendado, o que houve, verdadeiramente, foi a **rejeição** da regulamentação proposta e a concretização de outra completamente diversa.

As Câmaras Municipais, ou a Assembléia Legislativa, não podem deturpar projetos de lei que versem sobre planos gerais urbanísticos, a lei que institui o Plano Diretor ou contenham complexa e global temática ambiental.

## 10. CASOS DA PROCURADORIA-GERAL DE JUSTIÇA DE SÃO PAULO

10.1. Ordem Constitucional Urbanística. Lei de Iniciativa de Vereador não pode desfigurara a Ordem Urbanísticas ainda atuando pontualmente

Frequentemente a Procuradoria-Geral de Justiça tem se defrontado com leis que tem por finalidade **criar privilégio urbanístico para um único cidadão**. Por ex., a Lei Complementar nº 1.292, de 27 de fevereiro de 2002, que '*autoriza construção de edificação multifamiliar na Avenida Santa Luzia, Lote 06, Quadra 05*'), de Ribeirão Preto.[16]

---

[15] Nos casos de iniciativa reservada tal limitação tem maior relevância, sendo que então, a emenda tem um caráter exclusivamente integrativo e subsidiário: além de pressupor o exercício da iniciativa, deve desenvolver-se **segundo o espírito que informa o projeto originário** (**Costantino Mortati**, Istituzioni di Diritto Pubblico, 9ª ed., tomo II, Padova, Cedam, 1976, pág. 742). Exatamente por isso, quando o Parlamento **deturpa** a escolha feita pelo titular da iniciativa, é evidente o abuso do poder de emenda e sua conseqüente inconstitucionalidade (**Enrico Spagna Musso**, L'iniziativa nella formazione delle leggi, cit., págs. 188 e 201)."

[16] "Art. 1°. Fica, pela presente Lei Complementar, autorizada, em caráter excepcional, a construção de uma edificação multifamiliar na avenida Santa Luzia, Lote 6, da Quadra 5."

É claro que a própria dinâmica das cidades impõe freqüentes alterações das normas sobre zoneamento, seja para corrigir distorções existentes, seja para adaptá-lo à realidade. **Contudo, estas alterações não podem ser feitas aleatoriamente, sem qualquer critério, mas sim devem ser voltadas para o atendimento do interesse público, respeitando-se as peculiaridades daquele instituto, que é manifestação explícita do princípio da igualdade**, pressupondo a adoção de igual tratamento entre as propriedades situadas na mesma zona. Note-se o absurdo de permitir um uso desconforme para um único lote.

ADI julgada procedente em 18 de maio de 2005, AC. 107.614-0/2-00, Rel. Des. PAULO FRANCO.

10.2. Ordem Constitucional Urbanística. Zoneamento. Campos do Jordão

A Procuradoria-Geral propôs ADI em relação à Lei Municipal nº 2.779/03 havia alterado a Lei nº 1.538/85 (a estabelecer o zoneamento urbano da cidade), e transformara a **área de preservação ambiental (ZEP-2)** e **área residencial de baixa densidade (ZR-1)** em **área de comércio e serviços (ZC-3)**. A **área de abrangência da lei** incluía a região mais conhecida e atrativa turisticamente da Estância Turística de Campos do Jordão – **o Bairro do Capivari** – e a tornava passível de descaracterização e desfiguração, bem assim o seu ponto turístico mais relevante, conhecido como **'Morro do Elefante'**, sujeito a desmatamento e destruição ambiental.[17]

---

[17] "LEI N° 2.779/2003, DE 14 DE OUTUBRO DE 2.003.

Que modifica a Lei n° 1.538/85 - ampliação de ZC-3 (**de autoria do Vereador José Matos da Costa - Substitutivo de autoria do Vereador José Raimundo da Silva "Zito"**)

A CAMARA MUNICIPAL DE CAMPOS DO JORDÃO aprova, e o PRESIDENTE DA CÂMARA MUNICIPAL DE CAMPOS DO JORDÃO, nos termos do disposto no Artigo 54, Parágrafo 7°, da Lei Orgânica do Município, promulga a seguinte Lei:

Artigo 1° - Passa a ser ZC-3 (Zona de Uso predominante de Comércio e Serviço sub-central) a área a seguir descrita:

"Inicia-se no entroncamento da Rua Djalma Forjaz com a Rua Engenheiro Diogo José de Carvalho, neste ponto segue até o cruzamento da Rua Dr. Domingos Jaguaribe com a Rua Dr. Marcondes Machado, neste ponto dobra-se à esquerda até encontrar a Rua A (antiga) atualmente Rua Maria Carolina, seguindo até o seu final, deste ponto segue uma linha imaginária até o cruzamento da Avenida Emílio Lang Júnior com a Avenida José de Oliveira Damas, até o final da Praça Danilo Delácio".

Artigo 2° - Os terrenos desta ampliação obedecerão as tabelas 2 - 3 - 5 e 6 constantes da Lei n° 1.538/85.

Artigo 3° - Esta Lei entrará em vigor na data de sua publicação, revogadas as disposições em contrário."

O preceptivo legal, **de autoria de vereador**, havia sido **vetado** pelo Executivo (cujo veto foi rejeitado pela Edilidade) **e não foi precedido de estudos técnicos ou da oitiva da comunidade**, violando o princípio da ***democracia participativa*** acolhida, no particular, na Constituição do Estado. A democracia participativa foi adotada na Constituição do Estado para questões urbanísticas e de meio ambiente.

Hely Lopes Meirelles (Direito Municipal Brasileiro, Malheiros, p. 524), citado na ADI, ensinou que:

> 'O zoneamcnto, embora seja um eficiente instrumento urbanístico de ordenação da cidade, há que ser utilizado com prudência e respeito aos direitos adquiridos, pois é sabido que a simples mudança de destinação de um bairro ou de uma rua produz profundas alterações econômicas esociais, valorizando ou desvalorizando substancialmente as propriedades atingidas e as de suas adjacências, consoante os novos ônus ou vantagens que acarrete para o local. Por isso, as normas edilícias devem evitar o quanto possível essas súbitas e frequentes modificações de uso, que afetam instantaneamente a propriedade e as atividades particulares, gerando instabilidade no mercado imobiliário urbano e intranquilidade na população citadina. Além disso, toda vez que o zoneamento ofende direitos adquiridos expõe o Município a demandas e vultosas índenizações. O Município só deve impor ou alterar zoncamento quando essa medida for exigida pelo **interesse público**, com real vantagem para a cidade e seus habitantes.'

Em matéria de extrema relevância, como esta que envolve a ocupação racional das cidades – planejamento urbano – exige-se que qualquer alteração normativa seja precedida de **estudos técnicos profundos e detalhados,** com a **especificação dos benefícios e prejuízos que possam advir dessa medida**, só se justificando mudanças quando estas efetivamente atendam ao interesse coletivo e – principalmente – sejam voltadas à garantia da qualidade de vida da **população**, cuja participação no processo de planejamento municipal é absolutamente indispensável (Constituição da República, art. 29, XII e 182; CE. art. 180, II)[18].

---

[18] "Art. 182 - **A política de desenvolvimento urbano**, executada pelo poder público **municipal**, conforme diretrizes gerais fixadas em lei, **tem por objetivo ordenar o pleno desenvolvimento das funções sociais da cidade e *garantir o bem-estar de seus habitantes***.
§ 1º O ***plano diretor***, aprovado pela Câmara Municipal, obrigatório para cidades com mais de vinte mil habitantes, ***é o instrumento básico da política de desenvolvimento e de expansão urbana***."

Logo, a Carta Política Estadual indica com diretrizes e regras que – em matéria de urbanismo e seu planejamento – **impedem a ocorrência de alterações ou revisões casuísticas**, mais parecendo objetivar ao atendimento de interesses menores em detrimento do interesse maior de toda a coletividade, que não foi consultada sobre essas mudanças, em audiência pública, como exige a Constituição.

E as mudanças malferiram também o **Plano Diretor (PD)** de Campos do Jordão, cujas diretrizes para a região não contemplavam a **instalação de comércio ou de serviços**, como postos de gasolina ou pousadas. Ademais, o vereador que apresentou o projeto de lei que se transformou no ato normativo ora verberado sequer tomou o cuidado de consultar o Conselho do Plano Diretor, órgão existente e que deve, necessariamente, manifestar-se sobre alterações no zoneamento.

**JOSÉ AFONSO DA SILVA** (*Direito Urbanístico Brasileiro*, 2ª ed., Malheiros, p. 83e ss.), também citado na ADI, é claro ao dizer que as normas urbanísticas **advém de um prévio planejamento**: "Por estas razões é que iniciamos este capítulo com a noção de que ***planejamento*** é um processo técnico *instrumentado* para transformar a realidade existente no sentido de objetivos previamente estabelecidos, noção que se aplica ao planejamento em geral e, portanto, também ao planejamento urbanístico.

O ***plano urbanístico*** **não constitui simples conjunto de relatórios, mapas e plantas técnicas, configurando um acontecer unicamente técnico**. Compenetrando-se da realidade a ser transformada e das operações de transformação que consubstanciam o processo de planejamento, sob pena de ser mera abstração sem sentido, o plano urbanístico adquire, ele próprio, por contaminação necessariamente dialética, as características de um *procedimento jurídico dinâmico,* ao mesmo tempo *normativo* e *ativo,* no sentido de que os **anteprojetos elaborados por técnicos e especialistas adquirem a categoria diretrizes para a política do solo e sua edificação,** ao mesmo tempo em que, em seus desdobramentos, se manifesta como conjunto de fatos e fundamentos para a produção de atos de atuação urbanística concreta."

A ADI foi julgada procedente pelo Órgão Especial do Tribunal de Justiça do Estado de São Paulo (AC.119.761.0/5-00, Rel. Des. WALTER DE ALMEIDA GUILHERME, j. 26 de outubro de 2005).

10.3. Ordem Constitucional Urbanística. Anistia. Campos do Jordão

A Procuradoria-Geral de Justiça também propôs ADI em face da Lei nº 2.842, de 21 de dezembro de 2004, de Campos do Jordão, que estabeleceu anistia a edificações irregulares, esta de iniciativa do Executivo, após projeto de lei idêntico haver sido rejeitado pela Câmara Municipal, que ***desfigurou totalmente o zoneamento da cidade***, descaracterizando-o, instituindo uma **anistia** geral para obras e edificações do Município, concluídas ou em andamento, embargadas administrativamente ou indeferidas, ***à revelia das diretrizes do Plano Diretor.***[19]

Alegou-se que o artigo 180, incisos II e V, da Constituição do Estado de São Paulo prescrevia que "no estabelecimento de **diretrizes e normas relativas ao desenvolvimento urbano**, os Estados e também **Municípios** assegurarão o pleno desenvolvimento das funções sociais da cidade e a garantia do **bem-estar** de seus habitantes", além de impor "a preservação, proteção e recuperação do meio ambiente urbano" e a "observância das normas urbanísticas, de segurança, higiene e **qualidade de vida**".

Também esta ADI foi julgada procedente pelo Órgão Especial do Tribunal de Justiça do Estado de São Paulo (AC. 120.163.0/9-00, Rel. Des. LAERTE NORDI, j. 22 de fevereiro de 2006).

10.4. Ordem Constitucional Urbanística. Delegação. Fixação do Perímetro Urbano. Campinas

A Procuradoria-Geral de Justiça propôs, em 2004, ADI em face da Lei nº 12.082/04, que alterou o perímetro urbano da cidade de Campinas.

A **Lei nº 12.082, de 17 de setembro de 2004**, do Município de Campinas, malgrado sendo de iniciativa do Executivo, ***descaracterizava completamente o perímetro urbano da cidade***, desfigurando-o, atribuindo ao Executivo (por meio de decreto) – **em delegação legislativa inconstitucional** – a competência para alterar a zona urbana à sua discrição, inserindo ou não na área urbana 'bolsões urbanizáveis' e estabelecendo, também **por decreto**, **contrapartidas**, alterando o zoneamento do Município *à revelia das diretrizes do Plano Diretor*. Foram arrolados os seguintes vícios da lei:

---

[19] Lei n° 2.842, de 21 de dezembro de 2004 (...)

'**Artigo** 2° Dessa forma, **fica concedida anistia**, para as obras e edificações no Município, **concluídas ou em andamento**, que hajam sido **administrativamente embargadas ou indeferidas**, por motivos decorrentes de limitações ao direito de construção e à ocupação do solo urbano, nos termos desta Lei.

**Artigo** 3° A anistia será dirigida *tanto às obras objeto de processos administrativos já instaurados e analisados pela Secretaria de Planejamento*, **quanto àquelas que, já iniciadas, não tenham sido submetidas a processo administrativo regular.**'

1) o texto da Lei **não consolidava o Perímetro Urbano do Município de Campinas**, porque, ao excluir áreas pontuais, **secciona a linha perimetral definidora do seu limite**, não descrevendo a linha perimetral contínua resultante da exclusão das áreas descritas em seu artigo 1º. Assim como nele também não inclui novas áreas, as quais estão previstas a serem incluídas no perímetro urbano por decreto, pelo Poder Executivo, de acordo com o artigo 2º § 1º da Lei;

2) **revogava parcialmente** a descrição do **atual perímetro urbano (artigo 6º)**, estabelecido na Lei nº 8.161, de 16 de dezembro de 1994, e autorizando o Executivo a consolidar a descrição do perímetro urbano (artigo 4º) através de outra medida legal, criava **uma figura perimetral descontínua**, descaracterizada em sua própria natureza geométrica, não se permitindo obter o perímetro urbano do município, ou seja, a exata demarcação entre a área urbana e a área rural;

3) o artigo 2º, *caput*, estabelecia Áreas de Expansão Urbana (assemelhadas à configuração de bolsões) e em seu § 1º, autorizava o Poder Executivo, por decreto, a **transferir para o perímetro urbano essas áreas de expansão urbana**;

4) a **contraprestação pretendida no artigo 2º § 2º não era contemplada no Plano Diretor** e a Lei Complementar nº 04/96, em seu artigo 18 exigia **lei específica** desse instrumento (Lei Complementar nº 04/96, artigo 18: "*A aplicação dos instrumentos definidos nos artigos de 10 a 17 dependerá de* ***legislação municipal específica*** *que definirá, entre outros aspectos e no que couber, os critérios para sua aplicação, áreas abrangidas, prazos e valores*");

5) a legislação existente referente aos Planos Locais de Gestão - Lei nº 9.199/96 Plano Local de Gestão Urbana de Barão Geraldo e Lei nº 10.850/01 que criava a **Área de Proteção Ambiental, APA**, do Município de Campinas - não foi contemplada, ainda que a Lei em questão modificasse a destinação de áreas pertencentes a esses planos e contrarie as diretrizes neles constantes;

Por outro lado, a Câmara Municipal **delegava inconstitucionalmente** (Art. 5º, § 1º da Constituição do Estado - 'É vedado a qualquer dos Poderes delegar atribuições') ao Executivo a tarefa de **definir o perímetro urbano** e **estabelecer as contrapartidas para eventuais usos desconformes**. A delegação havida não se podia admitir e implicava em delegar todo o desenvolvimento da urbe para um só órgão, unipessoal, o Executivo, malferindo o art. 5º da Constituição do Estado de São Paulo.

Como lembrava Hely Lopes Meirelles, acerca de exigência de **lei** para fixar e delimitar o traçado da zona urbana (Direito Municipal Brasileiro, p. 516, Malheiros, 12ª ed):

> "**Delimitação da zona urbana.** A *delimitação da* ***zona urbana*** ou ***perímetro urbano*** deve ser feita por **lei municipal**, tanto para fins urbanísticos como para efeitos tributários. No primeiro caso a competência privativa e irretirável é do Município, cabendo à lei urbanística estabelecer os requisitos que darão à área condição *urbana* ou *urbanizável*, e, atendidos esses requisitos, **a lei especial delimitará o perímetro urbano, as áreas de expansão urbana e os núcleos em urbanização**. No segundo caso (efeitos tributários) a lei definidora da zona urbana deverá atender aos requisitos do Código Tributário Nacional (art. 32, §§ 1º e 2º), estabelecidos para fins meramente fiscais, como demonstramos precedentemente (Capítulo V, item 3.1.1.1). É de toda conveniência que a lei urbanística municipal faça coincidir suas exigências com as do Código Tributário Nacional, ou, pelo menos, as imponha com maior rigor, a fim de que possa arrecadar na área o IPTU. **Promulgada a lei municipal instituidora ou ampliadora da *zona urbana*,** a Prefeitura deverá enviar seu texto integral ao INCRA, para a cessação de sua jurisdição sobre a nova área urbana e transferência da competência impositiva federal (ITR) para a municipal (IPTLJ), incidente sobre o terreno e respectivas construções."

A ADI foi julgada procedente pelo Órgão Especial do Tribunal de Justiça do Estado de São Paulo (AC. 117.621-0/2-00, Rel. Des. PAULO FRANCO, j. 15 de março de 2006).

10.5. Ordem Constitucional Urbanística. Operações Interligadas. Capital

O Tribunal de Justiça decidiu, em ação proposta pela Procuradoria-Geral, no célebre caso das 'Operações Interligadas'[20] (ADI nº 045.352.0/5-00), que:

---

[20] Eis os três primeiros artigos da Lei n° 11.773, de 18 de maio de 1995:

"Art. 1° - Os interessados em apresentar **propostas de modificações de índices urbanísticos e de características de uso e ocupação do solo** com base na Lei n° 10.209, de 9 de dezembro de 1986, deverão destinar ao Fundo Municipal de Habitação - FMH, criado pela L. n° 11.632, de 22.7.1994, a importância relativa à totalidade dos valores estipulados como contrapartida para construção de Habitações de Interesse Social - HIS, para atendimento de moradores de habitação subnormal.

**Ação Direta de Inconstitucionalidade.** Carência de ação afastada - Viabilidade do controle de constitucionalidade de lei municipal em face da Constituição Estadual que repete comando da Carta Republicana - Lei n° 11.773/95, do Município de São Paulo - "Operações Interligadas" - **Possibilidade de modificação de índices urbanísticos e características de uso e ocupação do solo**, mediante aprovação pelo Poder Executivo, em detrimento das normas insertas nos artigos 5°, § 1°, e 181, "caput", da Constituição do Estado de São Paulo - **Inconstitucional a delegação de poder em matéria de reserva legal** - A Constituição Bandeirante estabeleceu **reserva legal** acerca do tema de **direito urbanístico** (artigo 181, "caput"), o que torna defeso o cometimento de regramento individual de índices urbanísticos de uso e ocupação do solo ao Poder Executivo, que não pode legislar por ato administrativo, pena de subtrair competência constitucional do Poder Legislativo. Preliminar afastada - Inconstitucionalidade declarada.

A ADI foi julgada procedente pelo Órgão Especial do Tribunal de Justiça do Estado de São Paulo (AC. 045.352.0/5-00, Rel. Des. HERMES PINOTTI, j. 14.2.2001).

10.6. Ordem Constitucional Urbanística. Capital. Operação Centro

Na Ação Direta de Inconstitucionalidade n° 66 785-0/4 - SÃO PAULO, proposta pela Procuradoria-Geral, defendeu-se que:

---

Art. 2° - O interessado no tipo de operação de que trata esta lei deverá submeter à **aprovação do Executivo** Municipal proposta de Operação Interligada, acompanhada da documentação exigida em Edital de Chamamento, obedecidas as condições a seguir relacionadas.

Art. 3° - As propostas de Operação Interligada tramitarão no âmbito da Secretaria Municipal de Planejamento - SEMPLA, competindo à Comissão Normativa de Legislação Urbanística - CNLU a aprovação das modificações referidas no artigo 1° desta lei e a do valor da contrapartida em Habitações de Interesse Social - HIS correspondente.

§ 1° - A partir da publicação do despacho SEMPLA/CNLU referente à decisão sobre o valor final da contrapartida referida no 'caput' deste artigo, o interessado poderá requerer e obter alvará de aprovação do projeto respectivo, com a utilização dos novos parâmetros.

§ 2° - Em decorrência da publicação referida no parágrafo anterior, devera ser firmado, entre proprietário do imóvel e a Secretaria Municipal do Planejamento, o Termo de Compromisso, **do** qual constarão todos os direitos e obrigações referentes à aprovação da Operação Interligada, cabendo à SEMPLA, nessa ocasião, fornecer certidão relativa ao conteúdo do referido **termo de** compromisso.

§ 3° - A certidão mencionada no parágrafo anterior será considerada como documento hábil para que o proprietário do imóvel possa requerer e obter o alvará de execução das obras do projeto respectivo, com a utilização dos novos parâmetros aprovados."

1. a Lei n° 12.349/97, do Município de São Paulo, criava um programa de **revitalização do centro da cidade** pelo qual, basicamente, permitia-se que fossem transferidos **potenciais construtivos não utilizados de um imóvel situado nessa região para outro imóvel situado tanto no centro como fora ele**. E, exatamente por permitir a transferência para fora da região central, entendeu-se que, nesse aspecto, a lei era inconstitucional. É importante salientar, contudo, que enquanto tratava das intervenções urbanísticas na região central, cujo perfil pretendia revitalizar, a lei realmente respeitava as regras constitucionais, pois delimita geograficamente a zona que estará sujeita às mudanças necessárias para se alcançar aquele objetivo.

2. Em outras palavras, significava dizer que a lei, dentro das regras que fixa, mudou o zoneamento do centro da cidade. Nesse aspecto, a lei definia, com razoável precisão, os limites objetivos para a transferência de potencial construtivo. Entretanto, quando a lei previa a possibilidade de transferência desse potencial para fora da zona central, as mudanças no zoneamento tornavam-se totalmente aleatórias, a critério exclusivo do Executivo. **Com efeito, mais de 70% da cidade estava sujeita a essas transferências**.

3. O zoneamento da cidade estaria sujeito a mudanças, da mesma forma que estavam antes da suspensão, por este E. Tribunal, das 'operações interligadas', criadas pela Lei n° 11.773/95. Com isso desvirtuava-se o objetivo da lei, a revitalização do centro, e permitia-se alterações urbanísticas que não se coadunavam com esse objetivo, pois afetariam áreas fora da região central da cidade.

A ADI foi julgada procedente pelo Órgão Especial do Tribunal de Justiça do Estado de São Paulo (AC. 066.785.0/4-00, Rel. Des. THEODORO GUIMARAES, j. 11 de março de 2002), mas a decisão teve efeitos *ex tunc*, sem modulação, e o STF deferiu, com fundamento no art. 27 da Lei n° 9.868/99 efeito 'pro futuro' à decisão do Tribunal de S. Paulo, em Ação Cautelar Inominada interposta pelo Município para obter efeito suspensivo a recurso extraordinário.

10.7. Ordem Constitucional Urbanística. São José do Rio Preto. Alteração de Requisitos para Regularização de Loteamentos Irregulares e Clandestinos de Chácaras de Recreio a revelia do Plano Diretor. Lei de Iniciativa de Vereador.

Sobre o tema o Supremo Tribunal Federal havia decidido que:

"**RECURSO EXTRAORDINÁRIO 302.803-1 RIO DE JANEIRO** - RELATORA : MIN. ELLEN GRACIE. LEI Nº 2.645/98 DO MUNICÍPIO DO RIO DE JANEIRO. **"RUAS DE VILA"**. RECONHECIMENTO COMO LOGRADOURO PÚBLICO. REPRESENTAÇÃO POR INCONSTITUCIONALIDADE EM FACE DA CONSTITUIÇÃO ESTADUAL. OFENSA AO PRINCÍPIO DA INDEPENDÊNCIA E HARMONIA ENTRE OS PODERES. ART. 7º DA CONSTITUIÇÃO ESTADUAL DO RIO DE JANEIRO. ART. 2º DA CONSTITUIÇÃO FEDERAL.

1. Ao determinar drásticas alterações na política urbanística do município, convertendo áreas particulares em logradouros públicos e impondo ao Estado o dever de prestação de serviços públicos nessas áreas, a incrementar **a despesa sem indicar a contrapartida orçamentária, usurpou o Legislativo municipal função administrativa atribuída ao Poder Executivo local**.

2. Recurso conhecido e improvido.

ACÓRDÃO

Brasília, 1º de fevereiro de 2005.

Em ação proposta pela Procuradoria-Geral, o Tribunal de Justiça decidiu inconstitucional lei municipal que transformava em áreas urbanas regularizáveis empreendimentos urbanísticos irregulares. [21]

---

[21] ***"Lei Complementar nº 200, de 07 de dezembro de 2004***

Dispõe sobre a área mínima destinada à formação de chácaras de paisagismo ou sítios de recreio, e da outras providências.

Art. 3° - Será admitido à regularização dos loteamentos já implantados anteriormente e ainda não aprovados para fins urbanos, desde que possuam área mínima de 200 (duzentos) m².

Art. 4° - Os loteamentos implantados anteriormente, regularizados, o que possuem lotes com área máxima de até 200 (duzentos) metros quadrados, serão consideradas como de Expansão Urbana do Município de São José do Rio Preto.

Art. 5° - São consideradas de interesse público os parcelamentos vinculados a planos ou programas habitacionais de iniciativa da Prefeitura Municipal, em especial as regularizações de parcelamento e de assentamentos previsto nesta Lei Complementar.

Art. 6° - Esta Lei Complementar entra em vigor na data de sua publicação, revogadas as disposições em contrário, em especial a Lei Complementar n° 36, de 16 de maio de 1994".

10.8. Ordem Constitucional Urbanística. São Sebastião. Lei de Iniciativa Parlamentar que altera a Lei de Parcelamento, Uso e Ocupação do Solo à revelia do Plano Diretor. Danos também ao Meio Ambiente

**ADI proposta pela Procuradoria-Geral de Justiça** deu-se no caso das **Leis Complementares** ns. 38, de 24 de outubro de 2003 e 39, de 30 de outubro de 2003, do Município de São Sebastião, originárias de projetos de **iniciativa parlamentar**, e que alteravam pontualmente a 'Lei do Parcelamento e Uso e Ocupação do Solo da Costa Sul do Município de São Sebastião' (Lei nº 561/87) e a Lei nº 225/78, alterando o zoneamento do Município à revelia das diretrizes do Plano Diretor[22].

As alterações no zoneamento de São Sebastião, decorrentes destas Leis, atingiam áreas nos bairros de **Guaecá e Paúba**. Em **Guaecá** a principal mudança vinha contida no artigo 2°, que alterava a "zona de proteção" para "zona de média restrição" a área localizada entre a Rodovia Manoel Hipólito do Rego (SP-55) e a encosta, da Praia Preta ao Guaecá.

**Na "zona de proteção" o lote mínimo permitido é de 5 mil m², com taxa de ocupação em apenas 10% e aproveitamento de 20% da área.** Os recuos eram de cinco metros na frente, fundo e laterais. Além disso, a "zona de proteção" **possibilitava somente três tipos de utilização: R1 (residencial unifamiliar), R2 (residencial multifamiliar) e Uso T (neste caso só para hotéis). Com a alteração zona de proteção para "zona de média restrição" – pois bem com a nova lei** a **metragem mínima dos lotes diminui de 5 mil m² para 600 m² e a taxa de ocupação sobe para 30%**, sendo que a **área pode ter aproveitamento de até 60%.**

---

22 ***"Lei Complementar nº 38/03***

Art. 1º Inclui o uso 'S3' no Corredor SP-55, no Quadro I – Anexo 3 da Lei de Uso e Ocupação do Solo nº 225/78 e alterações.

Art. 2º As despesas decorrentes da presente Lei correrão por conta dos recursos próprios do orçamento vigente (...)"

"Lei Complementar nº 39/03

Art. 1º Altera a 'zona de média restrição' para 'zona de baixa restrição', à zona ZMR definida na letra 'e' - Mapa III - do artigo 39 da Lei nº 561/87.

Art. 2º Altera a 'zona de proteção' para 'zona de média restrição', à área da Z, localizada entre a Estrada de rodagem São Sebastião-Bertioga (SP-55) e a ZL, definida na letra 'b' – Mapa V – do art. 39 da Lei nº 561/87, integrando assim a ZMV existente.

Art. 3º Esta lei entrará em vigor na data de sua publicação."

Quanto aos recuos, os limites permitidos passaram a ser de cinco metros de frente e apenas três metros nas laterais e fundos, além da utilização R1 e R2, o Uso T **permitindo não só hotéis, mas também restaurantes, flats e similares.** Ainda com a mudança de "zona de proteção" para "zona de média restrição", **a área citada poderá ter o uso C1 (comércio de utilização freqüente, como quitandas, empórios, farmácias e açougues)** e S1 **(serviço de utilização freqüentes: lavanderias, barbeiros e outros)**. Na "zona de proteção", a testada era de 50 metros de frente para a via pública, **tamanho que caia para apenas 15 metros com a mudança**.

A alteração trazida pela Lei consistiu na possibilidade da instalação de postos de combustíveis, mecânicas e garagens do Centro até a Costa Norte da Cidade. AADI foi julgada procedente pelo Órgão Especial do Tribunal de Justiça do Estado de São Paulo (AC. 111.590.0/6-00, Rel. Des. DENSER DE SÁ).

10.9. Ordem Constitucional Ambiental. Capital. Ruído. Igrejas

A PROCURADORIA-GERAL propôs ADI em face das **Leis Municipais nº 13.190, de 18 de outubro de 2001 e nº 13.287, de 9 de janeiro de 2002, do Município de São Paulo**, que criaram um sistema próprio para medição de ruídos nos templos de culto religioso e, especialmente, ao estabelecerem **sanções mais brandas** que a regra geral aos demais estabelecimentos e empreendimentos municipais, no que concerne à emissão de ruídos, o fizeram de modo **inconstitucional** e violaram o princípio da **isonomia eis que trataram, desigualmente, iguais**. Assim sendo, ambas permitiram que um tipo de atividade, igrejas que fomentam cultos religiosos ficassem, na prática, ao largo dos limites máximos de poluição sonora; tal **privilégio** não é estendido a outras pessoas, físicas ou jurídicas. Por exemplo, a **medição do barulho passava a ser feita na casa do reclamante** e não no templo que porventura o estiver produzindo e as multas, **antes de R$ 16 mil,** passam a ser escalonadas de acordo com a capacidade de público de cada templo, indo de **R$ 500 a R$ 8 mil.**

Em realidade referidas leis derivam de anteprojetos apresentados por vereador, sendo que a primeira delas (a nº 13.190/01) já previa um sistema ineficaz, pode-se dizer propositadamente, para permitir que os templos religiosos pudessem impunemente, violar os limites de emissão de ruídos, perturbando os moradores da urbe. Ocorre que **foi ele vetado** totalmente pela então chefe do Executivo, sendo que a

Câmara Municipal manteve o texto original, sem as penalidades (artigo 3º) tornando o texto ineficaz e sem aplicabilidade.

Não satisfeito, o mesmo vereador elaborou outro anteprojeto, inserindo na lei anteriormente vetada as brandas penalidades para os templos que violassem a lei, sendo aprovado, e tendo sido **rejeitado o veto que sofreu**. Assim, ambas as leis fazem parte de uma mesma norma, sendo que, quando da aprovação do segundo deles noticiou-se amplamente na mídia que tal projeto somente foi aprovado por ter seu autor votado a favor da criação de 788 cargos em comissão na Administração Municipal.

Foi deferida a Medida Cautelar pelo E. Tribunal de Justiça de São Paulo, sendo que a ação direta ainda não foi julgada (ADI 141.238.0/5-00, Rel. Des. JUNQUEIRA SANGIRARDI).

10.10. Ordem Constitucional Ambiental. Queimada da Palha de cana-de-açúcar

Na ADI proposta pelo **Sindicato da Indústria da Fabricação do Álcool do Estado de São Paulo – SIFAESP e Sindicato da Indústria do Açúcar no Estado de São Paulo – SIAESP** questionou-se a validade jurídico-constitucional do **Artigo 1º, caput e Parágrafo Único, da Lei nº 3.963, de 22 de novembro de 2005, do Município de Limeira**[23], em face do art. 23, Parágrafo Único, 14, 192, § 1º e 193, XX e XXI, da Constituição do Estado de São Paulo em que houve o reconhecimento da competência legislativa do Município no que concerne ao meio ambiente.

A Procuradoria-Geral de Justiça defendeu, em seu parecer, **competência constitucional para o Município legislar sobre o tema**, meio ambiente, inclusive para proibir condutas. Em notável alteração de posicionamento, o Tribunal de Justiça entendeu correta a posição, tendo sido amplamente favorável à essa tese a votação final (AC. 129.132.0/3-00, Rel. Des. WALTER DE ALMEIDA GUILHERME).

---

[23] "Dispõe sobre a proibição de queimada de canaviais localizados no Município de Limeira, prevê a aplicação de multas, e dá outras providências".

Lei nº 3.963, de 22 de novembro de 2005.

"Art. 1º - Fica proibida toda e qualquer queimada de canaviais localizados no Município de Limeira.

Parágrafo Único – Por canaviais, entende-se toda e qualquer plantação de cana-de-açúcar, seja de forma exclusiva por usinas ou através de arrendamento ou parceria agrícola com proprietários de terras, localizadas na zona urbana ou rural do Município...".

10.11. Ordem Constitucional Ambiental. Jarinu. Lei que transforma de Zona Rural para Urbana para fins de Loteamento Área Limitrofe de Área de Proteção Ambiental. Serra do Japi

A **Lei nº 1.542, de 25 de março de 2002**, do Município de Jarinu *descaracterizova o zoneamento urbano* sem qualquer planejamento urbano *à revelia das diretrizes da Constituição do Estado*, bem assim havia sido elaborada sem qualquer estudo prévio ou planejamento urbanístico, incidindo sobre áreas especialmente protegidas. Em tal área – que seria indigitadamente loteada – situada na divisa do Município de Jarinu com o Município de Jundiaí, **na bacia do rio Jundiaí-Mirim**, atualmente área de Proteção Ambiental – **LEI ESTADUAL Nº 12.290, DE 2 DE MARÇO DE 2006** – gleba com mais de **4.000.000 de m²**, havia nascentes de rios e vegetação pioneira, sendo, ela mesma, muito distante do centro urbano de Jarinu, região conhecida pelo seu alto *deficit* hídrico. Ademais, tratava-se de área circundada por **Áreas de Proteção Ambiental (APAs)** estaduais, com remanescente da Mata Atlântica no local. As normas criadoras das referidas APAs são as seguintes: Lei Estadual nº 4.095 de junho de 1984 - Declara Área de Proteção Ambiental a região urbana e rural do Município de Jundiaí; Lei nº 12.290, de 2 de março de 2006 - Altera os limites da Área de Proteção Ambiental - APA de Jundiaí, na forma que especifica; Lei nº 12.289, de 2 de março de 2006 - Altera os limites da Área de Proteção Ambiental - APA de Cabreúva, na forma que especifica; e Lei nº 4.023, de 22 de maio de 1984 – Declara área de proteção ambiental a região urbana e rural do Município de Cabreúva.

O empreendimento incluiu a bacia do rio Jundiaí-Mirim, hoje inserido em área de proteção ambiental. O Tribunal de Justiça deferiu a Medida Cautelar, sendo que a ação ainda não se encontra julgada (ADI 146.526.0/6-00, Rel. Des. BARBOSA PEREIRA).

## 11. CONCLUSÃO

Esta tem sido a experiência do Ministério Público do Estado de São Paulo no que concerne ao tema proposto, na via do controle concentrado. Como tudo em nosso país, trata-se de um instrumento jurídico em constante mutação e que deverá mudar, ainda mais, no porvir. Mas hoje em dia, pela experiência vivida, pode-se dizer que existe, efetivamente, proteção da ordem ambiental e urbanística constitucional no Estado de São Paulo, sendo que a maioria dessas ADIs resultaram de representações e informações dos Promotores de Justiça que atuam na área ambiental e urbanística.

# ALGUMAS CONSIDERAÇÕES EM TORNO DE ZONEAMENTO

SHEILA CAVALCANTE PITOMBEIRA*

*SUMÁRIO:* 1. Introdução. 2. Zoneamento Ambiental. 3. Zoneamento Urbano. 4. Zoneamento Industrial. 5. Zoneamento Agrícola. 6. Zoneamento Costeiro. 7. Zoneamento Ecológico-Econômico. 8. Considerações Conclusivas. 9. Referências Bibliográficas.

## 1. INTRODUÇÃO

Observando os diversos disciplinamentos legais em torno do Zoneamento Ambiental verifica-se que o tema zoneamento e suas diversas qualificações têm recebido abordagem diversificada não só nos textos legais como no discurso doutrinário. Na tentativa de colaborar com a temática, o presente trabalho cuidará de tecer algumas considerações sobre as várias espécies de zoneamento, ambiental, urbano, industrial, agrícola, costeiro e ecológico-econômico.

Segundo a definição de HOUAISS (2004: p.2910), zonear é o ato de dividir uma região em espaços individualizados de acordo com suas características específicas. Nas ciências humanas, como Geografia, zona pode compreender a faixa da terra delimitada pelos trópicos e pelos círculos polares, como, por exemplo a zona tropical.

---

* Procuradora de Justiça do Ministério Público do Ceará; Coordenadora do Centro de Apoio Operacional do Meio Ambiente do Ministério Público do Estado do Ceará

Nos Estados Unidos, zoneamento pode assumir o significado de controle (*zoning*) ou de planejamento (*land use planning*), como se vê nos esclarecimentos de LIMA (2006: p.111-112).

Portanto, são instrumentos complementares, embora regulamentados por legislação distinta. São objetivos do *land use planning* (*comprehensive planing*) identificar as possibilidades de uso, a capacidade de suporte, as demandas sociais, os impactos ambientais de certas atividades, as dinâmicas atuais de uso do território e as tendências e cenários futuros. Por seu turno cabe ao zoneamento "estrito senso" (*zoning ordenances*) estabelecer as obrigações de uso e de ocupação, os limites de construção, os tipos de usos adequados, industrial, agrícola, residencial, distanciamento entre as construções, densidade da ocupação, preferencialmente subsidiado pelo *land use planning.*

Sob a perspectiva da abordagem jurídica ao tema, zoneamento está relacionado ao disciplinamento do espaço baseado na gerência dos interesses e das necessidades sociais e econômicas em benefício do bem-estar da coletividade. Sua origem remonta ao início do processo de urbanização da sociedade.

De sorte que, no contexto atual, sendo um instrumento de ordenação e disciplinamento de espaço tem-se como conseqüência imediata limitações ao direito de propriedade, já que esta sofrerá restrição direta do uso, gozo e fruição.

Para SILVA (2003: p.269), zoneamento consiste num conjunto de normas que configuram o direito de propriedade e o direito de construir, conformando-o ao princípio da função social. Acrescenta ele:

> **"Essa natureza do zoneamento decorre, nos nossos dias, não tanto ao poder de polícia, mas da competência que se reconhece ao Poder Público de intervir, por ação direta, na ordem econômica e social, e, portanto, no domínio da propriedade privada, a fim de conformá-la à sua função social. São, por isso, mesmo condicionamentos gerais, não–indenizáveis os prejuízos que daí possa advir".**

No Brasil, aponta-se o Decreto-Lei nº 58, de 10 de dezembro de 1937, que dispõe sobre o loteamento e a venda de terrenos para pagamento em prestações, como um dos documentos jurídicos pioneiros a disciplinar a localização de atividades.

Referida lei prevê a obrigação de o proprietário efetuar o depósito em cartório do memorial do terreno indicando-lhe a denominação, área e características, plano de loteamento constando o programa de desenvolvimento urbano, ou de aproveitamento industrial ou agrícola; nesta última hipótese, com informações sobre a qualidade das terras, águas, servidões ativas e passivas, estradas e caminhos, distância de sede do município e das estações de transporte de acesso mais fácil (art. 1º, inciso I, alínea c).

Já o registro do uso da palavra zoneamento em textos legais, credita-se à Lei Federal nº 4.504, de 30 de novembro de 1964, Estatuto da Terra, a vanguarda pela utilização da palavra.

O Estatuto em questão dispõe sobre a realização de estudos para o zoneamento do País em regiões homogêneas do ponto de vista sócio-econômico e das características da estrutura agrária, a ser efetuado pelo Instituto Nacional de Colonização e Reforma Agrária – INCRA. Referidos estudos têm por objetivos estabelecer as diretrizes da política agrária a ser adotada em cada região e programar a ação dos órgãos governamentais para desenvolvimento do setor rural, nas regiões indicadas como de maior significação econômica e social (arts. 43 a 46).

Na seqüência histórica tem-se ainda a Lei Federal nº 5.027, de 14 de junho de 1966, que institui o Código Sanitário do Distrito Federal, prevendo a competência da autoridade sanitária para participar, obrigatoriamente, da regulamentação do traçado, zoneamento ou urbanização de qualquer área do Distrito Federal (art. 7º).

No início da década de oitenta, através do Decreto Federal nº 85.118, de 03 de setembro de 1980, foi aprovado o III Plano Básico de Desenvolvimento Científico Tecnológico – PBDCT, definindo as diretrizes e prioridades para o setor até 1985, com ênfase especial à formulação de política especifica de reflorestamento, voltada para proteção das bacias hidrográficas, recuperação de áreas erodidas e recomposição de meios ecológicos degradados.

As diretrizes da Política de Ciência e Tecnologia em relação ao desenvolvimento regional deveriam favorecer a demarcação e implantação de unidades destinadas à conservação e preservação de recursos florestais e ecossistemas naturais primitivos.

Na atualidade, A Lei Federal 9.985, de 18 de julho de 2000, que instituiu o Sistema Nacional de Unidades de Conservação – SNUC, define zoneamento como sendo a determinação de setores ou zonas em uma unidade de conservação com objetivos de manejo e normas específicos, com o propósito de proporcionar os meios e as condições para que todos os objetivos da unidade possam ser alcançados de forma harmônica e eficaz (art. 2º, XVI).

Ao lado disso, zoneamento também pode ser relacionado ao ordenamento territorial sob a ótica do planejamento integrado para implementação de ações voltadas ao desenvolvimento, como se viu na previsão do texto da Constituição de 1967, ao estabelecer competência à União para executar planos regionais de desenvolvimento (art. 8º, XIII). No mesmo sentido ocorreu uma previsão constitucional na Carta de 1969 (art. 8º, XIV).

Na Constituição atual (1988), compete igualmente à União elaborar e executar planos nacionais e regionais de ordenação do território e de desenvolvimento econômico (art. 21, IX). Também poderá articular sua ação em um mesmo complexo geoeconômico e social visando o desenvolvimento e a redução das desigualdades regionais (art. 43) ou definir espaços territoriais a serem especialmente protegidos (art. 225, § 1º, II). Aos Estados compete instituir Regiões Metropolitanas, aglomerações urbanas e microrregiões, constituídas por Municípios Limítrofes (art. 25, § 3º) e aos Municípios promover o adequado ordenamento territorial mediante planejamento e controle do uso, do parcelamento e da ocupação do solo urbano (art. 30, VIII), bem como fixar as diretrizes gerais do pleno ordenamento das funções sociais da cidade através do plano diretor (art. 182 e seguintes).

Tais dispositivos constitucionais consolidam a idéia de execução de plano de desenvolvimento tendo como pressuposto um cenário formulado a partir de peculiaridades ambientais diante dos processos sociais, culturais, econômicos e políticos vigentes e prognosticados.

Interessante observar que, particularmente ao disciplinamento da zona costeira, tem-se a conjunção das duas idéias, o plano e o zoneamento, como pode ser verificado nas disposições dos arts. 2º e 3º da Lei Federal nº 7.661/88, posto que o Plano, no caso, o de Gerenciamento Costeiro, deverá orientar a utilização racional dos recursos da zona costeira e a proteção de seu patrimônio natural, histórico, étnico e cultural, bem como prever o zoneamento de usos e atividades.

Tem-se, pois, que o zoneamento contém o diagnóstico do espaço geográfico identificando suas singularidades para destiná-lo adequadamente às diversas modalidades de uso humano ou projetos de infra-estrutura voltados para o desenvolvimento da região, cabendo ao Poder Público o controle das respectivas ações.

## 2. ZONEAMENTO AMBIENTAL

Pode-se dizer que zoneamento ambiental é um instrumento técnico que se ocupa de avaliar as peculiaridades ambientais e respectivos processos sociais, culturais e econômicos de determinado espaço geográfico, indicando, excluindo ou permitindo a utilização de seus recursos e o desenvolvimento das atividades econômicas em benefício da preservação ambiental.

No mesmo sentido compreende MILARÉ (2005: p.469), que define zoneamento como sendo o resultado de estudos conduzidos para o conhecimento sistematizado das características, fragilidades e potencialidades do meio, a partir de aspectos ambientais escolhidos em espaço geográfico delimitado. Esclarece o autor:

> **"Superando visões e interesses menores, o zoneamento ambiental é proposto com uma visão preventiva de longo alcance, exatamente porque se ocupa das bases de sustentação das atividades humanas que requisitam os espaços naturais de cunho social – como o são o solo, em geral, e os grandes biomas, em especial – para utilização dos seus recursos (que são de interesse coletivo) e o desenvolvimento das atividades econômicas (que não possa se chocar com as exigências ecológicas)".**

Aliás, oportuno lembrar ser o zoneamento ambiental um dos instrumentos da Política Nacional do Meio Ambiente (Lei 6.938/81, Art. 9º, II), cabendo a observação de que a própria Lei 6.938/81 registra em seus princípios e objetivos, arts 2º e 4º, respectivamente, que seus instrumentos devem ser utilizados para o controle e definição de áreas das atividades potencial ou efetivamente poluidoras e a compatibilização do desenvolvimento econômico-social com a preservação da qualidade do meio ambiente e do equilíbrio ecológico.

Enfim, um instrumento de gestão com embasamento técnico, nitidamente interdisciplinar, de vez que deve considerar a inserção da variável ambiental na tomada de decisões relacionadas à ocupação do espaço geográfico segundo o maior número possível de fatores ambientais relevantes (geológicos, biológicos, geográficos etc.) para cada tipo de ocupação avaliada (industrial, expansão urbana, agrícola, turística e outras).

Não se trata, pois, de um mapa da região, de preferência, de grande resolução, onde lá estarão as indicações de *vocação* das atividades a serem desenvolvidas pelos grupos de interesses a partir de pseudo políticas públicas de infra-estrutura, que as viabilizarão com custo e risco menores. Ou, de outro modo, um disfarce para segregar atividades incômodas e/ou localizá-las junto aos desafetos políticos. Como esclarece SILVA (2003: p.269): "Ele serve para encontrar lugar para todos os usos essenciais do solo e dos edifícios na comunidade e colocar cada coisa em seu lugar adequado, inclusive as atividades incômodas".

Com essa dimensão, sendo ele um instrumento da Política de Meio Ambiente, instituído em lei, e considerando-se sua abrangência, vez que amplia o espaço geográfico a ser objeto de disciplinamento, entende-se que ele seja o gênero das variadas espécies de zoneamentos que se circunscrevem a estudos de espaços específicos, como se vê nas hipóteses de zoneamento urbano, agrícola ou costeiro, ecológico-econômico etc.

Ao lado de todas essas aplicações, segundo o pensamento de MACHADO (2001: p.165), o zoneamento ambiental, por desenvolver preocupação com a preservação do meio ambiente, também deve ser incluído na persecução dos objetivos nacionais permanentes e ser entrosado com as estratégias de segurança nacional.

## 3. ZONEAMENTO URBANO

Considera-se o zoneamento urbano o disciplinamento do uso e ocupação do solo urbano para as diversas atividades desenvolvidas na cidade, cujos reflexos ultrapassam suas fronteiras locais e regionais.

Naturalmente, sendo a cidade formada pelos fluxos de pessoas e objetos, a materialização da estrutura para atender adequadamente suas funções precípuas, habitar, circular, trabalhar e recrear , exige que esse instrumento seja a um só tempo disciplinador e possa apresentar respostas dinâmicas à ordenação de seu espaço territorial. Isto porque o espaço urbano não se permite ser fechado e estanque, haja vista que seu dinamismo é produzido nas relações intra-urbanas, regionais e globais, impondo-se que seja observado num contexto político-econômico mais abrangente.

Assim, vários aspectos relacionados ao território da cidade ganham relevância no trato do tema. Um deles se refere aos espaços territoriais que lhe são limítrofes, como as áreas rurais. Essa delimitação deve ser objeto de disciplinamento legal através do Plano Diretor do Município, instrumento básico da política de desenvolvimento e de expansão urbana, segundo as regras da política urbana inseridas na Constituição de 1988, *in verbis:*

> **"Art. 182. política de desenvolvimento urbano, executada pelo Poder Público Municipal, conforme diretrizes gerais fixados em lei, tem por objetivo ordenar o pleno desenvolvimento das funções da cidade e garantir o bem-estar de seus habitantes.**
>
> **§ 1º O plano direto, aprovado pela Câmara Municipal, obrigatório para cidades com mais de vinte mil habitantes, é o instrumento básico da política de desenvolvimento e de expansão urbana.**
>
> **§ 2º. A propriedade urbana cumpre sua função social quando atende às exigências fundamentais de ordenação da cidade expressas no Plano Diretor".**

A regulamentação dos dispositivos retro, através da Lei Federal nº 10.257, de 10 de julho de 2001, Estatuto da Cidade, estabelecendo as diretrizes gerais da política urbana e do pleno desenvolvimento das funções sociais da cidade, indica como instrumento de planejamento municipal, dentre outros, o plano diretor e o zoneamento ambiental (art. 4º, III, "a" e "c", respectivamente).

Tais diretrizes evidenciam que a ordenação do espaço urbano deverá ser orientada pelo zoneamento ambiental e o plano diretor. O primeiro, mais abrangente, indicando os níveis de aptidão do espaço territorial baseado em informações ambientais de referência para os diversos tipos de ocupação, considerando, inclusive, futuras necessidades de intervenções e a delimitação das zonas, em urbana, urbanizáveis, de expansão urbana e rural, e das áreas de interesse urbanístico especial, que por suas peculiaridades exigem tratamento diferenciado.

O segundo, mais específico, definindo a qualificação urbanística dos espaços, estabelecendo suas zonas de uso e as formas de ocupação do solo, normalmente identificadas como áreas residenciais, de proteção histórica, comerciais, industriais, institucionais etc, o disciplinamento arquitetônico dessa ocupação e as categorias de uso, que são especificações dos usos permitidos segundo as regras de ocupação.

Ainda em torno do zoneamento urbano, Interessante observar que a promulgação do Código Brasileiro de Aeronáutica, Lei Federal nº 7.565, de 19 de dezembro de 1986, define as zonas de proteção das áreas aeroportuárias com restrições especiais às propriedades vizinhas aos aeródromos ou das instalações que auxiliam a navegação aérea, cujos regulamentos se sobrepõem aos disciplinamentos urbanísticos municipais, como se vê adiante:

> **"Das Zonas de Proteção**
>
> **Art. 43. As propriedades vizinhas dos aeródromos e das instalações de auxílio à navegação aérea estão sujeitas a restrições especiais.**
>
> **Parágrafo único. As restrições a que se refere este artigo são relativas ao uso das propriedades quanto a edificações, instalações, culturas agrícolas e objetos de natureza permanente ou temporária, e tudo mais que possa embaraçar as operações de aeronaves ou causar interferência nos sinais dos auxílios à radionavegação ou dificultar a visibilidade de auxílios visuais.**
>
> **Art. 44. As restrições de que trata o artigo anterior são as especificadas pela autoridade aeronáutica, mediante aprovação dos seguintes planos, válidos, respectivamente, para cada tipo de auxílio à navegação aérea:**
>
> **I - Plano Básico de Zona de Proteção de Aeródromos;**
>
> **II - Plano de Zoneamento de Ruído;**
>
> **III - Plano Básico de Zona de Proteção de Helipontos;**
>
> **IV - Planos de Zona de Proteção e Auxílios à Navegação Aérea.**
>
> **§ 1° De conformidade com as conveniências e peculiaridades de proteção ao vôo, a cada aeródromo poderão ser aplicados Planos Específicos, observadas as prescrições, que couberem, dos Planos Básicos".**

Como se observa, o Código em questão deve ser utilizado no disciplinamento do uso e ocupação de determinadas áreas urbanas.

## 4. ZONEAMENTO INDUSTRIAL

A concepção do zoneamento industrial tanto pode ser em nível nacional ou regional, quando planejada, programada e implementada pela União ou pelo Estado, como pode ser definida dentro de uma área urbana, onde institucionalmente podem se localizadas indústrias que atendam a requisitos urbanísticos previamente determinados no Plano Diretor do Município.

Qualquer que seja a forma deverá ser orientada pelo disciplinamento legal do zoneamento industrial que foi formalizado em 1980, através da Lei Federal 6.803 de 02 de julho daquele ano, não obstante sua concepção tenha ocorrido seis anos antes, com a promulgação da Lei Federal 6.151, de 04 de dezembro de 1974, que dispõe sobre o Segundo Plano Nacional de Desenvolvimento (PND), para o período de 1975 a 1979. e, em seguida, com o controle da poluição provocada por atividades industriais, através do Decreto-Lei nº 1413, de agosto de 1975.

De acordo com referido zoneamento (Zona de Uso Industrial (ZUI), as atividades industriais são classificadas em: Zona de Uso Estritamente Industrial (ZEI) Zona de Uso Predominantemente Industrial (ZUPI) Zona de Uso Diversificado (ZUD), como se vê nas disposições adiante transcritas:

> **"Art. 1º. Nas áreas críticas de poluição a que se refere o art. 4º do Decreto-lei nº 1.413, de 14 de agosto de 1975, as zonas destinadas à instalação de indústrias serão definidas em esquema de zoneamento urbano, aprovado por lei, que compatibilize as atividades industriais com a proteção ambiental.**
>
> **§ 1º. As zonas de que trata este artigo serão classificadas nas seguintes categorias:**
>
> **zonas de uso estritamente industrial;**
>
> **zonas de uso predominantemente industrial;**
>
> **zona de uso diversificado.**

Nas zonas de uso estritamente industrial deverão ser instaladas as atividades industriais cujos resíduos sólidos, líquidos e gasosos, ruídos, vibrações, emanações e radiações possam causar perigo à saúde, ao bem-estar e à segurança das populações. A localização desses estabelecimentos deve acontecer em áreas que apresentem elevada capacidade de assimilação de elementos e proteção ambiental, favoreçam a instalação de infra-estrutura e serviços básicos necessários ao seu funcionamento e mantenham anéis verdes de isolamento em seu entorno, capazes de proteger a circunvizinhança contra efeitos residuais.

Nas zonas de uso predominantemente industrial, poderão ser localizadas atividades industriais cujos processos produtivos sejam submetidos a métodos adequados de controle, além de rigoroso tratamento de efluentes, não causem incômodos sensíveis às demais atividades urbanas, sobretudo, nem perturbem o repouso noturno da vizinhança e disponham, em seu interior, de área de proteção ambiental que minimize os efeitos da poluição em relação aos outros usos (art. 3º e seguintes).

Por fim, as zonas de uso diversificado podem acolher estabelecimentos industriais cujo processo produtivo seja complementar das atividades do meio urbano ou rural em que se localizam e com elas se compatibilizem, independentemente do uso de métodos especiais de controle de poluição, desde que não provoquem nenhum incômodo ou inconveniente à saúde, ao bem-estar e à segurança da vizinhança (art. 4º).

## 5. ZONEAMENTO AGRÍCOLA

O zoneamento agrícola ou agrário é um instrumento técnico de política agrícola e gestão de riscos na agricultura. Segundo ANTUNES (2006: p.192), referido zoneamento é a transposição das idéias concebidas para ordenação urbana para a área rural, mas libertada de suas influências e com vida própria.

Conforme antecipado inicialmente, credita-se ao Estatuto da Terra a vanguarda do disciplinamento legal em torno de zoneamento, em particular o agrário, ao dispor sobre a realização de estudos para o zoneamento do País em regiões homogêneas do ponto de vista sócio-econômico e das características da estrutura agrária. Tal fato foi reiterado no Decreto Federal nº 55.891, de março de 1965, que regulamenta o Capítulo I do Título I e a Seção III do Capítulo IV do Título II de citada lei, como se vê adiante:

> **"Art. 11. O módulo rural, definido no inciso III do art. 4º do Estatuto da Terra, tem como finalidade primordial estabelecer uma unidade de medida que exprima a interdependência entre a dimensão, a situação geográfica dos imóveis rurais e a forma e condições do seu aproveitamento econômico.**

**Parágrafo único. A fixação do dimensionamento econômico do imóvel que, para cada zona de características ecológicas e econômicas homogêneas e para os diversos tipos de exploração, representará o módulo, será feita em função:**

**a) da localização e dos meios de acesso do imóvel em relação aos grandes mercados;**

**b) das características ecológicas das áreas em que se situam;**

**c) dos tipos de exploração predominante na respectiva zona".**

Atualmente seu disciplinamento legal está na Lei Federal nº 8.171, de 17 de janeiro de 1991, que dispõe sobre a política agrícola, cujo art. 19 impõe ao Poder Público a atribuição de realizar zoneamentos agroecológicos que permitam estabelecer critérios para o disciplinamento e o ordenamento da ocupação espacial pelas diversas atividades produtivas, bem como para a instalação de novas hidrelétricas.

Ainda em 1991 o Decreto Federal nº 101, de 17 de abril, que regulamenta a Lei nº 8.167 de 16 de janeiro de 1991, que altera a legislação do Imposto sobre a Renda relativa a incentivos fiscais, estabelece novas condições operacionais dos Fundos de Investimentos Regionais e dá outras providências, condicionou a liberação de recursos dos fundos de investimento, Fundo de Investimentos do Nordeste – FINOR, Fundo de Investimentos da Amazônia – FINAM e Fundo de Recuperação Econômica do Estado do Espírito Santo – FUNRES, a projetos agropecuários a serem implantados em áreas de reconhecida vocação agropastoril, comprovada esta por Zoneamento Ecológico-Econômico, e, na ausência deste, por pré-Zoneamento Ecológico-Econômico.

Através do Decreto nº 153, de 25 de junho de 1991, que alterou o Decreto retro mencionado, deu-se a vedação à concessão de incentivos fiscais a empreendimentos que realizem desmatamento de florestas primárias e que não sejam orientados de acordo com o ZEE.

## 6. ZONEAMENTO COSTEIRO

Geograficamente, zona costeira é a região que se estende desde o início da plataforma continental até as nascentes dos rios das bacias hidrográficas que deságuam no mar. Daí a compreensão de que a zona costeira é uma região peculiar do ponto de vista ecológico, pois envolve a transição entre o meio aquático, marinho, terrestre e aéreo, com intensas trocas de nutrientes e energia entre eles.

Como observado em momento anterior, o disciplinamento legal da zona costeira através da Lei Federal nº 7661/88, instituiu o Plano Nacional de Gerenciamento Costeiro como parte integrante e subordinado aos princípios da Política Nacional do Meio Ambiente (Lei 6.938/81), e parte integrante da Política Nacional para os Recursos do Mar (Decreto 5.377/2005). Sua ordenação deverá orientar a utilização racional dos recursos da zona costeira e a proteção de seu patrimônio natural, histórico, étnico e cultural. Também deverá prever o zoneamento de usos e atividades na costa.

A Zona Costeira, patrimônio nacional por força de disposição constitucional nesse sentido (art. 225, § 4º), é definida legalmente como sendo o espaço geográfico de interação do ar, mar e terra, incluindo seus recursos renováveis ou não, abrangendo uma faixa marítima (espaço que se estende por doze milhas náuticas) e outra terrestre (espaço compreendido pelos limites dos Municípios que sofrem influência direta dos fenômenos ocorrentes na zona costeira), art. 3, I e II do Decreto Federal 5.300, de 07 de dezembro de 2004.

Observe-se que referida definição por si só evidencia zelo aos recursos ambientais costeiros em vários aspectos. Primeiro, ao considerar o espaço geográfico integrado (terra, mar e ar), bem como a área atingida naturalmente pelos efeitos dessa interação, seja no mar, na terra ou no ar. No segundo momento considera igualmente a paisagem e os acidentes geográficos e/ou topográficos situados ao longo do litoral. Por fim, considera não só as áreas onde se realizam atividades litorâneas de ordem sócio-cultural-econômica mas até onde se estende a influência dessas atividades.

Aliás, ao exame da afirmação do pesquisador LACERDA adiante transcrita verifica-se que a proteção legal está longe de exagerar nos cuidados:

> **"A sensibilidade das regiões estuarinas e costeiras aos impactos ambientais, vai depender das características ecológicas e biogeoquímicas de cada região em particular, incluindo as próprias atividades humanas aí instaladas, isto é da capacidade de suporte de determinada região às diferentes atividades antrópicas possíveis de serem aí instaladas. Assim, rios intermitentes deverão ser regidos por limites**

**sazonalmente mais restritivos quanto à liberação de efluentes urbanos, industriais e agrícolas, por exemplo. Da mesma forma, bacias afetadas por despejos urbanos, industriais e/ou agrícolas, poderão se tornar inviáveis para o desenvolvimento turístico e/ou de aqüicultura. Torna-se necessário, portanto, o delineamento de indicadores consistentes da capacidade suporte de áreas estuarinas e costeiras, capazes de fornecer cenários confiáveis à implantação de futuras atividades antrópicas".**

O Zoneamento Costeiro cuida, pois, de prevenir os recursos do meio ambiente marinho e peculiaridades de disciplinar usos e atividades que podem ser realizadas em referida zona, cuja delimitação terrestre é orientada pelas indicações do art. 4º do citado Decreto Federal nº 5.300/2004, *in verbis:*

**Art. 4º Os Municípios abrangidos pela faixa terrestre da zona costeira serão:**

**I - defrontantes com o mar, assim definidos em listagem estabelecida pela Fundação Instituto Brasileiro de Geografia e Estatística - IBGE;**

**II - não defrontantes com o mar, localizados nas regiões metropolitanas litorâneas;**

**III - não defrontantes com o mar, contíguos às capitais e às grandes cidades litorâneas, que apresentem conurbação;**

**IV - não defrontantes com o mar, distantes até cinqüenta quilômetros da linha da costa, que contemplem, em seu território, atividades ou infra-estruturas de grande impacto ambiental na zona costeira ou ecossistemas costeiros de alta relevância;**

**V - estuarino-lagunares, mesmo que não diretamente defrontantes com o mar;**

**VI - não defrontantes com o mar, mas que tenham todos os seus limites com Municípios referidos nos incisos I a V;**

**VII - desmembrados daqueles já inseridos na zona costeira".**

O Plano de Gerenciamento Costeiro, por sua vez, é o conjunto de medidas necessárias à gestão da costa, elaboradas com base em projetos, setoriais e integrados (educação ambiental, ecoturismo, programa de apoio à atividade pesqueira em período de defeso etc), realizados a partir do zoneamento costeiro.

De acordo com as disposições do art. 5º da Lei Federal 7.661/88, o plano deve necessariamente contemplar os seguintes aspectos: "urbanização, ocupação e uso do solo, subsolo e das águas; parcelamento e remebramento do solo; sistema viário e de transporte; sistema de produção, transmissão e distribuição de energia; habitação e saneamento básico, turismo, recreação e lazer, patrimônio natural, histórico, étnico, cultural e paisagístico", evidenciando sua interdisciplinariedade, como anunciado anteriormente.

Assim, observando-se as disposições do art. 5º da Lei 7.661/88 retro citado, verifica-se que alguns dos aspectos indispensáveis à sua elaboração, como a atividade sócio-econômico, uso e ocupação do solo, saneamento básico, são questões mais próximas dos Municípios e dos Estados. Tal fato evidencia a razoabilidade de os Estados e os Municípios litorâneos elaborarem os respectivos Planos de Gerenciamento Costeiro, vez que têm competência para tal e até dispõem de maiores condições de ajustar a realidade de suas caraterísticas naturais e aspectos sócio-econômicos aos comandos legais de gestão da Zona Costeira.

Além das questões já apresentadas, a Lei 7.661/88 estabelece que as diretrizes do Plano de Gerenciamento Costeiro deverão ser atendidas nos casos de licenciamento para parcelamento e remembrarmento do solo, construção, instalação, funcionamento e ampliação de atividades que alterem as características naturais da costa. Também prevê que o licenciamento deve ser precedido do estudo de impacto ambiental e apresentação do respectivo relatório (art. 6º e seguintes).

Outro aspecto importante se refere à praia, compreendida como área coberta e descoberta periodicamente pelas águas, sendo-lhe assegurado livre e franco acesso, não sendo permitida a urbanização ou qualquer forma de utilização do solo (art. 10 e seguintes).

A regulamentação da Lei 7.611/88 se deu através do Decreto Federal nº 5.300/2004, cujo texto é iniciado com apresentação de conceitos legais sobre recursos da natureza como dunas móveis , marisma, ilhas de base etc. Em seguida, apresenta os princípios fundamentais, objetivos e instrumentos da gestão da zona costeira, arts. 5º a 7º. No elenco de instrumentos está o zoneamento ecológico-econômico costeiro, como se vê adiante:

**"Art. 7º. Aplicam-se para a gestão da zona costeira os seguintes instrumentos, de forma articulada e integrada:**

**I - Plano Nacional de Gerenciamento Costeiro - PNGC: conjunto de diretrizes gerais aplicáveis nas diferentes esferas de governo e escalas de atuação, orientando a implementação de políticas, planos e programas voltados ao desenvolvimento sustentável da zona costeira;**

**II - Plano de Ação Federal da Zona Costeira - PAF: planejamento de ações estratégicas para a integração de políticas públicas incidentes na zona costeira, buscando responsabilidades compartilhadas de atuação;**

**III - Plano Estadual de Gerenciamento Costeiro - PEGC: implementa a Política Estadual de Gerenciamento Costeiro, define responsabilidades e procedimentos institucionais para a sua execução, tendo como base o PNGC;**

**IV - Plano Municipal de Gerenciamento Costeiro - PMGC: implementa a Política Municipal de Gerenciamento Costeiro, define responsabilidades e procedimentos institucionais para a sua execução, tendo como base o PNGC e o PEGC, devendo observar, ainda, os demais planos de uso e ocupação territorial ou outros instrumentos de planejamento municipal;**

**V - Sistema de Informações do Gerenciamento Costeiro - SIGERCO: componente do Sistema Nacional de Informações sobre Meio Ambiente - SINIMA, que integra informações georreferenciadas sobre a zona costeira;**

**VI - Sistema de Monitoramento Ambiental da Zona Costeira - SMA: estrutura operacional de coleta contínua de dados e informações, para o acompanhamento da dinâmica de uso e ocupação da zona costeira e avaliação das metas de qualidade socioambiental;**

**VII - Relatório de Qualidade Ambiental da Zona Costeira - RQA-ZC: consolida, periodicamente, os resultados produzidos pelo monitoramento ambiental e avalia a eficiência e eficácia das ações da gestão;**

**VIII - Zoneamento Ecológico-Econômico Costeiro - ZEEC: orienta o processo de ordenamento territorial, necessário para a obtenção das condições de sustentabilidade do**

**desenvolvimento da zona costeira, em consonância com as diretrizes do Zoneamento Ecológico-Econômico do território nacional, como mecanismo de apoio às ações de monitoramento, licenciamento, fiscalização e gestão;**

**IX - macrodiagnóstico da zona costeira: reúne informações, em escala nacional, sobre as característi4cas físico-naturais e socioeconômicas da zona costeira, com a finalidade de orientar ações de preservação, conservação, regulamentação e fiscalização dos patrimônios naturais e culturais".**

Importante destacar que a zona costeira brasileira possui cerca de 8,5 mil km de linha de costa, incluindo recortes litorâneos, como baías e golfos, e largura variável entre 70 a 480 km. Está localizada nas zonas intertropical e subtropicaldividindo-se em cinco regiões: Norte (CaboOrange ao Rio Parnaíba), Nordeste (Rio Parnaíba à Baía de Todos os Santos), Leste (Baía de Todos os Santos ao Cabo de São Tomé), Sudeste (Cabo de São Tomé ao Cabo de Santa Marta) e Sul (Cabo de Santa Marta ao Chuí). Com essa dimensão tem-se evidenciado o mosaico de ecossistema de grande relevância e o alto grau de sua diversidade biológica.

Ela abrange 17 Estados e mais de 500 Municípios, onde vivem cerca de 32,5 milhões de pessoas, a maior densidade populacional, comparando-se com as demais localidades que não são litorâneas.

Confrontando essas realidades e o desdobramento de ações antrópicas com os recursos ambientais da zona costeira, fica fácil deduzir as variadas agressões que a região vem sofrendo como: ameaça à biodiversidade da costa, degradação do potencial de produção pesqueira, conflitos entre a maricultura e as demais atividades sócio-econômicas, além dos impactos naturais nos oceanos e na linha de costa em decorrência das mudanças climáticas.

Tal fato evidencia a urgência de implementação do zoneamento costeiro nas cidades litorâneas, bem como pelo fato de que deverá ser a fonte de orientação dos demais zoneamentos específicos.

## 7. ZONEAMENTO ECOLÓGICO-ECONÔMICO

Zoneamento Ecológico-Econômico é o instrumento de política ambiental que estabelece os padrões e os procedimentos de proteção aos recursos ambientais objetivando assegurar-lhes higidez, de modo a viabilizar o uso sustentável desses recursos e promover desenvolvimento e melhoria das condições de vida da população. Com a edição do Decreto Federal nº 4.297, de 10 de julho de 2002, que regulamenta o art. 9º, inciso II, da Lei nº 6.938, de 31 de agosto de 1981, estabelecendo critérios para o Zoneamento Ecológico-Econômico do Brasil – ZEE, trouxe, em definitivo, a complementação do significado do zoneamento ambiental.

Antes da edição da Lei 6.938/81 tem-se duas referências jurídicas que podem ser apontadas como antecedentes do atual zoneamento ecológico-econômico.

A primeira, a Lei Federal nº 6.151, de 04 de dezembro de 1974, que dispõe sobre o Segundo Plano Nacional de Desenvolvimento (PND), para o período de 1975 a 1979, já mencionada anteriormente, que reconhece a necessidade da implantação de zoneamento, em particular o industrial, como ponto de abordagem do desenvolvimento, como se vê adiante:

> **"Tal política atuará em três áreas principais:**
>
> **- Política de meio-ambiente na área urbana, para evitar a ação poluidora, no ar e na água, principalmente, em decorrência da instalação de unidades industriais, em locais inapropriados e do congestionamento do tráfego urbano; e a fim de assegurar às populações das áreas metropolitanas, e dos outros centros urbanos, a infra-estrutura mínima de fornecimento de água, de boa qualidade, de um sistema de esgotos adequado e de áreas de recreação (PLANASA, Programa Especial de Controle de Enchentes e Recuperação de Vales).**
>
> **- Política de preservação de recursos naturais do País, utilizando corretamente o potencial de ar, água, solo, subsolo, flora e fauna, possibilitando a ocupação efetiva e permanente do território brasileiro, a exploração adequada dos recursos de valor econômico, o levantamento e a defesa do patrimônio de recursos da natureza; e evitando ações predatórias das riquezas naturais.**
>
> **- Política de defesa e proteção da saúde humana.**
>
> **Nesse quadro, terão particular significação as políticas de uso do solo, urbano e rural, dentro de zoneamento racional, e de reflorestamento, a serviço dos objetivos de desenvolvimento e defesa do meio-ambiente".**

A segunda é o Decreto nº 85.118/80, que aprova o III Plano Básico de Desenvolvimento Científico Tecnológico - PBDCT, definindo as diretrizes e prioridades para o setor até 1985, onde consta referência ao zoneamento da Amazônia como requisito das linhas prioritárias de ação e pesquisa voltadas ao desenvolvimento regional da Amazônia, como se vê adiante:

> **"Na Amazônia, os empreendimentos econômicos devem ser implantados com o pleno conhecimento dos impactos ambientais causados pelas inovações técnicas. É imprescindível, portanto, que os projetos agropecuários e de desenvolvimento florestal de grande porte sejam permanentemente avaliados, subdesenvolvido a política tecnológica para a área, que deve apoiar-se também na pesquisa do potencial e dos usos econômicos dos recursos naturais locais".**

Posteriormente, tem-se registros de sua utilização na regulação de manejo florestal, quando se deu a edição da Instrução Normativa do Instituto Brasileiro do Desenvolvimento Florestal – IBDF nº 302/84, concebendo-o como sendo a delimitação de determinadas áreas levando-se em consideração os preceitos ecológicos e a economicidade da atividade.

Nessa seqüência cabe registrar também que uma das linhas de ação listadas na Lei Federal nº 7.486, de 06 de junho de 1986, que aprova as diretrizes do Primeiro Plano Nacional de Desenvolvimento (PND) da Nova República, para o período de 1886 a 1989, era desenvolver programas de pesquisas, levantamentos, zoneamento e gerenciamento do espaço geográfico, de forma a adequar seu uso às exigências ecológicas e definir áreas a serem protegidas (Parte VI, item 2).

A partir de referida lei o Instituto Brasileiro de Geografia e Estatística – IBGE, deu início à concepção do que poderia ser o zoneamento ecológico-econômico nacional, estabelecendo metodologia e objetivos, dentre eles classificar e identificar fatores ecológicos e econômicos prioritariamente em duas regiões, Amazônia e Sudeste.

Logo após a promulgação da Constituição Federal deu-se o lançamento do Programa Nossa Natureza, criado através do Decreto Federal nº 99.946, de 18 de outubro de 1988, com a finalidade de estabelecer condições para a utilização e a preservação do meio ambiente e dos recursos naturais renováveis na Amazônia Legal, mediante a concentração de esforços de todos os órgãos governamentais e a cooperação dos demais segmentos da sociedade com atuação na preservação do meio ambiente.

Em 1988 a Resolução CONAMA nº 010, de 14 de dezembro daquele ano, que dispõe sobre a regulamentação das Áreas de Proteção Ambiental – APA's, aborda o tema compreendendo zoneamento como o recurso de disciplinamento do uso e ocupação humana nas áreas de proteção ambiental que estabelece normas de uso de acordo com a capacidade de suporte da respectiva área, segundo suas condições bióticas, geológicas, urbanísticas, culturais etc, como se vê:

> **Art. 2º - Visando atender aos seus objetivos, as APA'S terão sempre um zoneamento ecológico-econômico.**
>
> **Parágrafo Único - O zoneamento acima referido estabelecerá normas de uso, de acordo com as condições locais bióticas, geológicas, urbanísticas, agro-pastoris, extrativistas, culturais e outras.**

Em 1990 a atribuição de coordenar o ZEE foi transferida à Secretaria de Assuntos Estratégicos que o definiu instrumento de ordenação territorial como extensão das políticas sócio-econômicas. Nessa época foi criado o Grupo de Trabalho para elaborar o zoneamento ecológico-econômico da Amazônia legal, nos termos do Decreto 99.193, de 27 de março de 1990.

Através do Decreto 99.540, de 21 de setembro de 1990, definiram-se os princípios gerais para a execução dos trabalhos de zoneamento, num âmbito macrorregional e regional, sendo eleita a Amazônia Legal como área prioritária para sua realização.

Ainda em relação à Amazônia, o Decreto Federal nº 1.282, de 19 de outubro de 1994 (atualmente revogado pelo Decreto nº 5.975/2006), estabelecia que a exploração a corte raso da floresta e demais formas de vegetação arbórea da bacia amazônica somente poderia ocorrer em áreas selecionadas pelo Zoneamento Ecológico-Econômico para uso alternativo do solo .

Em 1997 foi editado o Decreto Federal nº 2119, em 13 de janeiro, dispondo sobre o Programa Piloto para a Proteção das Florestas Tropicais do Brasil e sobre a respectiva Comissão de Coordenação. Referido programa tem por objetivo implantar um modelo de desenvolvimento sustentável nas florestas tropicais brasileiras através de um conjunto de projetos de execução integrada pelos governos federal, estaduais e municipais e a sociedade civil organizada, podendo receber apoio técnico e financeiro da comunidade internacional, incluindo com primeira fase a realização do zoneamento ecológico-econômico .

Por fim, o Decreto Federal nº 4.297, de 10 de julho de 2002, que regulamenta o art. 9º, inciso II, da Lei nº 6.938, de 31 de agosto de 1981, estabelecendo critérios para o Zoneamento Ecológico-Econômico do Brasil – ZEE. De acordo com referido texto as regras para a elaboração do Zoneamento Ecológico-Econômico – ZEE do Brasil, um instrumento da Política Nacional do Meio Ambiente, deverão atender aos dispositivos ali prescritos.

Como antecipado antes, zoneamento ecológico-econômico é um instrumento da política nacional do meio ambiente que atua na organização territorial, estabelecendo medidas e padrões de proteção ambiental destinados a assegurar a qualidade ambiental, dos recursos hídricos e do solo e a conservação da Biodiversidade, garantindo o desenvolvimento sustentável e a melhoria das condições de vida da população, como, aliás, disposto no art. 2º retro citado.

É, pois, um instrumento de planejamento específico, de vez que gera indicadores sobre as potencialidades e fragilidades dos meios físico, biótico e socioeconômico capazes de subsidiar a tomada de decisões nos diferentes níveis hierárquicos do aparelho governamental, com vistas a viabilizar o desenvolvimento sustentável e harmônico do território.

Todavia, é importante não esquecer que a viabilização desse desenvolvimento através do zoneamento deve ser o resultado de um processo político-administrativo, fundado em conhecimentos técnicos e científicos que considerem a variável ambiental em todos os instantes de sua formulação, sob pena de fundamentar a tomada de decisão em desacordo com as diretrizes e normas legais.

De acordo com as disposições do art. 8º do Decreto nº 4.297/ 2002, a elaboração do ZEE implicará o atendimento a pressupostos técnicos, institucionais e financeiros que deverão ajudar nos respectivos procedimentos de elaboração.

Assim, a lei regulamentadora estabelece uma série de rotinas como, termo de referência, equipe composta por pessoal técnico devidamente habilitado, uso de normas padronizadas, projeto de envolvimento de grupos sociais interessados etc, a serem atendidas por ocasião de sua formulação.

Todavia, segundo SABER cada zoneamento ecológico-econômico é único em relação à região geográfica e econômica a ser abordada, evidenciando que os aspectos singulares, os atributos ambientais a serem evidenciados em cada região exigem equipe multidisciplinar com efetivas habilidades de compreensão dessas singularidades, sob o risco de comprometimento do estudo. Esclarece o autor:

> **"Os princípios de um verdadeiro zoneamento ecológico (e econômico) não têm condições de serem aplicados a todo e qualquer tipo de região geográfica e social. Por sua vez, quando aplicável a uma determinada área ou espaço, requer uma multidisciplinaridade plena, pelo fato de pretender identificar as potencialidades específicas ou preferenciais de cada um dos subespaços ou subáreas do território em estudo. Essa busca das vocações de cada componente ou célula espacial, inserida em conjuntos maiores do espaço regional, exige um conhecimento do mosaico dos solos; a detecção das tendências de uso econômico ou especulativo dos espaços rurais, urbanos e interurbanos; o balanço da economicidade dos sistemas de explotação propostos; os espaços livres à exploração econômica; os tipos de módulos rurais passíveis de serem instalados nos espaços liberados à exploração econômica; os fatores de apoio às atividades agrárias e o balanço das carências ou das eficiências das infra-estruturas preexistentes. Por outro lado, implica em se reconhecer e delimitar espaços defendidos por legislações especiais: parques nacionais, reservas indígenas, reservas biológicas, estações ecológicas, setores críticos dos espaços ecológicos (cabeceiras de drenagem, florestas beiradeiras) e outras áreas de proteção obrigatória ou parcial. A amplitude das tarefas a serem realizadas exige uma participação variada de especialistas pertencentes a diferentes áreas do conhecimento, sob a batuta de pessoas treinadas em métodos de planejamento regional".**

O que se verifica das observações do eminente geógrafo é a preocupação em evitar que o processo de elaboração do zoneamento ecológico adote padrões estandartizados que venham prejudicar os espaços ecológicos em benefício dos espaços econômicos.

De acordo com as disposições do Decreto nº 4297/2002, o ZEE deverá dividir a região objeto do estudo em zonas de acordo com as variadas necessidades de proteção, conservação e recuperação dos recursos naturais e do desenvolvimento sustentável .

Naturalmente, essa divisão não deverá comprometer o entendimento integrado do conjunto da natureza local nem desconsiderar possíveis contrastes por ventura verificados. Tampouco poderá desprezar o confronto das observações entre os fatos observados e a conjuntura socioeconômica da região, como disposto no art. 12º.

O diagnóstico a ser realizado em cada zona deverá descrever os sistemas ambientais integrados; os serviços ambientais dos ecossistemas e sua potencialidade natural para eventuais aptidões, sem, todavia, inverter a ordem de precedência que sempre deverá priorizar o equilíbrio ecológico. Com o mesmo cuidado deverá ser avaliada a fragilidade desses serviços, orientando-se pela perda da biodiversidade e vulnerabilidade dos recursos abióticos, como água e solo. Também deverá ser verificada a existência de corredores ecológico na região e sua contribuição para biodiversidade do local e do entorno.

Caberá ainda ao diagnóstico examinar as tendências de novas ocupações humanas, a articulação regional, os informes sobre a infra-estrutura instalada ou em processo de instalação, o saneamento ambiental, os equipamentos públicos disponíveis à população, a questão fundiária e eventuais conflitos existentes. Enfim, reunir o maior número de informações e documentação sobre a região (art. 13º).

De acordo com as disposições da lei art. 14º , as diretrizes do ZEE serão orientadas segundo o diagnóstico realizado. Assim, as informações nele constante sobre as necessidades de proteção, conservação e recuperação dos recursos naturais implicarão maiores dificuldades para as ações dos projetos voltados ao desenvolvimento sustentável.

Na atualidade, com a promulgação do Decreto Federal 4.300/2004, muito se tem falado no zoneamento ecológico-econômico costeiro a ser implementado nos Municípios litorâneos, como forma de coibir desordenada ocupação nos espaços, seja por empreendimentos imobiliários, a pesca predatória ou as atividades de maricultura degradadoras.

## 8. CONSIDERAÇÕES CONCLUSIVAS

Como se observa, a lenta tomada de consciência pelos indivíduos e pelas comunidades de que a natureza e o meio ambiente não são somente aquele cenário existente imediatamente nas imediações dos nossos corpos, mas algo de dimensões planetárias vem, a cada momento ensejando novas medidas e procedimentos de proteção ao patrimônio ambiental.

Os problemas ambientais, por já serem reconhecidos e interpretados como assuntos a serem tratados com urgência, estão a exigir para eles, de forma premente, um repensamento radical sobre as possibilidades de um controle sistemático centralizado.

Nas várias tentativas de disciplinamento dos espaços tem-se utilizado o zoneamento como instrumento de controle de uso e ocupação de atividades degradadoras, poluidoras ou com potencialidade para tal, posto que comprovado que interferir no meio ambiente vem tornando-se uma atividade de alto risco, pelas possíveis implicações na qualidade de vida, como no caso do uso inconseqüente de áreas de preservação permanente, a de proteção dos mananciais ou mesmo a ocupação da zona costeira, bem como desenvolver qualquer atividade econômica sem ser considerada a sua sustentabilidade, sobretudo pela ótica ecológica.

## 9. REFERÊNCIAS BIBLIOGRÁFICAS


ANTUNES, Paulo de Bessa. *Direito ambiental.* 9.ed, Rio de Janeiro: Lumen Juris, 2006, 988p.

______ *Política nacional do meio ambiente pnma Comentários à lei 6.938, de 31 de agosto de 1981.* Rio de Janeiro: Lúmen Júris, 2005, 229p.

LEITE, José Rubens Morato. BELLO FILHO, Ney Barros. *Direito ambiental contemporâneo.* Barueri: Manole, 2004, 654p.

LIMA, André. *Zoneamento ecológico-econômico à luz dos direitos socioambientais.* Curitiba: Juruá, 2006, 267p.

MACHADO, Paulo Afonso Leme. *Direito ambiental brasileiro.* 9.ed. São Paulo: Malheiros, 2001, 1031p.

MEDAUAR, Odete. O Ordenamento Ambiental Brasileiro (Org. Kishi, Sandra Akemi Simada *et alli*). *Desafios do direito ambiental no século*

*XXI estudos em homenagem a Paulo Afonso Leme Machado.* São Paulo: Malheiros, 2005, 831p.

MILLARÉ, Edis. *Direito do ambiente. Doutrina – jurisprudência – glossário.* 4.ed. São Paulo: Revista dos Tribunais, 2005, 1119p.

SILVA, José Afonso da. *Direito ambiental constitucional.* 4.ed, São Paulo: Malheiros, 2003, 349p.

SILVA, Vicente Gomes da. *Legislação ambiental comentada.* 3.ed. Belo Horizonte: Fórum, 2006, 560p.

TEIXEIRA, Wilson; TOLEDO, M. Cristina Motta de. Fairchild; THOMAS, Rich. *et al* (Org) Fabio Taioli. *Decifrando a terra.*São Paulo: Oficina de Textos, 2003, 557p.

## ARTIGOS

LACERDA, Luis Drude. *A zona costeira: o domínio das interações.* http://www.institutomilenioestuarios.com.br/zonacosteira.html, capturado 22 de abril de 2007.

SABER, Aziz Ab'. *Zoneamento ecológico e econômico da amazônia questões de escala e método.* ww.scielo.br/scielo.php, capturado 20 de janeiro de 2007.

## COLETÂNEA

CAMPANHOLE, Adriano *et* CAMPANHOLE, Hailton Lobo. *CONSTITUIÇÕES do brasil.* 9.ed, São Paulo: Atlas, 1986,726p.

MEDAUAR, Odete (Org.) *Coletânea de legislação ambiental.* 6.ed, São Paulo: Revista dos Tribunais, 2007, 649p.

## LEGISLAÇÃO FEDERAL

BRASIL. Constituição da República Federativa do Brasil, promulgada e publicada em 05 de outubro de 1988.

______. Lei Federal nº 10.257, de 10 de julho de 2001, (Estatuto da Cidade), Regulamenta os arts. 182 e 183 da Constituição Federal estabelecem diretrizes gerais da política urbana e dá outras providências.

______ Lei Federal nº 9.985, de 18 de julho de 2000, Regulamenta o art. 225, § 1º, incisos I, II, III e IV, da Constituição Federal, institui o Sistema

Nacional de Unidade de conservação da Natureza e dá outras providências.

______Lei Federal nº 9.966, de 28 de abril de 2000, Dispõe sobre a prevenção, o controle e a fiscalização da poluição causada por lançamento de óleo e outras substâncias nocivas ou perigosas em águas sob jurisdição nacional e dá outras providências.

______Decreto Federal nº 5.975, de 30 de novembro de 2006, Regulamenta os arts. 12 parte final, 15, 16, 19, 20 e 21 da Lei nº 4.771, de 15 de setembro de 1965, o art. 4º, inciso III, da Lei nº 6.938, de 31 de agosto de 1981, o art. 2º da Lei nº 10.650, de 16 de abril de 2003, altera e acrescenta dispositivos aos Decretos nºs 3.179, de 21 de setembro de 1999, e 3.420, de 20 de abril de 2000, e dá outras providências.

______Decreto Federal nº 4.297, de 10 de julho de 2002, Regulamenta o art. 9º, inciso II, da Lei nº 6.938, de 31 de agosto de 1981, estabelecendo critérios para o Zoneamento Ecológico-Econômico do Brasil - ZEE, e dá outras providências.

______Decreto Federal nº 3.420, de 20 de abril de 2000, Dispõe sobre a criação do Programa Nacional de Florestas - PNF, e dá outras providências.

______Decreto Federal nº 2.219, de 13 de janeiro de 1997, Dispõe sobre o Programa Piloto para a Proteção das Florestas Tropicais do Brasil e sobre a sua Comissão de Coordenação, e dá outras providências.

______Decreto Federal nº 1.282, de 19 de outubro de 1994, Regulamenta os arts. 15, 19, 20 e 21 da Lei nº 4.771, de 15 de setembro de 1965, e dá outras providências.

______Decreto Federal nº 153, de 25 de junho de 1991, Altera o Decreto nº 101, de 17 de abril de 1991, que "Regulamenta a Lei nº 8.167, de 16 de janeiro de 1991, que altera a legislação do Imposto sobre a Renda relativa a incentivos fiscais, estabelece novas condições operacionais dos Fundos de Investimentos Regionais e dá outras providências".

______Decreto Federal nº 101, de 17 de abril de 1991, Regulamenta a Lei nº 8.167 de 16 de janeiro de 1991, que altera a legislação do Imposto sobre a Renda relativa a incentivos fiscais, estabelece novas condições operacionais dos Fundos de Investimentos Regionais e dá outras providências.

______Decreto Federal nº 99.540, de 21 de setembro de 1990, Institui a Comissão Coordenadora do Zoneamento Ecológico-Econômico do Território Nacional e dá outras providências.

______Decreto Federal nº 99.193, de 27 de março de 1990, Dispõe sobre as atividades relacionadas ao zoneamento ecológico-econômico, e dá outras providências.

______Decreto Federal nº 96.944, de 12 de outubro de 1988, Cria o Programa de Defesa do Complexo de Ecossistemas da Amazônia Legal e dá outras providências.

______Lei Federal nº 7.661, de 16 de maio de 1988, Institui o Plano Nacional de Gerenciamento Costeiro e dá outras providências.

______Lei Federal nº 7.643, de 18 de dezembro de 1987, Proíbe a pesca de cetáceos nas águas jurisdicionais brasileiras.

______Lei Federal nº 7.565, de 19 de dezembro de 1986, Código Brasileiro de Aeronáutica.

______Lei Federal nº 7.486, de 06 de junho de 1986, Aprova as diretrizes do Primeiro Plano Nacional de Desenvolvimento (PND) da Nova República, para o período de 1886 a 1989.

______Lei Federal nº 6.938, de 31 de agosto de 1981, Dispõe sobre a Política Nacional do Meio Ambiente, seus fins, e mecanismos de formulação e aplicação e dá outras providências.

______Lei Federal nº 6.803, de 02 de julho de 1980, Dispõe sobre Zoneamento Industrial nas áreas críticas de poluição.

______Lei Federal nº 6.151, de 04 de dezembro de 1974, Dispões sobre o Segundo Plano nacional de Desenvolvimento (PND), para o período de 1975 a 1979.

______Lei Federal nº 5.172, de 25 de outubro de 1966 (Código Tributário Nacional), Dispõe sobre o Sistema Tributário Nacional e institui normas gerais de direito tributário aplicáveis à União, Estados e Municípios.

______Lei Federal nº 5.027, de 14 de junho de 1966, Institui o Código Sanitário do Distrito Federal.

______Lei Federal nº 4.504, de 30 de novembro de 1964, Dispõe sobre o Estatuto da Terra e dá outras providências.

______Decreto Federal nº 5.377, de 23 de fevereiro de 2005, Aprova a Política Nacional para os Recursos do Mar.

______Decreto Federal nº 5.300, de 07 de dezembro de 2004, Regulamenta a Lei nº 7.661, de 16 de maio de 1988, que institui o Plano Nacional de Gerenciamento Costeiro – PNGC, dispõe sobre regras de uso e ocupação da zona costeira e estabelece critérios de gestão da orla marítima, e dá outras providências.

______Decreto Federal nº 4.297, de 10 de julho de 2002, Regulamenta o art. 9º, II, da Lei 6.938, de 31 de agosto de 1981, estabelecendo critérios para Zoneamento Ecológico-Ecológico do Brasil, ZEE e dá outras providências.

______ Decreto Federal n° 96.660, de 06 de setembro de 1988, Dispõe sobre o Grupo de Coordenação incumbido de elaborar e atualizar o Plano Nacional de Gerenciamento Costeiro e as normas para sua implementação.

______Decreto Federal nº 85.118, de 03 de setembro de 1980, Aprovado o III Plano Básico de Desenvolvimento Científico Tecnológico – PBDCT.

______Decreto Federal nº 84.017, de 21 de setembro de 1979, Aprova o Regulamento dos Parques Nacionais Brasileiros.

______Decreto Federal nº 79.540/77, Promulgou a convenção Internacional sobre Responsabilidade Civil em Danos Causados por Poluição por Óleo.

______Decreto-Lei nº 1.413, de 14 de agosto de 1975, Dispõe sobre o controle da poluição do meio ambiente provocada por atividades industriais.

______Decreto Federal nº 55.891, de 31 de março de 1965, Regulamenta o Capítulo I do Título I e a Seção III do Capítulo IV do Título II da Lei nº 4.504, de 30 de novembro de 1964 - Estatuto da Terra.

______ Decreto-Lei nº 25, de 30 de novembro de 1937, Organiza a proteção do patrimônio histórico e artístico nacional.

______Decreto-Lei nº 58, de 10 de dezembro de 1937, Dispõe sobre o loteamento e a venda de terrenos para o pagamento de prestações.

______Dec. Legislativo nº 74/76, aprova a Convenção Internacional sobre Responsabilidade civil em Danos Causados por poluição por Óleo, Bruxelas, 1969.

______Dec. Legislativo nº 4/87, que aprova a Convenção Internacional para a Prevenção da Poluição Causada por Navios, de 1973.

______Resolução CONAMA nº 010, de 14 de dezembro de 1988, Dispõe sobre a regulamentação das Áreas de Proteção Ambiental – APA.

# ESTUDO PRÉVIO DE IMPACTO DE VIZINHANÇA PREVISTO NO ESTATUTO DA CIDADE (Lei 10.257/01) E SUA ADEQUAÇÃO AO DIREITO AMBIENTAL CONSTITUCIONAL BRASILEIRO

CELSO ANTONIO PACHECO FIORILLO*

Depois de 11 anos de tramitação, o Senado aprovou o Estatuto da Cidade (Lei nº 10.257/01), instrumento que deverá regulamentar as principais diretrizes do meio ambiente artificial em face do tratamento jurídico descrito nos artigos 182 e 183 da Constituição Federal.

O objetivo do legislador constitucional foi o de tratar o meio ambiente artificial não só em face do que estabelece o art.225 na medida em que, como já tivemos oportunidade de afirmar[1], a individualização de aspectos do meio ambiente tem puramente função didática, revelando ao operador uma facilidade maior no manejo da matéria, facilitando a utilização dos instrumentos jurídicos trazidos pelo sistema.

---

* Livre-Docente em Direito Ambiental. Doutor e Mestre em Direito das Relações Sociais. Professor dos Programas de Pós-Graduação(Doutorado/Mestrado) da Universidade Metropolitana de Santos (UNIMES) e do Centro Universitário FIEO(UNIFIEO). Coordenador e professor do Curso de Especialização em Direito Ambiental da Escola Superior de Advocacia da Ordem dos Advogados do Brasil – Secção de São Paulo (ESA-OAB/SP)

[1] Curso de Direito Ambiental Brasileiro, 7.ed. ampliada, 2006, Editora Saraiva.

Daí podermos observar outros dispositivos pertinentes ao tema como o art. 21, XX (que dispõe sobre a competência da União para instituir diretrizes para o desenvolvimento urbano, inclusive habitação, saneamento básico e transportes urbanos), o art. 5º, XXIII (que disciplina que a propriedade atenderá sua função social) e particularmente os arts.182 e 183, ora regulamentados,que estabelecem diretrizes gerais da denominada política urbana.

Dessa constatação torna-se verdadeiro afirmar que o meio ambiente artificial recebe uma tutela mediata (revelada pelo Art. 225 da CF em que encontramos uma proteção geral ao meio ambiente) e uma tutela imediata (que agora passa a receber tratamento jurídico aprofundado em decorrência da regulamentação dos arts. 182 e 183 da CF) relacionando-se diretamente às cidades sendo impossível desvinculá-lo do conceito de direito à sadia qualidade de vida assim como do direito à satisfação dos valores da dignidade da pessoa humana e da própria vida.

Destarte resta bem posicionada a concepção de que a Lei 10.257/01 deverá ser orientada pelos principais objetivos do direito ambiental constitucional e especificamente pela realização do pleno desenvolvimento das funções sociais da cidade bem como da garantia do bem estar dos seus habitantes (Art. 182 da CF).

O meio ambiente artificial tem como um de seus princípios o pleno desenvolvimento das funções sociais da cidade, a saber, a plenitiude vislumbrada pela norma deverá encontrar-se satisfeita quando do efetivo respeito aos preceitos trazidos pelos arts. 5º e 6º da Constituição Federal o que significa dizer que a **função social da cidade é cumprida quando esta proporciona a seus habitantes o direito à vida, à segurança,à igualdade,à propriedade e à liberdade bem como quando garante a todos um *PISO VITAL MÍNIMO* compreendido pelos direitos sociais à educação,à saúde,ao trabalho,à moradia,ao lazer, à segurança, à previdência social, à proteção a maternidade e à infância bem como a assistência aos desamparados.**

Devemos, portanto observar que as Diretrizes Gerais (Capítulo I), os Instrumentos da Política Urbana (Capítulo II), o Plano Diretor (Capítulo III) e a própria Gestão Democrática da Cidade (Capítulo IV) – fixados em face do Estatuto da Cidade – sempre deverão observar adequação em face do direito ambiental constitucional brasileiro, ou seja, serão bem interpretados de acordo com o sistema de direito positivo em vigor se estiverem em sintonia com os fundamentos constitucionais de dignidade da pessoa humana adaptados à ordem jurídica do capitalismo (Art. 1º incisos III e IV).

Daí a necessidade do Estatuto da Cidade enfrentar, à luz do direito constitucional, um dos mais importantes instrumentos assecuratórios da efetividade do direito ambiental - o estudo prévio de impacto ambiental previsto no Art. 225, parágrafo 1º, inciso IV da CF - adaptado evidentemente à função social da cidade.

Apontado como instrumento de política urbana (Art. 4º, VI da Lei 10.257/01) o legislador não só ratificou a necessidade do instituto antes mencionado como apontou a existência do denominado estudo prévio de impacto de vizinhança - EIV definindo seus contornos nos arts. 36 e 37 do Estatuto da Cidade.

Com efeito.

A partir do Estatuto da Cidade o legislador municipal - adotando importante relevo para o Município como local em que brasileiros e estrangeiros residentes no País exercem,de fato e direito, o uso dos bens ambientais vinculados à plena integração social baseada na moderna concepção de cidadania conforme já apontávamos em nossa obra "**O Direito de Antena em face do Direito Ambiental no Brasil**"[2] – determinará os empreendimentos e atividades privados ou públicos em área urbana que dependerão da elaboração de estudo prévio de impacto de vizinhança para obter as licenças ou autorizações de construção, ampliação ou funcionamento à cargo do Poder Público municipal.

De natureza jurídica absolutamente diferente da licença administrativa[3], o EIV caracteriza-se como sendo licenciamento ambiental merecedor de complexas e sofisticadas interpretações de forma a contemplar os efeitos positivos e negativos do empreendimento ou atividade quanto à qualidade de vida da população **residente na área e sua proximidades** (Art. 37 da Lei 10.257/01), incluindo a análise, **no mínimo,**das seguintes questões:

1) adensamento populacional,

2) equipamentos urbanos,

3) equipamentos comunitários,

4) uso e ocupação do solo,

5) valorização imobiliária,

---

[2] Editora Saraiva, 2000, págs.76 a 81.

[3] Vide nosso artigo "Direito de o empreendedor desenvolver sua atividade em face de EIA/RIMA favorável no âmbito do Direito Ambiental Brasileiro", Portal Jurídico da Editora Saraiva, saraivajur.com.br

6) geração de tráfego,

7) demanda por transporte público,

8) ventilação,

9) iluminação,

10) paisagem urbana,

11) patrimônio natural,

12) patrimônio cultural.

Resta evidente que o legislador adotou a moderna concepção doutrinária que estuda os enfoques do Direito Ambiental no Brasil – patrimônio genético, meio ambiente cultural, artificial, do trabalho e natural – posicionando-se claramente por uma estrutura legal para instalação de obra ou atividade potencialmente causadora de significativa degradação do meio ambiente em face da ordem jurídica do capitalismo.

O Estudo Prévio de Impacto de Vizinhança – EIV nada mais é que licença ambiental fixada em face dos valores maiores do piso vital mínimo.

Se por um lado amplia o espaço de cidadania no controle dos empreendimentos naturais do capitalismo não deixa de possibilitar efetivo controle por parte do Poder Público, vinculado constitucionalmente que está a assegurar a efetividade do direito ambiental (Art. 225, parágrafo 1º da CF).

Assegurando a qualidade de vida dos habitantes das zonas urbanas, através do controle de construções como casas de show, shoppings, templos religiosos, estádios de futebol, etc.., o EIV cumpre sua função de bem delimitar aquilo que o saudoso professor Milton Santos chamava de "dinâmica territorial".

"Num território", afirmava o mestre Milton Santos, "quando ele é analisado a partir da dinâmica social, ele é perceptível pelas coisas que são fixas e pelas que se movimentam. As coisas que se movimentam é que dão valor às que são fixas. Para entender a vida no território ou a vida nacional, é preciso jogar com os dois. Essa geografia do movimento é indispensável se eu pretendo produzir um retrato dinâmico. E aí se inclui o dinheiro:um dos grandes elementos da vida nacional é a mobilidade do dinheiro, nas suas diversas formas".

Entender o Estatuto da Cidade é compreender exatamente o que significa a aplicação do direito ambiental em face da realidade brasileira ou seja,aplicar a ordem jurídica do capitalismo em decorrência da necessidade de erradicar a pobreza e a marginalização reduzindo as desigualdades sociais e regionais.

O EIV terá portanto que se adequar às necessidades dos brasileiros e estrangeiros residentes no país, uma adequação racional sempre vinculada aos fundamentos do Estado Democrático de Direito[4].

---

[4] Para um estudo aprofundado do Estudo Prévio de Impacto de Vizinhança vide nosso ESTATUTO DA CIDADE COMENTADO LEI DO MEIO AMBIENTE ARTIFICIAL, 2.ed. revista, atualizada e ampliada, Editora Revista dos Tribunais, 2005.

# MUNICÍPIOS OBRIGADOS A EDITAR PLANO DIRETOR

JACINTHO ARRUDA CÂMARA*

***SUMÁRIO:*** 1. Introdução. 2. Constitucionalidade do Estatuto da Cidade. 3. Posicionamento do STF em julgado sobre o tratamento da matéria por Constituição Estadual. 4. Aplicabilidade da decisão ao exame da constitucionalidade do Estatuto da Cidade. 5. Conclusões.

## 1. INTRODUÇÃO

O Estatuto da Cidade – Lei nº 10.257, de 10 de julho de 2001 – foi muito esperado desde a promulgação da Constituição de 1988. Normas constitucionais de conteúdo marcadamente inovador em matéria de política urbana dependiam dessa legislação complementar para ser aplicadas[1].

Mais de dez anos se passaram até que a referida regulamentação fosse editada pelo Congresso Nacional. Justifica-se, portanto, certa expectativa criada em torno da lei. Sua edição foi vista por muitos como

---

* Professor de Direito Administrativo da Faculdade de Direito da PUC/ SP. Mestre e Doutor em Direito pela PUC/SP.

[1] Como exemplo podemos citar as medidas contidas no art. 182, § 4.º, da Constituição Federal, previstas como instrumentos em favor do Poder Público municipal, para assegurar a utilização adequada do imóvel urbano. São elas: a determinação do parcelamento ou edificação compulsórios, a implantação do IPTU progressivo no tempo e a desapropriação com pagamento em títulos da dívida pública.

um marco para a modernização do direito urbanístico e da atuação municipal na administração das cidades.

Todavia, apesar de sua indiscutível relevância, boa parte das medidas que prevê ainda não foi implementada. E isso se explica. As medidas previstas no Estatuto, para produzirem efeitos, dependem da atuação direta dos Municípios. É absolutamente previsível, portanto, que mesmo passados 5 (cinco) anos da edição do Estatuto, muitos dos instrumentos de política urbana ainda não tenham aflorado na imensa maioria dos municípios.

Uma medida concreta, porém, há de ser implementada até outubro de 2006 (quando se completam 5 anos da entrada em vigor do Estatuto das Cidades). Trata-se da edição do plano diretor.

Como se sabe, a Constituição Federal, em seu art. 182, §. 1º, já instituíra a obrigatoriedade de plano diretor para as cidades com mais de 20.000 (vinte mil) habitantes[2]. A norma, todavia, dependia de regulamentação legal para produzir seus efeitos, uma vez que a Constituição não se ocupou de prever um prazo para o cumprimento da medida, de definir um conteúdo mínimo a ser obedecido por este plano, ou mesmo de criar uma sanção para os municípios que não atenderem à exigência.

A lacuna normativa foi preenchida, finalmente, com a edição do Estatuto da Cidade. Nele foram definidas sanções, um conteúdo mínimo a ser observado em cada plano diretor e um prazo para o cumprimento dessas normas. Acontece que o Estatuto inovou em relação a um dos poucos elementos que havia merecido tratamento constitucional: a definição dos sujeitos passivos da exigência, isto é, das figuras obrigadas a editar o plano diretor.

A Constituição expressamente estabeleceu o universo de entidades obrigadas a editar um plano diretor. No art. 182, § 1º, foi definida sua obrigatoriedade para todas as cidades com mais de vinte mil habitantes. O Estatuto da Cidade, todavia, ampliou esta regra, considerando-o obrigatório também para as cidades:

a) integrantes de regiões metropolitanas e aglomerações urbanas (art. 41, II);

b) onde o Poder Público municipal pretenda utilizar os instrumentos previstos no § 4º do art. 182 da Constituição Federal (art. 41, III);

---

[2] Confira-se o teor do dispositivo constitucional citado: "Art. 182. (...) § 1º O plano diretor, aprovado pela Câmara Municipal, obrigatório para cidades com mais de vinte mil habitantes, é o instrumento básico da política de desenvolvimento e de expansão urbana."

c) integrantes de áreas de especial interesse turístico (art. 41, IV); e

d) inseridas na área de influência de empreendimentos ou atividades com significativo impacto ambiental de âmbito regional ou nacional (art. 41, V).

Afora a imposição às cidades acima de vinte mil habitantes e àquelas desejosas de aplicar os instrumentos mencionados no art. 182, § 4º, da Constituição, às quais a própria Constituição obrigou à edição do plano diretor[3], é possível questionar a legitimidade do rol de cidades obrigadas a editar o referido instrumento, previsto no Estatuto.

A discussão pode ser travada com base em interpretação segundo a qual a Constituição seria o único veículo normativo a ter força para impor obrigações a entes política e administrativamente autônomos, como os municípios. Se a própria Constituição apenas obrigara a editar plano diretor, diretamente, as cidades acima de vinte mil habitantes e, indiretamente, as cidades interessadas em utilizar os instrumentos de implementação de políticas urbanas previstos no art. 182, § 4º, uma lei federal não poderia impor tal obrigação além deste elenco constitucional. Tal leitura, por óbvio, conduziria à inconstitucionalidade dos dispositivos que promoveram tal extensão, quais sejam, os incisos II, IV e V do art. 41 do Estatuto da Cidade.

Vale lembrar que o Estatuto determinou o cumprimento do dever de editar o plano diretor até 5 anos após sua entrada em vigor. Prazo que se expira em outubro de 2006. Mostra-se, portanto, de grande pertinência a discussão apresentada. Dependendo do posicionamento que se tenha em relação à matéria – seja pelos municípios, seja pelos órgãos de fiscalização da lei (em especial pelo Ministério Público) – um maior número de entes estará obrigado a editar o plano diretor e, conseqüentemente, sujeitar-se-á às punições derivadas do descumprimento desse dever.

É essa, em resumo, a questão a ser abordada no presente estudo. Para enfrentá-la, aplicaremos o seguinte roteiro. Apresentaremos, desde o início, nossa opinião a respeito da constitucionalidade da extensão no

---

[3] Nesse caso, a edição de plano diretor não é propriamente um dever imposto a determinados municípios, mas sim uma condição criada para o uso de alguns instrumentos de política urbana. Essa condição está prevista, de maneira indireta, no próprio § 4º do art. 182. Confira-se: "É facultado ao Poder Público municipal, mediante lei específica *para área incluída no plano diretor*, exigir, nos termos da lei federal, do proprietário do solo urbano não edificado, sub utilizado ou não utilizado, que promova seu adequado aproveitamento, sob pena, sucessivamente, de (...)." (grifou-se).

rol de entes sujeitos ao dever de elaborar plano diretor, feita pelo Estatuto da Cidade. A seguir, examinaremos a jurisprudência do Supremo Tribunal Federal existente sobre a matéria. Será vista, especialmente, decisão que julgou inconstitucional a extensão do rol previsto no art. 182, § 1º da Constituição Federal, realizada pela Constituição Estadual de um dos Estados da Federação. Veremos também, por conseguinte, os reflexos da jurisprudência atual no enfrentamento da questão envolvendo a constitucionalidade do Estatuto da Cidade. Ao final, arrolaremos as principais conclusões obtidas.

## 2. CONSTITUCIONALIDADE DO ESTATUTO DA CIDADE

Não concordamos com a leitura da Constituição segundo a qual o art. 182, § 1º, desautoriza a legislação federal a estender a obrigação de elaborar um plano diretor a outros municípios, além daqueles que tenham cidades acima de vinte mil habitantes. Esta, sem dúvida, não é a única interpretação possível. Também não é a mais correta, em nossa opinião.

Parece-nos mais correto depreender, do sistema constitucionalmente concebido de divisão de competências em matéria de direito urbanístico, que haveria espaço para a instituição de regras quanto à obrigatoriedade da edição do plano diretor, tais quais as previstas no Estatuto da Cidade[4]. Deveras, cabe à União editar normas gerais sobre a matéria, inclusive disciplinando a elaboração do plano diretor[5].

No exercício dessa competência geral, a lei editada pela União (Estatuto da Cidade) chegou a definir no que efetivamente deve consistir o plano diretor, além de estabelecer muitas outras características de regime jurídico que a ela compete disciplinar. Com base em tais diretrizes, que somente a lei federal pode estabelecer (porque são gerais e aplicáveis a todos os municípios do território nacional), ela também pôde remodelar o rol de entidades sujeitas a, obrigatoriamente, editar tal plano. A nova previsão, por óbvio, guardou coerência com a diretriz geral adotada no Estatuto, inclusive e principalmente no que toca ao conceito de plano diretor que foi abraçado. A previsão constitucional de

---

[4] Posição semelhante foi adotada pelo professor Diógenes Gasparini, "Aspectos Jurídicos do Plano Diretor", em *Interesse Público*, Ano 6, nº 31, maio/junho de 2005, Editora Nota Dez, Porto Alegre, 2005, pp. 29-30.

[5] Além da competência para legislar sobre direito urbanístico (art. 24, I da CF), a União recebeu a atribuição de fixar as diretrizes da política de desenvolvimento urbano (art. 182, *caput*, § 4º, da CF).

determinados municípios sujeitos ao dever de editar plano diretor, nessa perspectiva, serviu apenas como limite mínimo a ser seguido, ou seja, não seria possível contrariar o dispositivo constitucional, desobrigando quem já estava obrigado a editar um plano diretor, mas nada impediria complementar o rol de entidades sujeitas a esse dever (como de fato foi feito), estendendo a obrigatoriedade a novas figuras, além daquelas já mencionadas na Constituição.

Vejamos, assim, qual o efetivo alcance do art. 41 do Estatuto da Cidade, admitindo-se, desde logo, a premissa segundo a qual a Constituição Federal não proíbe a extensão do dever de editar plano diretor a outros entes, além dos municípios que tenham cidades com mais de vinte mil habitantes.

Muito embora a redação do art. 41 do Estatuto da Cidade tenha sido clara no que toca à imposição da obrigação de editar plano diretor para o rol acima referido, o restante da lei adota um sistema dúbio, que acaba por levantar incertezas quanto à efetividade da extensão que se buscou adotar. Explicamos. Para que uma obrigação seja aplicável, é necessário se estabelecer um prazo para que ela seja exigível, isto é, um prazo a partir do qual o sujeito passivo seja efetivamente obrigado a cumprir o seu dever. No caso de obrigações gerais e abstratas, como as previstas em lei, a exigibilidade, caso não haja disposição em contrário, passa a existir no momento em que a lei entra em vigor.

Para esta regra específica, que institui o dever de editar plano diretor, o Estatuto da Cidade trouxe disciplina própria, que só atinge, porém, parte dos sujeitos passivos da obrigação de editar o plano diretor. Trata-se do disposto no art. 50, confira-se: "*Art. 50 – Os Municípios que estejam enquadrados na obrigação prevista nos incisos I e II do art. 41 desta Lei que não tenham plano diretor aprovado na data de entrada em vigor desta Lei, deverão aprová-lo no prazo de cinco anos.*"

Em cinco anos, as cidades com mais de vinte mil habitantes (inciso I) e as integrantes de regiões metropolitanas e aglomerações urbanas (inciso II) serão obrigadas a aprovar o plano diretor. E qual o prazo para a aprovação do plano nas demais cidades obrigadas expressamente a adotá-lo?

Existem pelo menos duas respostas possíveis para tal indagação (que a Lei expressamente não responde).

A primeira seria a de admitir que, para as demais cidades obrigadas a editar o plano, não existiria prazo para sua implementação, sendo este momento definido individualmente pelos municípios. Isto seria o mesmo que eliminar a exigibilidade da obrigação, ou seja, não haveria obrigação jurídica propriamente dita. Esta interpretação, muito embora resolva a lacuna deixada pela Lei, acaba se confrontando com a lógica do próprio dispositivo, no contexto do sistema em que ele está inserido. Isto porque não faria sentido algum estabelecer uma regra impondo uma obrigação a determinadas pessoas, para depois impor prazo para o seu cumprimento apenas a uma parte delas, restando às demais a escolha de quando (e se) irão cumpri-la.

A outra forma de interpretar busca o confronto das características das hipóteses submetidas ao prazo de cinco anos de exigibilidade (cidades acima de vinte mil habitantes e aquelas integrantes de regiões metropolitanas e aglomerações urbanas) com as que marcam aquelas cidades que foram excluídas desse prazo (cidades onde o Poder Público municipal pretenda utilizar os instrumento previstos no § 4º do art. 182 da Constituição Federal, integrantes de áreas de especial interesse turístico e inseridas na área de influência de empreendimentos ou atividades com significativo impacto ambiental de âmbito regional ou nacional). Desse confronto é possível extrair um critério distintivo entre os dois grupos (os *com* e os *sem* prazo) e a partir daí compreender a razão da diferença e qual o seu objetivo.

Aqueles sujeitos submetidos ao prazo independem de qualquer decisão estatal para se enquadrarem na hipótese legal que obriga à elaboração do plano. São hipóteses que se concretizam (incisos I e II) por obra e graça do crescimento urbano, muitas vezes desordenado. Já as demais hipóteses, dependem de uma decisão estatal prévia, que resolva utilizar os instrumentos constitucionais de implementação de políticas públicas (inciso III), que a defina como área de especial interesse turístico (inciso IV), ou que autorize a realização de empreendimentos ou atividades com significativo impacto ambiental (inciso V). Nesses últimos casos, como se trata de uma condição a ser preenchida em virtude de um ato estatal, faz sentido que, como conseqüência, se tenha a imediata inclusão das cidades atingidas no dever de instituir um plano diretor. Tais hipóteses, ademais, já significam de certo modo a concretização de uma diretriz de planificação e, por isso mesmo, deve ser formalizada o quanto antes por intermédio da edição de um plano diretor. As primeiras, de outro lado, são contingências por assim dizer incontroláveis, que justificam o estabelecimento de prazo para planejar adequadamente os rumos do desenvolvimento urbano.

Tendo em vista o exposto, há de se concluir que, do rol de cidades obrigadas a editar o plano diretor (art. 41), aquelas inseridas nos incisos

I e II receberam o prazo de cinco anos para implantação. As demais (incisos III a V), devem editar o plano tão logo a condição prevista em lei se perfaça, isto é, quando houver a intenção de se utilizar dos instrumentos de implementação de políticas urbanísticas previstas na Constituição (inciso III), quando a cidade for inserida em área de especial interesse turístico (inciso IV) ou em área de influência de empreendimentos ou atividades com significativo impacto ambiental (inciso V).

Vale ressaltar, por fim, que a aplicação da lei de improbidade administrativa pela ausência de plano diretor só foi prevista para o descumprimento do dever pelos municípios com mais de vinte mil habitantes ou inseridos em regiões metropolitanas, bem como sobre aqueles que não realizarem a revisão do seu plano no prazo de dez anos, previsto no Estatuto. É o que determina o art. 52, VII do Estatuto da Cidade. Nos demais casos, há de se entender que a falta do plano diretor trará como conseqüência a proibição de se implementar as respectivas práticas a ele condicionadas (implementação dos instrumentos de políticas urbanas previstos na Constituição, inserção de área em área de especial interesse turístico e autorização de empreendimentos ou atividades com significativo impacto ambiental – incisos III a V do art. 41).

## 3. POSICIONAMENTO DO STF EM JULGADO SOBRE O TRATAMENTO DA MATÉRIA POR CONSTITUIÇÃO ESTADUAL

Tema semelhante ao suscitado no presente estudo já havia sido enfrentado pelo Supremo Tribunal Federal, mesmo antes da edição do Estatuto da Cidade. O julgado teve como objeto um dispositivo da Constituição do Estado do Amapá, que previu a obrigatoriedade de plano diretor para os municípios com mais de cinco mil habitantes.

Na oportunidade, o STF julgou inconstitucional o dispositivo da Constituição do Estado do Amapá, com base, fundamentalmente, na tese segundo a qual a previsão de regra mais rígida feriria a autonomia conferida pela Constituição Federal aos municípios[6]. Confira-se o trecho

---

[6] Eis a ementa do citado acórdão: DIREITO CONSTITUCIONAL E ADMINISTRATIVO. MUNICÍPIOS COM MAIS DE CINCO MIL HABITANTES: PLANO DIRETOR. ART. 195, "CAPUT", DO ESTADO DO AMAPÁ. ARTIGOS 25, 29, 30, I E VIII, 182, § 1º, DA CONSTITUIÇÃO FEDERAL E 11 DO ADCT. 1. O "caput" do art. 195 da Constituição do Estado do Amapá estabelece que o "plano diretor, instrumentos básico da política de desenvolvimento econômico e social e de expansão urbana,

do voto proferido pelo relator do acórdão, Ministro Sydney Sanches, que expõe seu argumento central: "A Constituição Federal, no art. 182, deixou claro que a política de desenvolvimento urbano, executada pelo poder público municipal, conforme diretrizes gerais fixadas em lei, tem por objetivo ordenar o pleno desenvolvimento das funções sociais da cidade e garantir o bem estar de seus habitantes. E no § 1º acrescentou: o plano diretor, aprovado pela Câmara Municipal, obrigatório para cidades com mais de vinte mil habitantes, é o instrumento básico da política de desenvolvimento e de expansão urbana. Vale dizer, a Constituição, nesse ponto, limitou a autonomia dos municípios com mais de vinte mil habitantes, pois a eles impôs a elaboração de plano diretor, aprovado pela Câmara Municipal, para servir como instrumento básico da política de desenvolvimento e de expansão urbana. Mas não fez a mesma exigência aos Municípios com número de habitantes inferior a vinte mil. E o art. 195 da Constituição do Estado do Amapá, ora impugnado, estendeu, aos municípios com número de habitantes superior a cinco mil, a imposição que a Constituição só fez àqueles com mais de vinte mil. Em outras palavras, invadiu a área de competência de tais municípios, que na Constituição não sofrera limitações, a respeito." (fls. 70-71 – o grifo consta do original).

Em princípio, a decisão acima exposta apresentaria um obstáculo à implantação da regra prevista no Estatuto da Cidade, por meio da qual se estenderia o dever de editar plano diretor para outros municípios, além daqueles que contassem com cidades de mais de vinte mil habitantes. A extensão do dever, seguindo a premissa apontada no julgado, seria vista como afronta ao princípio da autonomia municipal e, por isso, tomada como inconstitucional.

Acontece que existem peculiaridades na questão trazida pelo Estatuto da Cidade que não apresentam correspondência ao citado caso, já examinado pelo Supremo. Veremos, no tópico seguinte, quais são essas discrepâncias e se, mesmo com elas, seria correto aplicar ao tema a decisão tomada quando do exame da constitucionalidade de dispositivo contido em Constituição Estadual.

---

aprovado pela Câmara Municipal, é obrigatório para os Municípios com mais de cinco mil habitantes". 2. Essa norma constitucional estadual estendeu, aos municípios com número de habitantes superior a cinco mil, a imposição que a Constituição Federal só fez àqueles com mais de vinte mil (art. 182, § 1º). 3. Desse modo, violou o princípio da autonomia dos municípios com mais de cinco mil e até vinte mil habitantes, em face do que dispõem os artigos 25, 29, 30, I e VIII, da C. F. e 11 do A.D.C.T. 4. Ação Direta de Inconstitucionalidade julgada procedente, nos termos do voto do Relator. 5. Plenário: decisão unânime. (ADI nº 826-9, j. em 17 de setembro de 1998).

## 4. APLICABILIDADE DA DECISÃO AO EXAME DA CONSTITUCIONALIDADE DO ESTATUTO DA CIDADE

O acórdão do STF proferido na ADI nº 826-9, que questionava o art. 195 da Constituição do Estado do Amapá, serviria, aparentemente, para nortear qualquer exame futuro envolvendo a interpretação do art. 182, § 1.º da Constituição Federal, especialmente, no que tocasse à inclusão de novos municípios aos obrigados a editar plano diretor. De fato, o Supremo, ao decidir, afirmou que a inclusão de novos municípios como sujeitos passivos desse dever violaria a autonomia constitucionalmente atribuída a tais entes. Nessa linha, poderiam sofrer essa imposição apenas aqueles nomeados na própria Constituição Federal.

*Essas conclusões, obtidas em julgamento que envolveu dispositivos de uma Constituição Estadual, poderiam ser estendidas ao exame de normas federais?*

As peculiaridades que cercam uma e outra situação permitem afirmar que não é possível prever uma identificação de resultados. Muito embora, em tese, se pudesse aproveitar os argumentos genéricos empregados na decisão do STF para responder às dúvidas de constitucionalidade levantadas contra o art. 41 do Estatuto da Cidade, de fato, o exame dessas últimas também suscitará a abordagem de várias outras questões. Com base exclusivamente nas questões postas no primeiro julgamento, não há como extrair uma conclusão em torno da constitucionalidade do Estatuto da Cidade[7]. Vejamos as diferenças mais marcantes.

A principal diferença existente entre esses casos envolve a competência legislativa atribuída a cada ente. Na situação já submetida ao STF a competência legislativa envolvida diz respeito à elaboração de Constituição pelos Estados Membros. Seu exercício pressupõe o respeito às diretrizes previstas na Constituição Federal. Deveras, a leitura que vem sendo dada pelo STF faz com que o modelo de organização dos Estados deva obediência aos traços já presentes na Constituição Federal, quando esta tratou de determinado tema. Assim ocorre, por exemplo, com o tema do processo legislativo. A disciplina pelo Constituinte Nacional do processo de elaboração de leis pelo Congresso tornou-se, nessa linha, vinculante em relação ao Constituinte Estadual, fazendo com que deva ser fielmente observado por este, sob pena de inconstitucionalidade.

---

[7] Ver, no mesmo sentido, Diógenes Gasparini, obra e páginas anteriormente citadas.

No caso da Constituição do Estado do Amapá, previu-se a obrigatoriedade de elaboração de plano diretor para todos os municípios com mais de cinco mil habitantes, enquanto a Constituição Federal, em dispositivo com mesmo conteúdo, instituiu apenas para aqueles que apresentassem cidades com população superior a vinte mil habitantes. A divergência é evidente.

Além disso, a adoção de regra discrepante em legislação estadual cria um regime de exceção em face do padrão adotado nacionalmente. Deveras, tomada como válida a regra do Estado do Amapá, em todo o país estariam obrigados a elaborar plano diretor os municípios com mais de vinte mil habitantes, sofrendo restrição mais dura, por força de norma estadual, apenas os municípios do Estado do Amapá.

Nada disso se percebe em relação ao tratamento dado ao tema pelo Estatuto da Cidade. Em primeiro lugar, a competência para o legislador nacional disciplinar a matéria foi prevista expressamente na própria Constituição. Tanto está prevista em termos gerais, no art. 24, I – ao conferir à União competência para legislar sobre direito urbanístico – como também a menciona especificamente no art. 182, *caput*, ao prever a edição, em lei, de diretrizes para a política de desenvolvimento urbano.

Sendo assim, nada mais natural que a lei editada em complementação ao Texto Constitucional crie novas obrigações, desde que compatíveis com o regramento em que é fundada. Assim, preservando a diretriz de se impor o plano diretor a municípios onde existam cidades com mais de vinte mil habitantes (o que foi feito pelo Estatuto da Cidade – art. 40, I), nada obsta que novos critérios, que importem diretrizes de política urbana, venham a ser estabelecidos com o intuito de impor a elaboração de um plano diretor.

Ademais, como a norma é de caráter nacional, não há criação de um regime diferenciado, que ponha em risco o equilíbrio de relacionamento entre Municípios, Estados e União. A regra é única e aplicável em todo o território nacional.

Assim, não vemos como concluir que a disciplina existente no Estatuto da Cidade a respeito do plano diretor (inclusive quanto aos entes obrigados a elaborá-lo) seja encarada como ameaça a autonomia municipal. A autonomia do município para dispor sobre temas urbanísticos, principalmente em relação ao plano diretor, deve se conformar com a competência (prevista constitucionalmente) para a União editar normas gerais sobre política urbana, inclusive sobre plano diretor. Não fosse assim, além da norma que institui a obrigação de editar o plano a municípios com menos de vinte mil habitantes, também haveriam de ser inquinadas de inconstitucionais as normas que definiram um conteúdo mínimo a tal plano, sua abrangência, prazo de validade, entre outras. É claro que referida conseqüência não seria concebível.

Em suma, em virtude das diferenças apontadas entre a discussão envolvendo Constituição Estaduais e aquela que se põe em face da edição de normas nacionais pelo Congresso, não entendemos que a decisão obtida em face da Constituição do Estado do Amapá sirva de precedente adequado para o enfrentamento da questão envolvendo o Estatuto da Cidade.

## 5. CONCLUSÕES

Em face do exposto, podemos reunir algumas conclusões a respeito dos entes obrigados a editar plano diretor, nos termos do art. 41 do Estatuto da Cidade.

1. Devem editar o plano diretor até outubro de 2006 (art. 50 do Estatuto da Cidade), os municípios que contenham cidades com mais de vinte mil habitantes, ou que sejam inseridos em região metropolitana ou aglomeração urbana (art. 41, I e II do Estatuto da Cidade).

2. Se o plano diretor não for editado até o prazo fixado no art. 50 do Estatuto, os prefeitos responsáveis pelos municípios inadimplentes sujeitar-se-ão às sanções previstas na lei de improbidade administrativa (art. 52, VII do Estatuto da Cidade).

3. Também é obrigatória a edição de plano diretor para os municípios que queiram adotar as medidas previstas no § 4.º do art. 182 da Constituição Federal, que sejam integrantes de áreas de especial interesse turístico e que estejam inseridos na área de influência de empreendimentos ou atividades com significativo impacto ambiental de âmbito regional ou nacional (art. 41, III, IV e V).

4. Nesses outros casos, o plano diretor deve ser editado tão logo a condição prevista em lei se perfaça, isto é, quando houver intenção de se utilizar dos instrumentos de implementação de políticas previstas na Constituição, quando a cidade vier a ser inserida em área de especial interesse turístico ou em área de influência de empreendimentos ou atividades com significativo impacto ambiental.

5. A falta de plano diretor, nesses outros casos, não produz como conseqüência a aplicação da lei de improbidade administrativa, mas

sim a impossibilidade de implementação da medida de impacto urbanístico desejada (adoção de instrumentos, criação de área de especial interesse turístico ou aprovação de empreendimento com significativo impacto ambiental).

6. A extensão, pelo Estatuto da Cidade, do dever de editar plano diretor para municípios que não apresentem cidades com mais de vinte mil habitantes não representa inconstitucionalidade. A União possui competência legislativa para tanto, conferida pela Constituição ao prever a criação de lei para fixar as diretrizes em política de desenvolvimento urbano (art. 182, *caput*), bem como na atribuição de competência para legislar (editando normas gerais) sobre direito urbanísticos (art. 24, I, § 1º).

7. A decisão do STF na ADI nº 826-9, que julgou inconstitucional artigo da Constituição do Estado do Amapá não serve de parâmetro jurisprudencial para o exame da constitucionalidade do art. 41 do Estatuto da Cidade. O dispositivo atacado na ação em tela impunha o dever de elaborar plano diretor a todos os municípios com mais de cinco mil habitantes (ao invés de vinte mil, como prevê a Constituição Federal). A norma, portanto, pura e simplesmente reduzia o número tido como padrão pelo legislador constituinte nacional, o que, de fato, pode ser visto como afronta a seu mandamento. Todavia, no Estatuto da Cidade, preservou-se o critério quantitativo fixado na Constituição Federal (vinte mil habitantes). A discrepância reside apenas na inclusão de outros elementos (distintos do populacional) para definir a obrigatoriedade em editar o plano diretor. Ao prever outros critérios, a lei federal não contraria a Constituição, apenas a complementa. Aliás, para tanto, o próprio legislador constituinte lhe outorgou competência expressa, seja no art. 24, I, seja no art. 182, *caput*.

# PLANOS DIRETORES E PARTICIPAÇÃO POPULAR: SEU SIGNIFICADO ATUAL

PAULO DE MELLO BASTOS*

***SUMÁRIO:*** 1. Introdução. 2. Como enfrentar o crescimento urbano e a degradação das cidades? 3. A Carta de Atenas no Brasil. 4. As cidades ideais e as cidades reais. 5. E São Paulo? 6. O planejamento como figura legal e seus desdobramentos imediatos em São Paulo. 7. O Estatuto da Cidade e o Plano Diretor Estratégico do Município de São Paulo (PDE). 8. Bibliografia.

## 1. INTRODUÇÃO

A fixação de grupos humanos, no cruzamento das rotas caravaneiras e nos melhores pontos de saída e chegada por via marítima ou fluvial, constituiu o embrião das cidades.

No descanso momentâneo, na pousada, na troca de serviços, mercadorias, experiências e informações, no assentamento definido e definitivo, ficaram já gravadas as características originais do que veio a ser a metrópole que conhecemos hoje.

O que talvez melhor exemplifique o espírito do assentamento nas cidades antigas, são as polis e ágoras gregas, nas quais o primeiro termo (significativa raiz da palavra moderna política) designa o conjunto do assentamento e o segundo, o espaço, a praça, onde se vendiam e

* Arquiteto e urbanista

trocavam mercadorias e ocorriam as manifestações públicas dos homens livres, no exercício inaugural da democracia instituída para eles.

A predominante dimensão coloquial das cidades permaneceu por muito tempo e seu traçado espontâneo foi relativamente pouco alterado pela passagem das demais etapas históricas que se seguiram.

A chamada revolução industrial deu fim a esta dimensão, na medida em que as cidades passaram a exercer, com prioridade sobre qualquer outro, um papel central na produção, concentrando capital, meios materiais e, sobretudo, força de trabalho farta, remunerada com o mínimo indispensável à sua sobrevivência e reprodução.

O ambiente urbano, a partir daí, passou a expressar espacial e socialmente esta nova realidade, com um padrão similar de degradação nos grandes centros em desenvolvimento, tão agudamente captados na obra de Charles Dickens em relação à Inglaterra, exemplo dos mais significativos desta situação.

De um lado, os trabalhadores concentrados em condições precárias de habitabilidade e urbanização, em assentamentos construídos para eles, ao lado da reserva de mão de obra dos sem trabalho, encortiçados em áreas degradadas. De outro, os requintados espaços do poder, igrejas, palácios, parques, praças, avenidas, herdados de períodos de predominância da aristocracia e alta burguesia, criados através de intervenções urbanas, às vezes "manu militari", como a famosa abertura das grandes avenidas de Paris, rasgadas a tiros de canhão por Haussman, com o intuito do embelezamento "saneador", ao lado da decisão de circunscrever, isolar e controlar policialmente, os espaços da pobreza.

Configurou-se, assim, um tipo de ordenamento com objetivos claros de quem detinha o poder, da mesma forma que na proposta de Leonardo da Vinci, para sua "città dei gentiluomini", onde os trabalhadores e serviçais viviam e circulavam em um plano inferior, ao qual se sobrepunha o espaço de vida dos cavalheiros, onde até regras de proporção e beleza eram estabelecidas no projeto: edifícios em lados opostos da rua nunca poderiam ultrapassar em altura a distância entre eles.

A velocidade com que, ao longo do século XIX, se desenrolou o processo, antes desconhecido, definido como "urbanização", caracterizado pela crescente transferência de populações do campo para as cidades, colocou em pauta na virada do século a questão da regulação urbana, da possibilidade ( e necessidade ) de planejar o desenvolvimento das cidades, visando avanços qualitativos na vida e ambiente urbanos mas, sobretudo, na produtividade do sistema econômico.

## 2. COMO ENFRENTAR O CRESCIMENTO URBANO E A DEGRADAÇÃO DAS CIDADES?

A Carta de Atenas, resultante, em 1933, do 4º CIAM (Congressos Internacionais de Arquitetura Moderna ), destaca com agudeza estes problemas :

*" ... A violência dos interesses privados provoca um desastroso desequilíbrio entre o ímpeto das forças econômicas, de um lado, e, de outro, a fraqueza do controle administrativo e a impotente solidariedade social.*

*O sentimento de responsabilidade administrativa e o da solidariedade social são derrotados diariamente pela força viva e incessantemente renovada do interesse privado. Essas diversas fontes de energia estão em perpétua contradição, e, quando uma ataca, a outra se defende. Nessa luta, infelizmente desigual, o interesse privado triunfa o mais das vezes, assegurando o sucesso dos mais fortes em detrimento dos fracos. Mas, do próprio excesso do mal surge, às vezes, o bem; e a imensa desordem material e moral da cidade moderna terá talvez como resultado fazer surgir enfim o estatuto da cidade, que, apoiado em uma forte responsabilidade administrativa, instaurará as regras indispensáveis à proteção da saúde e da dignidade humana...."*

*"...Os planos determinarão a estrutura de cada um dos setores atribuídos às quatro funções-chave, e eles fixarão suas respectivas localizações no conjunto.*

*Desde o congresso dos CIAM, em Atenas, as quatro funções-chave do urbanismo reivindicam, para manifestar-se em toda a sua plenitude e trazer ordem e classificação às condições habituais de vida, trabalho e cultura, disposições particulares que ofereçam a cada uma delas as condições mais favoráveis ao desenvolvimento de sua atividade própria. O urbanismo, levando em consideração essa necessidade, transformará o aspecto das cidades, romperá a opressão esmagadora de usos que perderam sua razão de ser e abrirá aos criadores um campo de ação inesgotável. Cada uma das funções-chave terá sua autonomia, apoiada nos dados fornecidos pelo clima, pela topografia, pelos costumes; elas serão consideradas entidades às quais serão atribuídos territórios e locais para cujo equipamento e instalação serão acionados todos os prodigiosos recursos das técnicas modernas. Nessa distribuição, serão consideradas as necessidades vitais do indivíduo e não o interesse ou o lucro de um grupo particular. O urbanismo deve assegurar a liberdade individual e, ao mesmo tempo, favorecer e se aproveitar dos benefícios da ação coletiva...."*

Embora possuída por uma visão, logo classificada de racionalista ( ou funcionalista ), de que as cidades deveriam ser drástica e planificadamente ordenadas de acordo com as chamadas funções-chave, " *habitar, trabalhar, recrear-se (nas horas livres), circular* ", ela, de certa forma, menosprezou a complexidade e diversidade da teia de outras funções, relações e ações que a vida urbana envolve. À população, atribuiu apenas o papel de receptor bem informado ( e agradecido ) em relação aos planos a serem apresentados por especialistas e implementados por poderes públicos esclarecidos. Abriu porém, pioneiramente, em caráter internacional, a análise e discussão sobre a questão urbana, estudando 33 cidades do hemisfério norte, identificando seus principais problemas em comum, e descortinando a possibilidade de controle dos processos degradadores em curso, de sua reversão e equilíbrio entre o interesse privado e o da coletividade, com base em planos reguladores produzidos pelo conhecimento e implementados pela vontade política.

Os princípios doutrinários da Carta, influenciaram profundamente a arquitetura e as diversas propostas de planos urbanos que se seguiram, notadamente os concebidos pelo arquiteto franco-suiço Le-Corbusier, um dos maiores arquitetos do século passado, todos imbuídos de certa postura demiúrgica : a de ordenar o caos urbano segundo a doutrina, indicando um lugar para cada função e colocando cada função em seu lugar.

Nenhuma de suas inúmeras propostas de plano para diversas cidades ( incluindo São Paulo e Rio) foi levado à prática, com a única exceção da execução parcial do centro administrativo de Chandigahr (1956), capital do Pundjab, o qual, mesmo não atingindo a escala de uma cidade, constituiu-se na exemplificação concreta das teses de Atenas.

## 3. A CARTA DE ATENAS NO BRASIL

No Brasil, porém, o plano de Brasília ( Plano Piloto) veio a tornar-se o derradeiro e acabado exemplo de aplicação dos princípios da Carta de Atenas, na medida em que, sendo uma cidade nova, destinada por desígnio governamental apenas à função administrativa de nova capital, implantada em uma planície deserta e não tendo outras condicionantes físicas que não fossem a topografia e o clima, contava com todas as bases para a concepção da cidade ideal, inclusive pela limitação, no plano, do número de seus habitantes.

Nitidamente, nos braços da cruz que a definem (no dizer de Lucio Costa *"...nasceu do gesto primário de quem assinala um lugar, ou dele toma posse: - dois eixos cruzando-se em ângulo reto,..."*), assenta-se, em um, o eixo monumental, lugar dos edifícios do Poder e, no outro, o das habitações, nas famosas superquadras, com os eixos principais de circulação viária, embora alimentadores, separados destas funções. Na cabeceira do eixo monumental, uma praça triangular, porque três eram os poderes que deveria abrigar, com destaque para o edifício do Congresso, símbolo maior da democracia. Na esplanada dos ministérios o cortejo ordenado de volumes de seus edifícios político-administrativos, com destaque diferenciado da Catedral, fazendo presente o poder religioso. Um lugar para cada coisa, cada coisa em seu lugar.

## 4. AS CIDADES IDEAIS E AS CIDADES REAIS

Com a consolidação de Brasília, no entanto, a efetiva realidade não deixou de se fazer irremediavelmente presente. Desde logo pela violação da democracia com o golpe militar. Ao longo do tempo, não só por alterações internas operadas à revelia do plano, como pelo crescimento, no entorno, das chamadas cidades-satélites, portadoras das mesmas mazelas exibidas pelas demais cidades do país, povoadas pelo exército de trabalhadores que construiu a capital, mas que nela não tinha lugar, expressando, desta esclarecedora forma, a distância entre as cidades ideais e as cidades reais.

A célebre afirmação de Adhemar de Barros, de que não gostava de Brasília *"porque ela não tinha esquinas"*, exprimiu a estranheza geral quanto a uma cidade desprovida da densa trama e mescla de funções característica das demais, embora o próprio Lucio Costa tivesse proposto um setor comercial, no qual um conjunto de pequenas ruas, jamais implantado, reproduziria a escala coloquial do centro do Rio, propiciadora de maior contacto humano.

O planejamento no Brasil, no entanto, não se reduziu a Brasília. Antes dela tentativas de ordenamento urbanístico já haviam ocorrido, segundo determinado modelo ideal, como é o caso de Belo Horizonte, com o mesmo resultado de envolvimento e submersão pela ocupação desordenada.

## 5. E SÃO PAULO?

Em São Paulo, o Prefeito paulistano Fábio Prado (1931/1938), homem afeito à cultura, promoveu intervenções de qualificação do centro urbano, à européia - a despeito do grito modernista de 22 - na cidade que, de 239 mil habitantes em 1900 saltara para 945 mil. O também Prefeito Prestes Maia (1938/1945), logo em seguida, certo da vitória do automóvel como meio de transporte e por isto mesmo preocupado com sua fluidez viária, concebeu o Plano de Avenidas, com uma visão já mais abrangente da cidade, que continuava a crescer com rapidez ( 1.300 mil habitantes).

Na década de 50, porém, sob a coordenação do Padre Lebret, mentor do movimento Economia e Humanismo, exercitou-se outro modelo de planejamento urbano, que determinava, como ponto de partida, extenso e profundo levantamento diagnóstico prévio dos problemas urbanos, compreendendo, entre outros, estudos da evolução e previsão do crescimento demográfico de uma cidade - já com 2.150 mil habitantes - mapeamento da infra-estrutura, de uso e ocupação do solo, das condições da moradia popular, etc., para embasar propostas de re-ordenamento moldadas por uma postura de conteúdo mais humanista, menos pragmático.

Embora o plano produzido tenha sido entregue ao poder público municipal, ele jamais foi aplicado, não havendo quase nenhum registro oficial de sua documentação.

Este modelo, por muito tempo considerado paradigma de planejamento, permaneceu no nível teórico, porque, na prática, os recursos necessários e o tempo despendidos para levar a cabo tais levantamentos e diagnósticos, fazia com que os resultados finais já não mais refletissem a realidade urbana, em face da velocidade das transformações ocorridas em paralelo, o que se tornou um dos fatores impeditivos para sua aplicação em administrações como as nossas, desarmadas de instrumentos de monitoramento e registro quotidiano e permanente da mobilidade da população e das transformações urbanas.

Nada muito significativo veio a acontecer até a década de 70, quando criou-se, no âmbito do Estado a Secretaria de Negócios Metropolitanos e seu braço executivo, a Emplasa ( Empresa Paulista de Planejamento Metropolitano ), demonstrando justificada preocupação com a solução dos problemas da região metropolitana, que crescia em conurbação com São Paulo. No Município (7.300 mil habitantes ), foi elaborada e implementada aquela que veio a ser conhecida como Lei do Zoneamento, responsável pela divisão do território urbano nas chamadas zonas, de acordo com a função que já desempenhavam ou que deveriam vir a assumir, definindo para cada uma, detalhadamente, usos, índices de ocupação e aproveitamento do solo e afastamentos das divisas do lote. Com isto procurou estabelecer certos princípios de modelagem volumétrica ( verticalização x horizontalidade ) e transparência visual ( recuos das divisas dos lotes ), além de buscar a demarcação em zonas próprias, das áreas extritamete residenciais, de serviços e comércio, separadas daquelas nas quais as atividades produtivas eram notoriamente incompatíveis com as demais.

Esta lei, também influenciada pelas teses da Carta de Atenas, representou um grande avanço para o controle da atividade edilícia em São Paulo, ao fixar regras para a elaboração e aprovação de projetos na cidade, sem no entanto enfocar o problema da exclusão e segregação espaciais já presentes, ou convocar qualquer debate socialmente amplo de suas propostas, improvável em uma administração nomeada sob regime militar. Outra limitação foi a de manter-se em um nível de certa abstração, sem a sintonia fina necessária à captação das efetivas e reais características da cidade, seja em relação à diversidade histórica, morfológica e tipológica dos bairros, ou às necessidades e desigualdades provocadas pelo gigantesco e veloz crescimento, aliado à perversidade da situação econômico-social do país.

Os interesses privados não tardaram a se fazer presentes, através de inúmeras emendas à lei que, a partir de sua promulgação, foram sendo aprovadas pela Câmara Municipal, acabando por desfigurar completamente os diversos aspectos positivos da lei, até chegar ao descontrole com que nos deparamos hoje, sem esquecer o sistemático processo de violação do que dela sobrou, movido por um sistema sem precedentes de corrupção organizada.

A partir da administração Covas ( 83/85) ressurgiu a figura de um Plano Diretor para a São Paulo de 8.500 mil habitantes. Elaborados estudos consistentes, formuladas as propostas e submetidas a debates públicos de certa amplitude, não houve possibilidade de aprová-las na Câmara, antes do término da gestão. O sucessor Jânio Quadros engavetou o trabalho, substituindo-o por outro, inexpressivo, destituído de qualquer conteúdo relevante, elaborado a portas fechadas, promulgado por decurso de prazo em 1988, o qual permaneceu em vigor até a aprovação do atual Plano Diretor Estratégico de 2001, passando por cima da tentativa anterior de conseguir maior participação da sociedade na discussão destes problemas.

## 6. O PLANEJAMENTO COMO FIGURA LEGAL E SEUS DESDOBRAMENTOS IMEDIATOS EM SÃO PAULO

O caso de São Paulo, por localizar-se em um país dado como emergente e tratar-se de uma das maiores cidades do mundo, merece um esboço de análise, dada a necessária limitação de espaço de um texto como este.

Com a promulgação das Constituições Federal e Estadual (1988 e 1989) e da Lei Orgânica do Município de S. Paulo, em 1990, a obrigatoriedade do planejamento urbano assumiu feição legal, abordada de modo particularmente detalhado na Lei Orgânica, como sistema, , com destaque para a implementação de uma gestão efetivamente democrática do processo.

Retomada, na gestão Erundina (89/93), a responsabilidade de propor um Plano Diretor para o Município, novamente foi empreendido um esforço para identificar seus principais problemas, agora com ênfase nos aspectos da exclusão social, refletida na desigualdade de repartição da propriedade da terra e dos investimentos urbanos, tendo como idéia-chave o estabelecimento de um índice de aproveitamento do solo igual para toda a cidade, passível de ser ultrapassado mediante venda de adicionais de área a construir, convenientes aos interessados em empreendimentos na cidade, e o investimento dos recursos assim obtidos em obras e ações dirigidas à redução da chamada dívida social.

Apresentado para debate com um grupo de representantes de entidades civis, buscando abranger um espectro amplo de agentes urbanos, embora em âmbito ainda restrito, o Plano Diretor não obteve o consenso necessário à sua aceitação, uma vez que não fazia parte da proposta a indicação de quais os locais da cidade que teriam condições de receber adicionais de potencial construtivo, nem em que quantidade, em função da possível insuficiência das infra-estruturas existentes e do risco de rebaixamento da qualidade de vida, pelo impacto eventualmente negativo do adensamento e da verticalização.

## 7. O ESTATUTO DA CIDADE E O PLANO DIRETOR ESTRATÉGICO DO MUNICÍPIO DE SÃO PAULO (PDE)

São Paulo continuou sem novo plano nas gestões Maluf e Pitta. No primeiro ano da gestão Marta Suplicy (2001/2004), após uma década de discussões Congresso Nacional, ocorreu a aprovação do chamado Estatuto da Cidade, o qual, vindo a disponibilizar para os municípios diversos instrumentos de intervenção urbana, extremamente úteis para superar a intocabilidade da propriedade privada, em função do interesse social, favoreceu uma abordagem mais abrangente das questões urbanas e um processo de discussão sensivelmente mais amplo.

A criação do Ministério das Cidades e as ações por ele empreendidas, no sentido de difundir, para os municípios, informações e esclarecimentos quanto à legislação voltada para o desenvolvimento urbano e metodologias para a produção de planos diretores, também representaram outro elemento importante de divulgação e incentivo para a aplicação (nem sempre seguida) de práticas de gestão democrática na concepção dos planos.

Em São Paulo, sociedades de bairros, de incorporadores, de luta pela moradia, de favelados, de classes profissionais, de representantes das Universidades e personalidades diversas, mobilizaram-se para os foros de discussão a que foram convocados pelo executivo e, em seguida, pelo legislativo municipal, em um processo que esboçou uma prática fundamental : a de discutir o futuro da cidade para além de sua própria casa, ou local de trabalho, no indispensável esforço de entendê-la como o direito de um abrigo qualificado comum a todos, um território de solidariedade e de trocas, mas também de conflitos a dirimir, de compartilhamento de benefícios materiais e de fruição das múltiplas riquezas culturais que uma concentração humana como a nossa vai acumulando.

Os dissensos logo afloraram, em meio a alguns consensos importantes. Estes levaram a um acordo : foi dado como aceito aquele que veio a chamar-se Plano Diretor Estratégico (PDE), contendo as diretrizes conceituais gerais para um horizonte de dez anos e as ações julgadas necessárias para sua implementação, , vencendo-se assim uma primeira etapa de discussão, onde ficavam assumidas posturas gerais corretas para o enfrentamento de alguns dos problemas mais importantes da vida urbana.

A definição de uso e ocupação do solo no município, aspecto de maior conflito entre os interesses, de um lado empresariais e de obras do poder público e, de outro, dos habitantes, usuários e trabalhadores urbanos, ficou para ser formulada e discutida como lei complementar do PDE, tendo por referência o resultado da discussão de Planos Regionais, figuras surgidas para propiciar propostas e debates mais próximas dos cidadãos e de suas realidades e necessidades locais, como forma de melhor captá-las e traduzi-las com propostas objetividade, como um processo extremamente didático de aprendizado democrático para os poderes públicos e a população, nela considerados todos os agentes urbanos.

Simultaneamente à elaboração de uma nova lei de uso e ocupação do solo, deveriam ser igualmente concebidos um Plano de Transportes e outro de Habitação, dando conta de duas questões fundamentais e interdependentes. A forma de distribuição de usos no território urbano, a acessibilidade e mobilidade da população ao trabalho e serviços urbanos, bem como a urgência da criação de oferta de habitações, em especial para baixa renda, nas áreas consolidadas, ou em consolidação, dotadas de boa, mas sub-utilizada infra-estrutura, constituem elementos que interagem fortemente, não podendo ser tratados de forma isolada, como tem historicamente acontecido, na estreita, compartimentada e setorial visão com que tem sido enfocadas pelos governos, em todos os níveis.

Na prática, o processo não transcorreu com esta coerência. Os 31 Planos Regionais paulistanos, de discutível conexão entre si, foram apresentados à discussão com grande debilidade ou mesmo ausência de informações, resultando em um conjunto freqüentemente contraditório com o próprio PDE. A nova Lei de Uso e Ocupação do Solo foi elaborada simultaneamente, praticamente sem levar em conta as discussões locais. Os Planos de Transporte e Habitação, não foram produzidos.

Há porém aspectos positivos no PDE, entre os quais se destaca justamente o avanço verificado no engajamento de parcelas maiores, mais organizadas e representativas da população, na discussão da cidade, colocando a questão no seu campo verdadeiro, o da política, na acepção semântica plena da palavra, uma vez que se trata da luta pelo respeito à cidadania, da disputa de espaço, investimentos, distribuição eqüitativa de facilidades urbanas, respeito à identidade das várias culturas que a cidade abriga - e deve respeitar - e às referências mais caras à sua memória.

Reside aqui o maior, mais correto e moderno significado para um plano urbano de desenvolvimento de qualquer cidade : a construção de um processo de permanente discussão e progressivo entendimento da dinâmica urbana pela maioria da população, passando de paciente a agente na concepção dos rumos futuros, com suporte no conhecimento e na firme disposição dos poderes públicos de articular e concretizar as propostas resultantes de tal processo.

Nele, deve estar sempre presente que o objetivo não é apenas reordenar fisicamente a cidade e prove-la de melhores e mais bem distribuidos serviços urbanos e oportunidades de trabalho, mas também de criar programas e espaços de rearticulação de sua teia de relações humanas, hoje perdida no anonimato e segregação das identidades individuais e coletivas.

Enfrentamos hoje, transcorridos já seis anos da promulgação do PDE, o agravamento dos problemas urbanos de São Paulo, como conseqüência negativa de sua implementação parcial, posto que desamparado da aplicação de diversos instrumentos e ações nele previstos e carente do acerto de várias incorreções e indefinições de seu texto. Ao mesmo tempo, o executivo propõe à discussão pública, o projeto de lei de um novo PDE, ao invés de uma revisão parcial do PDE vigente, como nele corretamente previsto, uma vez que não tem sentido alterar a totalidade das diretrizes estratégicas, sem a avaliação da implementação das ações destinadas a cumpri-las.

Com prazos extremamente curtos, determinados pelo executivo, insuficientes para uma consistente e madura discussão, em face da dificuldade de obtenção e análise do volume de documentos componentes do novo Plano, estamos presenciando um forte retrocesso nos níveis de participação e, portanto, de possibilidades de negociação aberta e madura entre os diversos agentes urbanos, com consensos e dissensos explicitados, de modo a firmar-se, para a cidade, o pacto urbano de que ela necessita, que viesse legitimar e concretizar as ações necessárias à superação do caos e da crise de insustentabilidade em que vive.

O sucesso da luta que diversos segmentos sociais estão empreendendo nesse sentido, dado o caráter de paradigma de tudo aquilo que acontece em São Paulo, pode balizar os procedimentos públicos nas demais cidades brasileiras, estabelecendo um patamar de exigências da sociedade, no trato das questões urbanas, muito difícil de ser menosprezado.

Uma profunda discussão sobre São Paulo e sua Região Metropolitana, com o concurso de sua população, abordando com profundidade o porte e a complexidade de seus problemas - verdadeira coletânea que são das questões que afetam todo o país - certamente colocará em evidência, por exemplo, a insanidade da manutenção de modos de transporte, por terra, de passageiros e cargas movidos a combustíveis poluentes e não renováveis, rodando por ruas e estradas de impossível conservação permanente e a necessidade de recuperar o transporte elétrico de massa e de cargas sobre trilhos; a revisão da política de multiplicação de produção de automóveis para uso individual, agora com o "habeas corpus" concedido com a proposta substituição dos derivados do petróleo por etanol, este mesmo sob suspeição, caso venha a ocupar o lugar do cultivo de alimentos ou a ampliar as áreas de desmatamento, reduzindo ainda mais o que resta de acervo ambiental no país; a firme defesa e aplicação da legislação que protege a vida, a saúde, o patrimônio ambiental e cultural e, em última análise, o fundamental : nosso futuro; sem a ilusão de que "flexibilizações" ou medidas mitigadoras, da forma discutível com que hoje, em sua maioria, estão sendo propostas, possam minorar ou compensar perdas anunciadas, irreversíveis, irreparáveis , promovendo, enfim, a tempo, as efetivas ações de reconquista da sustentabilidade hoje perdida nas cidades e no país.

O tempo nos dirá.

## 8. BIBLIOGRAFIA

BASTOS, Paulo. Ver a Cidade. *Uma Viagem pelas Fotos de João Musa*. Revista do Instituto de Estudos Avançados/USP, nº 41, v. 15, janeiro/abril. 2001.

BASTOS, Paulo. *Urbanização de Favelas*. Revista do Instituto de Estudos Avançados/USP, nº 47, v. 17, janeiro/abril. 2003.

BENEVOLO, Leonardo. Historia de la Arquitectura Moderna. 2.ed.

CORBUSIER, Le. *La Ville Radieuse*. Editions de l'Architecture D'Aujourd'Hui

CULLEN, Gordon. *Paisagem Urbana*.Edições 70 Ltda.1971.

DA SILVA, José Afonso. *Direito Urbanístico Brasileiro*. Editora Revista dos Tribunais. 1981.

F. DOS SANTOS, Carlos Nelson. *A Cidade como um Jogo de Cartas.* 2.ed. Editora Universitária.1993.

H. SULLIVAN, Louis. *Charlas con un Arquitecto*

4º CIAM. *Carta de Atenas*. Fonte IPHAN

TAFURI, Manfredo, CACCOARO, Massimo e DAL CO, Francesco. *De La Vanguardia a La Metropoli, Critica Radical a la Arquitectura.* Editora Gustavo Gili SA.

# OCUPAÇÃO IRREGULAR DO SOLO E INFRA-ESTRUTURA URBANA: O CASO DA ENERGIA ELÉTRICA

VICTOR CARVALHO PINTO*



## 1. A LOGÍSTICA DA OCUPAÇÃO IRREGULAR DO SOLO URBANO

O parcelamento irregular[1] do solo urbano é responsável por inúmeros problemas vivenciados pelos moradores das principais cidades brasileiras. Dentre outros transtornos por eles causados, destacam-se: desarticulação do sistema viário, dificultando o acesso

* Doutor em Direito Econômico e Financeiro pela Faculdade de Direito da Universidade de São Paulo; Consultor Legislativo do Senado Federal; autor do livro "Direito Urbanístico: Plano Diretor e Direito de Propriedade" (Revista dos Tribunais, 2005).

[1] No presente texto, as expressões "parcelamento irregular", "assentamento irregular" e "loteamento clandestino" são empregadas como sinônimas e abrangem qualquer forma de ocupação do solo urbano realizada sem licenciamento urbanístico, seja por empreendedores privados, seja pelos próprios moradores, individual ou coletivamente.

de ônibus, ambulâncias, viaturas policiais e caminhões de coleta de lixo; formação de bairros sujeitos a erosão e alagamentos; assoreamento de rios, lagos e mares; ausência de espaços públicos para implantação de equipamentos de saúde, educação, lazer e segurança; comprometimento dos mananciais de abastecimento de água e do lençol freático; riscos de acidentes e incêndios decorrentes de ligações clandestinas de energia elétrica; aumento dos custos de urbanização.

Mais do que um simples detalhe na caótica configuração das cidades brasileiras, a desarticulação entre as políticas setoriais e a política urbana desempenha papel primordial. Ninguém ocupa definitivamente um terreno se não obtiver acesso a pelo menos três infra-estruturas: água, energia e transportes. Não há assentamentos clandestinos em áreas distantes das redes de infra-estrutura. Eles sempre se situam nas suas proximidades, a partir das quais são feitas ligações clandestinas, os chamados "gatos". Estas são realizadas por verdadeiros empresários, que furtam água e energia elétrica no "atacado", para vendê-las no "varejo" aos demais moradores.

Posteriormente, as concessionárias oficializam essas ligações e passam a cobrar tarifas. Ainda assim, têm grande dificuldade em gerenciar o serviço, uma vez que, em muitos casos, seus funcionários são hostilizados pelos moradores, o que dificulta o combate a fraudes e o desligamento de unidades inadimplentes.

A oficialização das ligações clandestinas é fundamental para a expansão do assentamento, não apenas por dar origem a um desejado documento de comprovação da posse – a "conta de luz" – mas principalmente por estender a rede oficial, permitindo a implantação de novos "gatos" nas áreas contíguas. Além disso, estimula o adensamento das áreas atendidas e estimula a formação de novos loteamentos clandestinos, na medida em que cria a expectativa de seu atendimento.

A distribuição de energia elétrica a loteamentos clandestinos é o elo mais frágil do processo de ocupação irregular do solo urbano. Até hoje, o controle desse processo tem-se limitado a esporádicas medidas administrativas, como multas e embargos de obras, que não são obedecidas. Em alguns raros casos, o poder público faz a demolição das edificações. A eficácia dessas medidas é limitada, entretanto, diante da quantidade de infrações a serem combatidas e da omissão da maior parte das autoridades municipais.

Muito mais simples, entretanto, que fiscalizar centenas de loteamentos e milhares de edificações construídas clandestinamente é controlar dezenas de concessionárias de serviços públicos, sem os quais a ocupação do solo não tem como prosperar. Trata-se de adotar uma abordagem "logística" para o controle do uso do solo: impedir que o assentamento tenha acesso a água, energia elétrica e transportes públicos, que são insumos indispensáveis à sua consolidação.

A energia elétrica é o insumo sobre o qual o poder público tem o maior controle. O transporte pode ser facilmente oferecido por pequenos empresários, a exemplo das vans clandestinas que se disseminaram amplamente nas principais cidades brasileiras. A água pode ser obtida em muitos lugares pela escavação de poços de difícil fiscalização. Já a energia depende diretamente das redes oficiais de distribuição, uma vez que os "gatos" só são viáveis nas suas imediações. Além disso, as ligações clandestinas de energia podem ser facilmente identificadas e removidas.

Apesar de sua importância para o desenvolvimento urbano, entretanto, a provisão de serviços públicos está dissociada da política urbana. As concessionárias de saneamento básico e de distribuição de energia elétrica, em particular, não se consideram submetidas à legislação urbanística. O abastecimento de água e de energia a loteamentos clandestinos ocorre antes de uma eventual regularização urbanística e jurídica do assentamento pelas autoridades competentes, que não são sequer consultadas.

O comportamento das concessionárias não pode ser explicado pela busca de lucros. Em muitos casos, a provisão de serviços a determinados assentamentos é anti-econômica e resulta em prejuízos. No caso da distribuição de energia elétrica, o que explica a atuação das distribuidoras é a regulação econômica a que estão submetidas. A Agência Nacional de Energia Elétrica (ANEEL) as induz a atuar dessa maneira, por meio da regulação econômica das respectivas tarifas.

Nesse sentido, é fundamental que a regulação setorial seja harmonizada com a legislação urbanística e ambiental, de modo a tornar a infra-estrutura urbana um instrumento de ordenamento territorial.

## 2. PRINCÍPIOS DA POLÍTICA URBANA

A Política Urbana é objeto de tratamento constitucional desde 1988. Ela tem por objetivo *"ordenar* o pleno desenvolvimento das funções sociais da cidade" (art. 182) e seu instrumento básico é o plano diretor, que deve conter "exigências fundamentais de *ordenação* da cidade" (§

2º). O ente federativo competente para executá-la é o Município, a quem compete "promover adequado *ordenamento* territorial, mediante *planejamento e controle* do uso, do *parcelamento* e da *ocupação* do solo urbano" (art. 30, VIII).

A vinculação de cada terreno urbano ao ordenamento territorial se dá pelo princípio da função social da propriedade. Esta é definida pelo plano diretor, documento que estabelece os parâmetros de ocupação de cada região da cidade. Todas as ações, públicas ou privadas, que importem em modificação do ambiente construído estão submetidas ao plano diretor, inclusive a implantação de infra-estrutura, como sistema viário, linhas de metrô e redes de distribuição de energia elétrica e água.

No nível operacional, a integração entre o ordenamento territorial e a ocupação do solo se dá pelo controle dos loteamentos, que são a principal forma de expansão da cidade. Eles devem ser realizados segundo projetos aprovados pelas autoridades municipais, em áreas e segundo parâmetros previamente estabelecidos pelo plano diretor, que é o instrumento básico da política de desenvolvimento e de *expansão* urbana (art. 182, § 1º, da Constituição Federal).

Aplica-se também à política urbana o princípio básico do direito ambiental, inscrito no *caput* do art. 225 da Constituição, segundo o qual impõe-se ao poder público e à coletividade o dever de defender e preservar o meio ambiente para as presentes e futuras gerações, tendo em vista que a urbanização é uma das formas mais profundas de transformação do meio ambiente.

O ordenamento territorial envolve a identificação da conveniência ou não de ampliar a mancha urbana, assim como das áreas que devem ser parceladas e dos respectivos parâmetros urbanísticos. Esse ordenamento é produto do planejamento urbano, que deve levar em consideração fatores de ordem ambiental, econômica e social. Daí porque somente a ocupação ordenada do território pode preservar o meio ambiente para as presentes e futuras gerações.

A obrigação de defender e preservar o meio ambiente estende-se ao poder público como um todo e não apenas aos órgãos especificamente criados para executar a política ambiental. Nenhum ente público pode implementar políticas que contribuam para a degradação do meio ambiente, inclusive pela ocupação desordenada do território urbano. A competência atribuída a um órgão para a execução de uma política setorial não representa uma "carta branca" ou um "salvo-conduto" com relação ao direito urbanístico e ambiental.

O valor perseguido pela política urbana é o da ordem urbanística, conceito positivado pelo Estatuto da Cidade[2], que o acrescentou à Lei 7.347/85 como objeto de tutela por Ação Civil Pública.

Nesse sentido, constitui diretriz da política urbana o "planejamento do desenvolvimento das cidades, da distribuição espacial da população e das atividades econômicas do Município e do território sob sua área de influência, de modo a *evitar e corrigir as distorções do crescimento urbano* e seus *efeitos negativos sobre o meio ambiente"* (art. 2º, IV, do Estatuto da Cidade).

O Estatuto da Cidade determina a "adequação dos instrumentos de política econômica, tributária e financeira e dos gastos públicos aos objetivos do desenvolvimento urbano" (art. 2º, X), assim como a "ordenação e controle do uso do solo, de forma a evitar o parcelamento do solo, a edificação ou o uso excessivos ou *inadequados em relação à infra-estrutura urbana"* (art. 2º, VI, c).

Os investimentos das concessionárias são gastos públicos, que devem ser compatibilizados, portanto, com os objetivos do desenvolvimento urbano. Estes, por sua vez, são definidos pelos Municípios, mediante aprovação do plano diretor, e não pela agência reguladora setorial, por meio de suas resoluções. Mais do que uma mera diretriz de controle de atividades privadas, a ordem *urbanística* supõe uma coordenação da própria atuação do Estado sobre o território. Tanto as normas quanto as obras públicas devem obedecer a uma estratégia espacial coerente, materializada no plano diretor.

## 3. OS LOTEAMENTOS CLANDESTINOS E SUA REGULARIZAÇÃO

A gravidade dos efeitos decorrentes da ocupação irregular do solo levou o legislador a tipificar a execução de loteamentos à margem da lei como crime, sujeitando o infrator a penas de um a cinco anos (art. 50 da Lei 6.766/79). Além disso, haverá sempre infração administrativa, sancionada com multa, embargo de obras e demolição.

A Lei admite, entretanto, a regularização dos loteamentos pela Prefeitura, para "evitar lesão aos padrões de desenvolvimento urbano e na defesa dos direitos dos adquirentes de lotes":

---

[2] Lei 10.257/2001.

> Art. 40 - A *Prefeitura* Municipal, ou o Distrito Federal quando for o caso, se desatendida pelo loteador a notificação, *poderá* regularizar loteamento ou desmembramento não autorizado ou executado sem observância das determinações do ato administrativo de licença, para *evitar lesão aos seus padrões de desenvolvimento urbano* e na defesa dos direitos dos adquirentes de lotes.

Nos termos da Constituição, os padrões de desenvolvimento urbano são aqueles constantes do plano diretor, que define "as exigências fundamentais de ordenação da cidade" (art. 182, § 2º). A regularização não pode, portanto, contrariar o plano diretor, pois deve "evitar lesão" aos seus padrões.

Cabe exclusivamente à Prefeitura decidir sobre a regularização ou não do assentamento. O emprego da expressão "poderá" não deixa margem para dúvidas. Em alguns casos, inclusive, a lei veda a regularização (art. 40, § 5º), como nas hipóteses de terrenos alagadiços, aterrados com material nocivo à saúde pública, com declividade igual ou superior a 30%, em condições geológicas desfavoráveis, em áreas de preservação ecológica ou onde a poluição impeça condições sanitárias suportáveis (art. 3º, parágrafo único). O enquadramento ou não de um assentamento em uma dessas situações depende de laudos técnicos e é de competência dos órgãos urbanísticos e ambientais.

Ainda que o assentamento não se enquadre nas restrições legais, pode o poder público entender que sua regularização é desaconselhável à luz dos padrões de desenvolvimento urbano constantes do plano diretor. A ninguém é lícito presumir, portanto, que determinado assentamento será regularizado, enquanto essa decisão não for tomada pelo ente competente, que é a Prefeitura. Em alguns casos, é preciso alterar o plano diretor, a fim de substituir os índices urbanísticos, aproximando-os da configuração fática do assentamento.

Não havendo incompatibilidade com o plano diretor e se houver interesse na regularização, será preciso elaborar e aprovar um plano urbanístico para o assentamento, que nada mais é que um projeto de loteamento. Raramente esse plano será exatamente igual ao estado de fato do assentamento. São comuns ajustes, ainda que pequenos, no sistema viário e no desenho dos lotes, para corrigir defeitos urbanísticos mais graves. Nenhuma situação anterior à aprovação do projeto pode, portanto, ser considerada definitiva.

## 4. REGIME URBANÍSTICO DAS REDES DE INFRA-ESTRUTURA

A infra-estrutura cumpre papel fundamental na estruturação do espaço urbano. A abertura de ruas, ao longo das quais serão instaladas as redes de saneamento e de energia elétrica, é o primeiro passo do processo de urbanização. O que caracteriza os lotes urbanos, no interior do qual serão erguidas as edificações, é a conexão às redes de infra-estrutura, que permite o acesso aos serviços de abastecimento de água, esgotamento sanitário, distribuição de energia elétrica, telecomunicações e transportes.

A localização da infra-estrutura de serviços públicos é parte integrante do loteamento, tanto quanto os próprios lotes. Um dos principais desafios do urbanismo é exatamente coordenar a densidade de ocupação de cada área com a respectiva infra-estrutura, o que só pode ser feito pelo planejamento conjunto dos dois elementos.

Nesse sentido, um dos objetivos da ordenação e do controle do uso do solo é "evitar o parcelamento do solo, a edificação ou o uso excessivos ou inadequados em relação à infra-estrutura urbana" (art. 2º, VI, c, do Estatuto da Cidade).

A Lei 6.766/79 operacionaliza essa diretriz ao tratar de forma integrada a infra-estrutura urbana e o uso do solo, como elementos do projeto de loteamento. Na terminologia da Lei, as redes de infra-estrutura são denominadas de "equipamentos urbanos"[3].

Constitui requisito da aprovação de loteamentos a existência de "áreas destinadas a sistemas de circulação, a *implantação de equipamento urbano* e comunitário, bem como a espaços livres de uso público, *proporcionais à densidade de ocupação prevista no plano diretor* (...) (art. 4º, I).

O poder público pode "exigir, em cada loteamento, a reserva de faixa *non aedificandi* destinada a equipamentos urbanos" (art. 5º).

O projeto de loteamento deve atender a diretrizes editadas pela Prefeitura, nas quais serão indicadas, "de acordo com as diretrizes de

---

[3] "Art. 5º - O Poder Público competente poderá complementarmente exigir, em cada loteamento, a reserva de faixa *non aedificandi* destinada a equipamentos urbanos.
Parágrafo único. Consideram-se urbanos os equipamentos públicos de abastecimento de água, serviços de esgotos, energia elétrica, coletas de águas pluviais, rede telefônica e gás canalizado."

planejamento estadual e municipal: (...) a localização aproximada dos *terrenos destinados a equipamento urbano* e comunitário e das áreas livres de uso público" (art. 7º, III).

Assim como a edificação urbana só pode ser erguida sobre lotes, da mesma forma a infra-estrutura urbana só pode ser instalada em áreas públicas ou *non aedificandi* assim definidas no projeto de loteamento.

Essa regra vale tanto para os loteamentos regulares quanto para os que estão em processo de regularização. A implantação de rede de distribuição de água ou energia elétrica em assentamentos irregulares é submetida ao regime geral de parcelamento do solo: deve obedecer a projeto de loteamento regularmente aprovado.

No caso dos parcelamentos irregulares que não estão em processo de regularização, a infra-estrutura simplesmente não pode ser instalada, seja pelo empreendedor, seja pelos próprios moradores, seja pelas concessionárias de serviços públicos, sob pena de caracterização de conduta tipificada como crime pela Lei 6.766/79:

> "Art. 50 - Constitui crime contra a Administração Pública:
>
> I - dar início, de qualquer modo, ou efetuar loteamento ou desmembramento do solo para fins urbanos *sem autorização do órgão público competente,* ou em desacordo com as disposições desta Lei ou das normas pertinentes do Distrito Federal, Estados e Municípios;
>
> ......................................................................................................................"

O tipo penal abrange qualquer conduta tendente à consolidação do assentamento, o que inclui a implantação de redes de infra-estrutura, que são a sua "espinha dorsal". Será autor do crime qualquer pessoa que contribua para sua prática e não apenas o empreendedor direto:

> Art. 51 - Quem, *de qualquer modo, concorra para* a prática dos crimes previstos no artigo anterior desta Lei incide nas penas a estes cominadas, considerados em especial os atos praticados na qualidade de mandatário de loteador, diretor ou gerente de sociedade.

Fica caracterizada, portanto, a ilicitude da conduta das concessionárias de serviços públicos, quando implantam ligações oficiais em loteamentos clandestinos, à margem de qualquer processo urbanístico de regularização e sem autorização da Prefeitura.

## 5. A LEI 10.438/2002 E A UNIVERSALIZAÇÃO DA ENERGIA ELÉTRICA EM ÁREAS URBANAS

A Constituição Federal define a distribuição de energia elétrica como um serviço público federal[4]. O setor passou por uma profunda reformulação nos últimos anos (Lei 9.427/96), que envolveu a privatização das principais distribuidoras e a criação da Agência Nacional de Energia Elétrica (ANEEL), a quem compete "regular e fiscalizar a produção, transmissão, distribuição e comercialização de energia elétrica, em conformidade com as políticas e diretrizes do governo federal" (art. 2º).

A Agência celebra, gerencia e fiscaliza contratos de concessão para produção, transmissão e distribuição de energia elétrica (art. 3º, II e IV). Toda a atividade das distribuidoras é regulada pela ANEEL, inclusive as tarifas cobradas dos consumidores e os investimentos a serem realizados. O método de fixação de tarifas é o "serviço pelo preço", segundo o qual há uma tarifa máxima inicial, resultante da licitação pública de outorga do serviço, que se sujeita periodicamente a uma revisão (art. 15).

As tarifas constituem "contraprestação pela execução do serviço" e sua fixação deve considerar a "apropriação de ganhos de eficiência empresarial e da competitividade" (art. 14, I e IV).

A distribuição de energia elétrica a loteamentos clandestinos não é fenômeno novo. A recente evolução normativa do setor elétrico, no entanto, ampliou em muito o fenômeno.

O ponto de inflexão foi a edição da Lei 10.438, de 26 de abril de 2002, que "dispõe sobre a expansão da oferta de energia elétrica emergencial, recomposição tarifária extraordinária, cria o Programa de Incentivo às Fontes Alternativas de Energia Elétrica (Proinfa), a Conta de Desenvolvimento Energético (CDE), *dispõe sobre a universalização*

---

[4] "Art. 21. Compete à União:

XII – explorar, diretamente ou mediante autorização, concessão ou permissão:

*b)* os serviços e instalações de energia elétrica e o aproveitamento energético dos cursos de água, em articulação com os Estados onde se situam os potenciais hidroenergéticos;"

*do serviço público de energia elétrica* (...) e dá outras providências". A partir desse momento, a expansão das redes de distribuição passou a ser exigida das concessionárias, independentemente de qualquer consideração urbanística ou ambiental, e subsidiada pelas tarifas dos demais usuários.

A Lei é oriunda da Medida Provisória n° 14, de 2002, que "dispõe sobre a expansão da oferta de energia emergencial e dá outras providências". O objetivo da MP era equacionar a crise de energia elétrica que resultara na adoção de racionamento em todo o país, mediante uma série de providências, entre as quais se incluía um "seguro apagão", a ser financiado por aumento nas tarifas. Tratava-se de medida impopular, que foi intensamente combatida pela oposição.

A MP foi relatada pelo Deputado José Carlos Aleluia (PFL/BA), cujo parecer foi favorável ao seu texto, mas acrescentou uma proposta de universalização, apresentada como uma "compensação" aos consumidores.

Resultou daí o texto original do art. 14 da Lei n° 10.438/2002:

"Art. 14. No estabelecimento das *metas de universalização* do uso da energia elétrica, a *Aneel fixará,* para cada concessionária e permissionária de serviço público de distribuição de energia elétrica:

I - *áreas, progressivamente crescentes,* em torno das redes de distribuição, no interior das quais a *ligação ou aumento de carga* de consumidores deverá ser atendida *sem ônus de qualquer espécie* para o solicitante; (...)

§ 4° O *cumprimento das metas* de universalização será verificado pela Aneel, em periodicidade no máximo igual ao estabelecido nos contratos de concessão para cada *revisão tarifária,* devendo os desvios *repercutir no resultado* da revisão mediante metodologia a ser publicada."

Em 2003, houve uma alteração no artigo, que tornou mais preciso o universo dos beneficiários[5]:

"Art. 14. ..........................................................................................

---

[5] A exemplo da redação original do artigo, as alterações introduzidas pela Lei 10.762, de 2003, também tiveram origem em acréscimos introduzidos pelo Congresso Nacional em Medida Provisória (127/2003) que não tratava do tema.

I - áreas, progressivamente crescentes, em torno das redes de distribuição, no interior das quais o atendimento em tensão inferior a 2,3kV, ainda que necessária a extensão de rede primária de tensão inferior ou igual a 138kV, e carga instalada na unidade consumidora de até 50kW, será *sem ônus de qualquer espécie* para o solicitante que possuir característica de enquadramento no Grupo B, excetuado o subgrupo iluminação pública, e que ainda não for atendido com energia elétrica pela distribuidora local;"[6].

---

[6] Redação completa do artigo, com as alterações introduzidas pelas Leis 10.762/2003 e 10.848/2004:

"Art. 14. No estabelecimento das metas de universalização do uso da energia elétrica, a Aneel fixará, para cada concessionária e permissionária de serviço público de distribuição de energia elétrica:

I - áreas, progressivamente crescentes, em torno das redes de distribuição, no interior das quais o atendimento em tensão inferior a 2,3kV, ainda que necessária a extensão de rede primária de tensão inferior ou igual a 138kV, e carga instalada na unidade consumidora de até 50kW, será sem ônus de qualquer espécie para o solicitante que possuir característica de enquadramento no Grupo B, excetuado o subgrupo iluminação pública, e que ainda não for atendido com energia elétrica pela distribuidora local;

II - áreas, progressivamente decrescentes, no interior das quais o atendimento em tensão inferior a 2,3kV, ainda que necessária a extensão de rede primária de tensão inferior ou igual a 138kV, e carga instalada na unidade consumidora de até 50kW, poderá ser diferido pela concessionária ou permissionária para horizontes temporais preestabelecidos pela ANEEL, quando o solicitante do serviço, que possuir característica de enquadramento no Grupo B, excetuado o subgrupo iluminação pública, e que ainda não for atendido com energia elétrica pela distribuidora local, será atendido sem ônus de qualquer espécie.

§ 1º O atendimento dos pedidos de nova ligação ou aumento de carga dos consumidores que não se enquadram nos termos dos incisos I e II deste artigo, será realizado à custa da concessionária ou permissionária, conforme regulamento específico a ser estabelecido pela ANEEL, que deverá ser submetido a Audiência Pública.

§ 2º É facultado ao consumidor de qualquer classe contribuir para o seu atendimento, com vistas em compensar a diferença verificada entre o custo total do atendimento e o limite a ser estabelecido no § 1º.

§ 3º Na regulamentação do § 1º deste artigo, a ANEEL levará em conta as características da carga atendida, a rentabilidade do investimento, a capacidade econômica e financeira do distribuidor local, a preservação da modicidade tarifária e as desigualdades regionais.

§ 4º Na regulamentação deste artigo, a ANEEL levará em conta, dentre outros fatores, a taxa de atendimento da concessionária ou permissionária, considerada no global e desagregada por Município e a capacidade técnica, econômica e financeira necessárias ao atendimento das metas de universalização.

§ 5º A ANEEL também estabelecerá procedimentos para que o consumidor localizado nas áreas referidas no inciso II do caput possa antecipar seu atendimento, financiando ou executando, em parte ou no todo, as obras necessárias, devendo esse valor lhe ser restituído pela concessionária ou permissionária após a carência de prazo igual ao que seria necessário para obter sua ligação sem ônus.

§ 6º Para as áreas atendidas por cooperativas de eletrificação rural serão consideradas as mesmas metas estabelecidas, quando for o caso, para as concessionárias ou permissionárias de serviço público de energia elétrica, onde esteja localizada a respectiva cooperativa de eletrificação rural, conforme regulamentação da ANEEL.

Em síntese, a Lei atribuiu à ANEEL o estabelecimento de "metas de universalização", mediante a fixação de "áreas" no interior das quais a ligação de consumidores deveria ser atendida "sem ônus" para o solicitante, devendo seu cumprimento "repercutir no resultado" da revisão tarifária de cada concessionária de distribuição.

Para viabilizar a universalização, foi criada a Conta de Desenvolvimento Energético (CDE)[7] e posteriormente autorizado o emprego da

---

§ 7º O financiamento de que trata o § 5º deste artigo, quando realizado por órgãos públicos, inclusive da administração indireta, a exceção dos aportes a fundo perdido, visando a universalização do serviço, serão igualmente restituídos pela concessionária ou permissionária, ou se for o caso, cooperativa de eletrificação rural, devendo a ANEEL disciplinar o prazo de carência quando o fornecimento for em áreas com prazos de diferimento distintos.

§ 8º O cumprimento das metas de universalização será verificado pela ANEEL, em periodicidade no máximo igual ao estabelecido nos contratos de concessão para cada revisão tarifária, devendo os desvios repercutir no resultado da revisão mediante metodologia a ser publicada.

§ 9º A ANEEL tornará públicas, anualmente, as metas de universalização do serviço público de energia elétrica.

§ 10. Não fixadas as áreas referidas nos incisos I e II do caput no prazo de um ano contado da publicação desta Lei e até que sejam fixadas, a obrigação de as concessionárias e permissionárias de serviço público de energia elétrica atenderem aos pedidos de ligação sem qualquer espécie ou tipo de ônus para o solicitante aplicar-se-á a toda a área concedida ou permitida.

§ 11. A partir de 31 de julho de 2002 e até que entre em vigor a sistemática de atendimento por área, as concessionárias e permissionárias de serviço público de energia elétrica atenderão, obrigatoriamente e sem qualquer ônus para o consumidor, ao pedido de ligação cujo fornecimento possa ser realizado mediante a extensão de rede em tensão secundária de distribuição, ainda que seja necessário realizar reforço ou melhoramento na rede primária.

§ 12. No processo de universalização dos serviços públicos de energia elétrica no meio rural, serão priorizados os municípios com índice de atendimento aos domicílios inferior a oitenta e cinco por cento, calculados com base nos dados do Censo 2000 do IBGE, podendo ser subvencionada parcela dos investimentos com recurso da Reserva Global de Reversão, instituída pela Lei no 5.655, de 20 de maio de 1971 e da Conta de Desenvolvimento Energético - CDE, de que trata o art. 13 desta Lei, nos termos da regulamentação.

§ 13. O Poder Executivo estabelecerá diretrizes específicas que criem as condições, os critérios e os procedimentos para a atribuição da subvenção econômica às concessionárias e permissionárias de serviço público de energia elétrica e, se for o caso, cooperativas de eletrificação rural e para a fiscalização da sua aplicação nos municípios beneficiados.

[7] Art. 13. Fica criada a Conta de Desenvolvimento Energético – CDE, visando o desenvolvimento energético dos Estados e a competitividade da energia produzida a partir de fontes eólica, pequenas centrais hidrelétricas, biomassa, gás natural e carvão mineral nacional, nas áreas atendidas pelos sistemas interligados, *promover a universalização do serviço de energia elétrica em todo o território nacional* e garantir recursos para atendimento à subvenção econômica destinada à modicidade da tarifa de fornecimento de energia elétrica aos consumidores finais integrantes da Subclasse Residencial Baixa Renda, devendo seus recursos se destinar às seguintes utilizações:

V – para a *promoção da universalização do serviço de energia elétrica em todo o território nacional* e para garantir recursos à subvenção econômica destinada à modicidade tarifária para a subclasse baixa renda (...)

§ 1º Os recursos da Conta de Desenvolvimento Energético - CDE serão provenientes dos pagamentos anuais realizados a título de uso de bem público, das multas aplicadas pela ANEEL a concessionários, permissionários e autorizados e, a partir de 2003, das quotas anuais pagas por todos os agentes que comercializem energia com consumidor final, mediante *encargo tarifário*, a ser incluído a partir da data de publicação desta Lei nas tarifas de uso dos sistemas de transmissão ou de distribuição.

Reserva Global de Reversão (RGR)[8], ambas parcialmente financiadas pelas tarifas pagas por todos os usuários do País.

## 6. A IMPLEMENTAÇÃO DA LEI PELA ANEEL

A Lei 10.438/2002 alterou a Lei 9.427/96, de criação a ANEEL, para atribuir-lhe competência para "estabelecer, para cumprimento por parte de cada concessionária e permissionária de serviço público de distribuição de energia elétrica, as metas a serem periodicamente alcançadas, visando a universalização do uso da energia elétrica" (art. 3°, XII). No uso dessa atribuição, foi editada a Resolução n° 223, de 29 de abril de 2003, que "Estabelece as condições gerais para elaboração dos Planos de Universalização de Energia Elétrica visando ao atendimento de novas unidades consumidoras ou aumento de carga, regulamentando o disposto nos arts. 14 e 15 da Lei n° 10.438, de 2002, e fixa as responsabilidades das concessionárias e permissionárias de serviço público de distribuição de energia elétrica".

A Resolução fixou metas de atendimento por concessionária e por Município, mediante a indicação do ano em que a universalização deveria estar concluída, conforme o Índice de Atendimento (Ia) existente na respectiva área. O Ia foi definido como a "razão entre o número de domicílios com iluminação elétrica e o total de domicílios, ambos obtidos a partir do Censo 2000 da Fundação Instituto Brasileiro de Geografia e Estatística (IBGE)". A Resolução fixou um prazo máximo para a completa universalização em cada Município. O prazo de atendimento mais dilatado foi o ano de 2015, para os Municípios com Ia inferior a 53%.

Cada concessionária foi incumbida de apresentar à Agência um Plano de Universalização, contendo Programas Anuais de Expansão do Atendimento, que devem contemplar, dentre outros aspectos, "áreas em que a extensão de redes de distribuição primária e secundária será realizada para a ligação de novas unidades consumidoras", "metas, em quilômetros, para a extensão de redes de distribuição" e "metas da quantidade de unidades consumidoras a serem atendidas" (art. 8°)[9].

Um relatório anual deve ser encaminhado à ANEEL, informando o número de unidades atendidas e os seguintes indicadores: Nível

[8] § 12, acrescido ao art. 14 da Lei 10.438/2002.

[9] Os Programas Anuais de Expansão do Atendimento são atualmente regidos pela Resolução n° 175/2005.

Urbano de Universalização (NUU), definido como o percentual do "total de unidades consumidoras residenciais urbanas" dividido pelo "total de domicílios urbanos, estimados a partir de dados do IBGE"; Nível Rural de Universalização (NRU), análogo para a área rural, e Nível Global de Universalização (NGU), agregando as áreas rurais e urbanas.

O não-atendimento das metas enseja a aplicação de sanções financeiras, consistentes na "redução dos níveis tarifários obtidos nas revisões periódicas", mediante aplicação de "coeficientes redutores" (que variam de 0,97 a 0,90) aos itens referentes aos custos gerenciáveis (art. 14).

A Resolução exclui do universo dos beneficiários da universalização os "lotes urbanos situados em loteamentos" (art. 16, III). Revogou-se, ainda, dispositivo de outra resolução que permitia às concessionárias estabelecer as condições de fornecimento de consumidores localizados fora do perímetro urbano[10].

A situação dos "lotes urbanos situados em loteamentos" foi objeto específico da Resolução 82, de 2004, que "estabelece as condições para atendimento com redes de energia elétrica nos lotes situados em loteamentos urbanos, nos parcelamentos situados em zonas habitacionais de interesse social e nos parcelamentos populares, bem como para incorporação dos bens e instalações ao ativo de concessionária ou permissionária de serviço público de distribuição".

Reafirmou-se que "a concessionária não será responsável pelos investimentos necessários para a construção das obras de infra-estrutura básica destinadas ao atendimento com energia elétrica nos lotes situados em loteamentos urbanos" (art. 3°).

Em contraposição, determinou-se que "a concessionária será responsável pela construção das redes e instalações de distribuição de energia elétrica para o atendimento das unidades consumidoras situadas em parcelamentos de interesse social, em parcelamentos populares e em áreas objeto de desmembramento que estejam em conformidade com a legislação aplicável" (art. 4°).

---

[10] Art. 7°, III, da Resolução n° 456/2000, que estabelece as Condições Gerais de Fornecimento de Energia Elétrica.

## 7. REGIME ANTERIOR À LEI 10.438/2002

Para que se compreenda o alcance do regime instituído a partir da Lei 10.438/2002 e da Resolução 223/20003, faz-se necessário conhecer o direito vigente anteriormente à sua edição.

A conexão das redes de distribuição com as unidades consumidoras é regida pelo Decreto 41.019, de 26/02/57, alterado pelo Decreto 98.335, de 26/10/89 e regulamentado pela Portaria DNAEE 5, de 11/01/90, regime que continua em vigor exceto no que contraria a Lei 10.438/2002.

O concessionário é obrigado a fornecer energia elétrica, nos pontos de entrega, aos consumidores de caráter permanente localizados dentro dos limites das zonas concedidas respectivas, sempre que as instalações elétricas das unidades de consumo, destinadas ao recebimento e à utilização de energia, satisfaçam condições técnicas de segurança, proteção e operação adequadas (art. 136). "Ponto de entrega" é a "conexão do sistema elétrico do concessionário com as instalações de utilização de energia do consumidor" (art. 135), devendo sua localização ser definida pelo poder concedente.

O custo de atendimento de novas ligações é compartilhado entre concessionário e consumidor (art. 140). A "participação financeira do consumidor" corresponde à diferença entre o orçamento total da obra e os encargos de responsabilidade do concessionário, conforme definidos na Portaria n° 5/90.

São de responsabilidade do consumidor o custeio das obras relativas a "extensão de linha exclusiva ou de reserva", melhoria de qualidade em níveis superiores aos fixados em regulamento e "melhoria de aspectos estéticos", inclusive as "parcelas relativas ao segmento do sistema que atender a unidade de consumo, bem como as referentes à ampliação de capacidade ou reforma de subestações, alimentadores e linhas já existentes, quando necessárias ao atendimento do pedido". Mesmo nesses casos, o atendimento do pedido depende da "verificação, pelo concessionário, da conveniência técnica e econômica para sua efetivação" (art. 142).

As extensões de rede destinadas ao atendimento de "unidades consumidoras pioneiras" devem ser projetadas da forma mais econômica possível, respeitados os padrões técnicos e de segurança do concessionário, de modo que o ônus de suas posteriores adaptações e reforços para atendimento de novas cargas sejam atribuídos às unidades consumidoras que as solicitarem (art. 4° da Portaria DNAEE 5/90).

## 8. IMPACTO URBANÍSTICO DA UNIVERSALIZAÇÃO

Do ponto de vista urbanístico, o principal resultado da política de universalização de energia elétrica, tal como atualmente praticada, é o incentivo à expansão do tecido urbano. A eliminação da participação do consumidor no financiamento da extensão das redes de distribuição induz o mercado a produzir novas unidades imobiliárias, a fim de se apropriar da valorização decorrente da provisão subsidiada de energia elétrica que virá em seguida.

Esse crescimento urbano está sendo financiado pelo conjunto dos consumidores de energia, que são obrigados a pagar uma tarifa superior ao nível necessário para custear o serviço que recebem. O encarecimento das tarifas induz a uma redução do consumo abaixo do nível eficiente, prejudicando não apenas os usuários residenciais, mas também a atividade econômica dos usuários comerciais e industriais.

Mais grave que a indução à expansão da malha urbana é o estímulo a que esta se faça de maneira clandestina. As metas adotadas pela Agência, com base no censo do IBGE, abrangem o conjunto dos assentamentos irregulares, sem qualquer exceção. Ao excluir de seu regime os "lotes urbanos situados em loteamentos" (art. 16, III), a Resolução 223/2003 indiretamente definiu como beneficiários da universalização *exclusivamente* os moradores de unidades irregulares.

Na prática, o critério adotado pela ANEEL para o enquadramento ou não de um imóvel como beneficiário da universalização é o da legalidade. Ao contrário do que se poderia esperar em um Estado de Direito, não é o cidadão obediente à lei o beneficiário da política pública, mas o infrator! Se um novo loteamento for executado dentro da lei, caberá ao empreendedor implantar a rede de distribuição de energia elétrica. Se esse mesmo loteamento for realizado clandestinamente, no entanto, seja por iniciativa de um empreendedor inescrupuloso, seja por iniciativa de invasores, a concessionária é obrigada a implantar a rede de distribuição. Para que se possa ter uma idéia do absurdo desse entendimento, basta imaginar uma invasão na Esplanada dos Ministérios. Segundo a ANEEL, a concessionária deveria imediatamente levar energia aos invasores!

As distorções regulatórias não se encerram com a oficialização das ligações. Os moradores de assentamentos irregulares são beneficiários de tarifas sociais, ou seja, pagam menos pela energia que consomem que os demais usuários, que os subsidiam. Isso não apenas é um estímulo a mais para a adesão de novas pessoas a tais empreendimentos, mas também uma fonte de desperdício no consumo da energia elétrica. Considerando, ainda, que grande parte dos moradores desses assentamentos é composta de locatários (ou seja, pagam aluguel a alguém, ainda que este também não seja proprietário do imóvel), do ponto de vista econômico tais subsídios não beneficiam diretamente o morador, mas o locador. O imóvel beneficiado valoriza-se no mercado, o que se reflete no aumento do valor do respectivo aluguel.

Há mais um agravante: as concessionárias tratam com maior benevolência a inadimplência nos assentamentos irregulares, em comparação com os regulares. Isso ocorre porque o corte da energia é feito por um empregado da empresa, que precisa entrar no assentamento. Muitas vezes esse funcionário é hostilizado por moradores e por bandidos, que o impedem de trabalhar. Uma variante desse fenômeno é a fraude promovida pelo usuário, mediante adulteração do sistema de medição de consumo, igualmente tolerada.

Os padrões tecnológicos adotados para a universalização também contribuem para o crescimento urbano desordenado. O método mais barato, com base em postes, que é adotado para a universalização, é vulnerável aos "gatos". Se esse custo fosse incorporado ao planejamento da nova rede, é muito provável que fossem adotadas tecnologias mais seguras. Entretanto, como o custo das ligações clandestinas não é assumido integralmente pelas concessionárias, elas não têm interesse em projetar um sistema sustentável no longo prazo.

Os incentivos urbanísticos perversos poderão inviabilizar a própria política de universalização. A provisão de energia aos atuais assentamentos irregulares estimulará a formação de novos loteamentos clandestinos. Em muitos casos, seus moradores serão oriundos de antigos loteamentos, já beneficiados pela universalização.

## 9. INCONSTITUCIONALIDADE DA REGULAÇÃO DA ANEEL

Ao obrigar as concessionárias de distribuição a atender os loteamentos clandestinos, a ANEEL está não apenas usurpando competências dos Municípios, a quem compete regularizá-los ou não, mas promovendo a *desordem* urbana, em prejuízo do bem-estar dos habitantes da cidade, em flagrante desrespeito aos princípios de política urbana inscritos no art. 182 da Constituição e no Estatuto da Cidade. Além disso, sua atuação provoca um desenvolvimento urbano contrário ao plano diretor, do qual o parcelamento e a ocupação do solo urbano devem ser instrumentos.

As inconstitucionalidades não se limitam ao direito urbanístico. Os loteamentos clandestinos avançam sobre encostas, áreas alagáveis e áreas de proteção de mananciais. São responsáveis por graves problemas de erosão, de que resulta o assoreamento dos rios, e de saúde pública, em razão da ausência de saneamento. Como integrantes do "poder público", é dever das concessionárias de energia elétrica e, principalmente, da ANEEL recusar-se a abastecer de energia elétrica tais assentamentos, medida indispensável para a "defesa e preservação do meio ambiente" exigida pelo art. 225 da Constituição.

Não menos grave é o desrespeito ao direito de propriedade, consagrado no art. 5°, XXII, e no art. 170, II, uma vez que a maior parte dos assentamentos irregulares está situada em terrenos de propriedade de terceiros, públicos ou privados, configurando autêntico esbulho possessório[11].

Igualmente violado foi o princípio da modicidade tarifária, que se encontra implícito na obrigação do concessionário de "manter serviço adequado", a que alude o art. 175 da Carta Magna. Nos termos da Lei 9.427/96, as tarifas constituem "contraprestação pela execução do serviço" (art. 14), não podendo ser utilizadas, portanto, para financiar projetos alheios ao atendimento do usuário que as paga.

A regulação estatal dos monopólios, função de que se incumbe a ANEEL, tem por finalidade impedir a exploração dos consumidores, induzindo as empresas reguladas a produzir eficientemente, ou seja, aos menores custos possíveis. Não é outra a diretriz inscrita na própria Lei 9.427/96, que criou a ANEEL, quando alude à "apropriação de ganhos de eficiência" (art. 14), e da própria Constituição, que consagra o princípio da eficiência em seu art. 37. Ao permitir o financiamento da universalização pelo conjunto dos usuários de energia elétrica, a ANEEL violou seu dever de *defender* o consumidor, associando-se ao monopolista para a sua exploração.

---

[11] Código Penal: "Art. 161, § 1°, II: Na mesma pena (detenção, de um a seis meses, e multa) incorre quem invade, com violência a pessoa ou grave ameaça, ou mediante concurso de mais de duas pessoas, terreno ou edifício alheio, para o fim de esbulho possessório".

Os acréscimos tarifários empregados para financiar a universalização são uma "prestação pecuniária compulsória" e, como tal, apresentam natureza tributária, nos termos do Código Tributário Nacional[12]. Nesse sentido, o instrumento adequado para financiar a universalização e outros programas vinculados ao setor da energia elétrica é a Contribuição de Intervenção no Domínio Econômico, previsto no art. 149 da Constituição[13].

## 10. ILEGALIDADE DA REGULAÇÃO DA ANEEL

O art. 14 da Lei n° 10.438/2002 jamais poderia ser aplicado contrariamente à legislação urbanística e aos dispositivos constitucionais. Da leitura do texto, depreende-se claramente que o critério de universalização é territorial, não havendo qualquer menção ao atendimento de assentamentos irregulares.

É atribuída à ANEEL competência para "fixar áreas, progressivamente crescentes, em torno das redes de distribuição, no interior das quais o atendimento (...) será sem ônus de qualquer espécie para o solicitante (...)". Ocorre que a Agência nunca fixou essas áreas de atendimento obrigatório. Não há qualquer ato administrativo em que se tenha estabelecido seu perímetro. Foram estabelecidas metas quantitativas, a serem atendidas pelas concessionárias, definidas a partir do Índice de Atendimento, que nada mais é que a fração de domicílios atendidos com relação ao total de domicílios constantes do Censo do IBGE de 2000. Em nenhum momento tais metas incorporam a dimensão territorial implícita na expressão "áreas, progressivamente crescentes" constante da lei. Exige-se das concessionárias a expansão do atendimento em número de unidades consumidoras atendidas, independentemente da localização das novas redes a serem instaladas.

A ANEEL preocupou-se, entretanto, em compatibilizar a obrigação de atendimento das concessionárias com a responsabilidade dos loteadores pela infra-estrutura dos loteamentos, estabelecida na Lei 6.766/79. Para isso, valeu-se de um curioso artifício. Criou a figura do

---

[12] Lei n° 5.172/66: "Art. 3°. Tributo é toda prestação pecuniária compulsória, em moeda ou cujo valor nela se possa exprimir, que não constitua sanção de ato ilícito, instituída em lei e cobrada mediante atividade administrativa plenamente vinculada."

[13] "Art. 149. Compete exclusivamente à União instituir contribuições sociais, *de intervenção no domínio econômico* e de interesse de categorias profissionais ou econômicas, como instrumento de sua atuação nas respectivas áreas (...)".

"lote situado em loteamento" e excluiu-o dos benefícios da universalização. Embora em nenhum momento seja definida a natureza jurídico-urbanística das unidades beneficiárias da universalização, a única interpretação possível é que seriam "lotes urbanos situados fora de loteamentos".

O entendimento da ANEEL sobre tal conceito pode ser depreendido da Resolução 82/2004. Nela é estabelecida uma contraposição entre, de um lado, "lotes situados em loteamento urbano" e, de outro, "parcelamentos de interesse social", "parcelamentos populares" e "áreas objeto de desmembramento que estejam em conformidade com a legislação aplicável". Parcelamentos de interesse social seriam aqueles mencionados no art. 2°, § 6°, da Lei 6.766/79[14]. Parcelamentos populares seriam os referidos no art. 18, § 4°[15].

No entendimento da Agência, expresso em nota técnica que instruiu a elaboração da resolução, "Para os parcelamentos localizados em zonas habitacionais de interesse social foram exigidas apenas soluções para a energia elétrica domiciliar. Todavia, observa-se que não há qualquer determinação legal no tocante a definição da infra-estrutura necessária para os parcelamentos populares, nos quais os lotes destinam-se a população de menor renda"[16]. Aparentemente, a Agência concluiu que tais empreendimentos não são loteamentos e que, portanto, não há obrigação dos respectivos promotores em dotá-los de infra-estrutura. Daí porque seriam eles os beneficiários da universalização.

É preciso esclarecer, entretanto, que não existe, em direito urbanístico, a figura do "lote urbano situado fora de loteamento"[17].

---

[14] "Art. 2º. O parcelamento do solo urbano poderá ser feito mediante loteamento ou desmembramento, observadas as disposições desta Lei e as das legislações estaduais e municipais pertinentes. (...)

§ 6º A infra-estrutura básica dos parcelamentos situados nas zonas habitacionais declaradas por lei como de interesse social (ZHIS) consistirá, no mínimo, de: I - vias de circulação; II - escoamento das águas pluviais; III - rede para o abastecimento de água potável; e IV - soluções para o esgotamento sanitário e para a energia elétrica domiciliar".

[15] "Art. 18. Aprovado o projeto de loteamento ou de desmembramento, o loteador deverá submetê-lo ao Registro Imobiliário dentro de 180 (cento e oitenta) dias, sob pena de caducidade da aprovação, acompanhado dos seguintes documentos: (...)

§ 4º O título de propriedade será dispensado quando se tratar de parcelamento popular, destinado as classes de menor renda, em imóvel declaração de utilidade pública, com processo de desapropriação judicial em curso e imissão provisória na posse, desde que promovido pela União, Estados, Distrito Federal, Municípios ou suas entidades delegadas, autorizadas por lei a implantar projetos de habitação."

[16] Nota Técnica 70/2003-SRC/ANEEL, de 26/11/2003, item 21.

[17] Poder-se-ia cogitar do lote produzido por desmembramento, mas essa não é, claramente, a situação referida na resolução.

Segundo a Lei 6.766/79, loteamento é "a subdivisão da gleba em lotes *destinados a edificação* (...)" (art. 2º, § 1º). O lote, por sua vez, foi definido como "o terreno servido de infra-estrutura básica cujas dimensões atendam aos índices urbanísticos definidos pelo plano diretor (...)" (§ 4º). A infra-estrutura básica compõe-se dos equipamentos urbanos de escoamento das águas pluviais, iluminação pública, redes de esgoto sanitário e abastecimento de água potável, e de *energia elétrica pública e domiciliar* e as vias de circulação pavimentadas ou não" (§ 5º).

Essas definições, que inauguram a Lei 6.766/79, não permitem qualquer dúvida. Todo lote tem origem em parcelamento do solo, realizado na modalidade de loteamento ou de desmembramento, que por sua vez deve ser compatível com o plano diretor. O terreno urbano que não se origina de parcelamento não é lote. Não deve, portanto, ser "destinado a edificação" enquanto não for incorporado a um loteamento, ainda que este seja promovido pela Prefeitura, no âmbito de um programa de regularização.

Além disso, como demonstrado, a própria localização das redes, denominadas de "equipamentos urbanos" pela Lei, deve ser definida em projeto de loteamento devidamente aprovado pela Prefeitura. O fato de haver uma equivocada orientação da ANEEL não concede às concessionárias imunidade perante a legislação urbanística; ou aos seus dirigentes, perante o direito penal.

Os lotes produzidos no âmbito das "zonas habitacionais declaradas por lei como de interesse social" (art. 2°, § 6°) têm origem em loteamento ou desmembramento, tanto quanto os demais. A lei não faz qualquer menção no sentido de desonerar o empreendedor da responsabilidade pela instalação da infra-estrutura nesses casos. O mesmo se aplica aos empreendimentos referidos no art. 18, § 4°, que nada mais são que loteamentos feitos pelo Poder Público em imóveis cujo processo de desapropriação ainda não foi concluído.

Apesar de sua fragilidade conceitual, a Resolução 82/2004 tem o mérito de vincular a universalização a empreendimentos legais. Os empreendimentos a que se referem o art. 2°, § 6°, e o art. 18, § 4°, sujeitam-se ao regime geral fixado pela Lei 6.766/79, devendo ser regularmente aprovados pelo Município. Na prática, entretanto, a ANEEL desobedece a sua própria resolução, ao cobrar das concessionárias a expansão numérica das unidades atendidas, independentemente da regularidade dos respectivos assentamentos.

## 11. POR UMA UNIVERSALIZAÇÃO URBANISTICAMENTE RESPONSÁVEL

Embora a universalização seja um objetivo legítimo, ela não pode se sobrepor aos valores constitucionais do adequado ordenamento territorial (art. 30, VIII) e do direito ao meio ambiente ecologicamente equilibrado (art. 225). Além disso, a Lei 10.438/2002, que instituiu a política de universalização, em nenhum momento revogou a legislação urbanística e ambiental.

A adequação da distribuição de energia elétrica ao direito urbanístico e ambiental não pode ser feita imediatamente, haja vista que grande parcela da população vive em assentamentos irregulares consolidados. Isso não deve servir de pretexto, no entanto, para o atendimento de novos loteamentos clandestinos, como ocorre atualmente. Nesse sentido, faz-se necessário compatibilizar a política de universalização contida no art. 14 da Lei 10.438/02 com a ordem urbanística prevista na Constituição, na Lei 6.766/79 e no Estatuto da Cidade.

A fixação pela ANEEL de “áreas, progressivamente crescentes, no interior das quais o atendimento será sem ônus de qualquer espécie para o solicitante” (art. 14 da Lei 10.438/2002) tem que ser feita a partir de solicitação dos Municípios, que são os responsáveis pelo ordenamento de seus territórios. O aporte financeiro do setor elétrico deve ser canalizado para empreendimentos urbanos legais, aprovados pelas autoridades municipais e voltados ao atendimento da população de baixa renda.

Nesse sentido, três tipos de empreendimento podem ser identificados como possíveis beneficiários de programas de universalização: loteamentos e conjuntos habitacionais promovidos pelo próprio poder público, programas de regularização fundiária e consórcios imobiliários[18].

Em todos esses casos, a valorização imobiliária decorrente das obras realizadas pelas concessionárias estaria sendo apropriada pelo Poder Público municipal e não por loteadores privados ou invasores. Ao invés de fomentar a ocupação irregular do solo, o setor elétrico estaria contribuindo para a implementação de uma política habitacional e urbana

---

[18] O consórcio imobiliário é uma alternativa oferecida ao proprietário de área atingida pela obrigação de parcelar ou edificar, prevista no § 4º do art. 182 da Constituição. Por seu intermédio, “o proprietário transfere ao Poder Público municipal seu imóvel e, após a realização das obras, recebe, como pagamento, unidades imobiliárias devidamente urbanizadas ou edificadas”, “correspondentes ao valor do imóvel antes da execução das obras” (art. 46, §§ 1º e 2º do Estatuto da Cidade).

ordenada e legal, criando-se uma verdadeira parceria entre concessionárias e Municípios.

No caso específico dos assentamentos irregulares, é preciso que a provisão de serviços respeite a competência municipal para regularizá-os ou não. A instalação de redes de distribuição de energia faz parte das obras de regularização urbanística e deve obedecer à respectiva legislação.

Um adequado enquadramento legal das concessionárias de distribuição de energia elétrica, que as subordine ao direito urbanístico e ambiental e crie incentivos para que as ligações clandestinas sejam prevenidas e reprimidas, certamente terá impacto duradouro sobre o futuro das cidades brasileiras, constituindo-se em elemento indispensável da ordem urbanística.

## 12. REFERÊNCIAS BIBLIOGRÁFICAS

MARICATO, Ermínia. Brasil, cidades: alternativas para a crise urbana. Petrópolis: Vozes, 2001.

PINTO, Victor Carvalho. A Ordem Urbanística. Fórum de Direito Urbano e Ambiental. Maio-Junho de 2002. Revista de Direito Imobiliário, nº 51, Ano 24. Julho-Dezembro de 2001.

Direito Urbanístico. Plano Diretor e Direito de Propriedade. São Paulo: Revista dos Tribunais, 2005.

*A Interface entre Zoneamento e Regulação de Infra-estruturas.* Memorias del IX Seminario Internacional: "Derecho y Espacio Urbano". Quito, Ecuador: IRGLUS-PGU, Cuaderno de Trabajo 101, 2003. www.senado.gov.br/web/conleg/artigos/politicasocial/AInterface Zoneamento.pdf

SMOLKA, Martin. Regularização da Ocupação do Solo Urbano: a Solução que é Parte do Problema, o Problema que é Parte da Solução. In FERNANDES, Edésio e ALFONSIN, Betânia (coordenadores). A Lei e a Ilegalidade na Produção do Espaço Urbano. Belo Horizonte: Del Rey, 2003.

THOMPSON, Wilbur. The City as a Distorted Price System. In The Urban Economy. Edited by Harold M. Hochman. New York: Norton & Company, 1976.

# A CONSTITUCIONALIDADE DA REGULAÇÃO, PELO MUNÍCIPIO, DA PUBLICIDADE NO ESPAÇO URBANO

RICARDO DIAS LEME*

***SUMÁRIO:*** 1. A estética urbana e a proteção do meio ambiente: publicidade e poluição visual. 2. Das limitações impostas pelo Estado aos particulares. 3. Da competência do município em matéria urbanístico-ambiental e a edição de normas que disciplinem a instalação de anúncios no espaço urbano

## 1. A ESTÉTICA URBANA E A PROTEÇÃO DO MEIO AMBIENTE: PUBLICIDADE E POLUIÇÃO VISUAL

Um provérbio medieval afirmava que o ar da cidade torna o homem livre.

As cidades passaram por enormes transformações desde então, particularmente após a revolução industrial e de forma ainda mais acentuada a partir do século XX, quando se formaram os grandes conglomerados urbanos e parcela expressiva, senão a maioria da população, passou a viver nelas.

A garantia desse espaço de liberdade nos dias atuais não pode estar dissociada da proteção ao meio ambiente urbano. A Constituição de 1988, sensível a essa questão, reconheceu a proteção do meio

---

* 2º Promotor de Justiça de Mandados de Segurança em São Paulo, Capital, atualmente exercendo o cargo de Secretário Municipal dos Negócios Jurídicos de São Paulo

ambiente como direito fundamental da pessoa humana, e desde então, o debate jurídico sobre o tema vem ganhando fôlego, o que se reflete num número cada vez maior de leis e atos administrativos relacionados à matéria.

A Constituição da República expressou a importância e a atualidade da questão, ao prever, em capítulo próprio, dentro do título referente à ordem social, o direito ao meio ambiente sadio e equilibrado como bem jurídico autônomo (artigo 225 e parágrafos).

A definição de meio ambiente foi precisamente formulada por *José Afonso da Silva*, para quem o aludido bem jurídico abrange o *"conjunto de elementos naturais, artificiais e culturais que propiciem o desenvolvimento equilibrado da vida em todas as suas formas"*[1]. O conceito trazido pelo ilustre jurista indica a concomitância de três aspectos, o meio ambiente *natural*, o meio ambiente *cultural* e, o que aqui mais nos interessa, o meio ambiente *artificial*, "constituído pelo espaço urbano construído, consubstanciado no conjunto de edificações (espaço urbano fechado) e dos equipamentos públicos (ruas, praças, área verdes, espaços livres em geral: espaço urbano aberto).

O chamado *meio ambiente urbano* é, portanto, aquele que se identifica com a *urbes* (cidade) e de cujo conteúdo se pode extrair a noção de *estética urbana*, que, como o próprio termo já indica, corresponde à idéia de equilíbrio e harmonia das formas que compõem a paisagem da cidade, a sua aparência frente à população.

Não é difícil perceber que a estética urbana, se não estiver em harmonia, pode influir negativamente na qualidade de vida dos cidadãos, qualidade essa que, como se sabe, é um dos principais objetivos da política de desenvolvimento urbano, de responsabilidade dos poderes públicos municipais.

E um dos pilares de uma cidade esteticamente equilibrada é o controle da *publicidade* que integra o espaço urbano na forma de mídia exterior (cartazes, placas e outdoors), com vistas a harmonizar a paisagem que ininterrupta e compulsoriamente[2] alcança os olhos de seus habitantes.

---

1 *Direito Ambiental Constitucional*, 4.ed, 2003, São Paulo, Malheiros, p. 20/21

2 De fato, a diferença entre os outros tipos de publicidade e a mídia externa é justamente a exposição compulsória da população proporcionada por esta última. Nas palavras de Lúcia Helena Polleti Bettini, trata-se de "*uma publicidade para as massas, pois não se escolhe quem atingir, sendo vista por todos os que ali passarem, sendo que sua ação primacial é impactar, ou seja, evidenciar o produto para a massa*" (A cidade e o seu meio ambiente. A estética urbana: a publicidade, in A cidade e seu Estatuto, Coord. Maria Garcia, Juarez de Oliveira p. 250)

Como explica a doutrina:

> *"A proteção estética da cidade e de seus arredores enseja diversas limitações ao uso da propriedade, e a publicidade, quando aparece através de afixação de anúncios e cartazes, sofre limitações impostas por Lei Municipal para a manutenção da estética Urbana. (...)*
>
> *Em prol da estética urbana, pode-se estimular a publicidade ou limitá-la, até com sua proibição, tudo para a manutenção da qualidade de vida, da estética da cidade. (...)*
>
> *A poluição visual é o contrário do que é preconizado com a política urbana, ou seja, ao bem-estar dos habitantes, sendo que num primeiro momento é ofensa à integridade dos que ali habitam, e com sua continuidade, manutenção, essa agressão passa a ser banalizada integrando o dia a dia dos que vivem no espaço, é o que tanto Poder Público e coletividade não podem permitir."*[3] *(g.n.)*

Pontue-se, por oportuno, que algumas dessas mensagens publicitárias são de tamanho impacto visual que podem ensejar até mesmo a ocorrência de acidentes de trânsito. A propósito, vale destacar a observação feita por *José Afonso da Silva:*

> *"Os anúncios não podem prejudicar a visualização de bens e imóveis significativos (os de interesse cultural, por exemplo), nem a visibilidade da sinalização de trânsito ou outro sinal de comunicação institucional, destinado a orientar o público, bem como a numeração imobiliária e a denominação dos logradouros, nem a insolação e a aeração de edificações"*[4].

Não se deve olvidar, ademais, que a paisagem urbana, como integrante do meio ambiente urbano, caracteriza-se como um bem de natureza pública. Em conseqüência, toda a problemática eventualmente levantada sobre a poluição visual causada pela mídia externa deve partir da seguinte premissa: há um bem *público* sendo utilizado para a divulgação de mensagens de interesse *privado*, de modo que, em caso de conflito, impõe-se sempre a prevalência do *interesse público*.

---

[3] BETTINI, Lúcia Helena Polleti. *Ob cit.*, p. 249.

[4] *Direito Urbanístico Brasileiro*, 4.ed, 2006, Malheiros, p. 316

A resistência de setores empresariais contra a regulação, pelo Município, da publicidade externa, não se mostra, portanto, legítima, por contrariar o interesse público na preservação do meio ambiente urbano.

O interesse público, nesse caso, certamente coincide com a opinião da maioria, como bem demonstrou a recente edição, pelo Município de São Paulo, de lei dispondo sobre a matéria. Essa lei recebeu o amplo apoio da população, da imprensa[5] e também da maioria dos publicitários.

Nesse contexto, é inquestionável a importância dos Municípios disciplinarem a questão da publicidade externa, impondo restrições aptas a frear as reiteradas agressões ao meio ambiente urbano, cujo equilíbrio se mostra imprescindível à manutenção da qualidade de vida dos habitantes das cidades.

## 2. DAS LIMITAÇÕES IMPOSTAS PELO ESTADO AOS PARTICULARES

A interferência do Estado na vida dos cidadãos, regulando e prescrevendo condutas a serem por todos obedecidas em nome do bem comum (interesse coletivo) é um dos pressupostos do convívio social.

Atualmente, a quase totalidade das relações jurídicas envolve a presença do Estado, senão na qualidade de parte, ao menos como regulador (*v.g.* a proteção do consumidor, os direitos de família etc).

Isto se dá em virtude da predominância dos interesses públicos sobre os interesses particulares, idéia cuja noção (que remonta às origens do Estado), no âmbito do direito administrativo, cristalizou-se no conhecido princípio da supremacia do interesse público.

No magistério de *Celso Antônio Bandeira de Mello*:

"*O princípio da supremacia do interesse público sobre o interesse privado é princípio geral de Direito inerente a qualquer sociedade. É a própria condição de sua existência. Assim, não se radica em*

[5] Exemplo do reconhecimento do impacto positivo da aplicação da nova Lei de Anúncios é uma recente reportagem da Revista *Veja*, em que se destaca o seguinte (g.n.): "*Medidas drásticas como a adotada pela prefeitura de São Paulo costumam ter um efeito multiplicador. Ao perceberem que há uma política de valorização do espaço público, a tendência é os cidadãos começarem a se identificar com o local onde vivem e se sentirem responsáveis pela preservação desse ambiente.*"

*dispositivo algum da Constituição, ainda que inúmeros aludam ou impliquem manifestações concretas dele, como, por exemplo, os princípios da função social da propriedade, da defesa do consumidor ou do meio ambiente (art. 170, III, V e VI), ou tantos outros".*[6]

Decorrência direta do princípio da supremacia do interesse público sobre o privado é o denominado *poder de polícia*, que consiste justamente na *"atividade estatal de condicionar a liberdade e a propriedade ajustando-as aos interesses coletivos"* e que, tomado em seu sentido amplo, *"abrange tanto atos do Legislativo quanto do Executivo"*[7].

Dentro dos contornos de um Estado Democrático, é certo que a edição de normas pelo Poder Legislativo constitui-se, por excelência, na forma mais segura de condicionar e restringir direitos em nome das exigências do bem-comum, na medida em que a lei expressa, em última análise, a vontade popular.

Forçoso reconhecer, destarte, que a restrição da atividade de publicidade externa em benefício do meio ambiente equilibrado não só pode como deve ser implementada pelo Estado-Poder, por meio de lei[9] regularmente editada pelo Poder Legislativo da esfera governamental competente (o Município, como se verá adiante).

Também se alcança com facilidade a conclusão de que a norma legal restritiva, nesse caso, encontraria justificativa sólida, pois, entre o interesse de algumas empresas na manutenção de expressiva poluição visual e o interesse público na manutenção do meio ambiente equilibrado, com vistas à melhoria da qualidade de vida da população, privilegiar-se-ia o segundo.

Poder-se-ia argumentar que não se trata de um conflito entre o interesse público e o privado, mas sim de um conflito entre direitos constitucionais, mais precisamente entre a livre iniciativa e o direito ao ambiente sadio.

Entretanto, mesmo sob essa ótica, a edição desse tipo de norma encontra seguro amparo no tratamento jurídico conferido às colisões entre direitos constitucionais.

---

[6] *Curso de Direito Administrativo*, 14.ed, Malheiros, São Paulo, 2002, p. 79.

[7] *Idem*, p. 697

Com efeito, havendo uma colisão entre dois direitos consagrados pela Constituição, o legislador pode e deve intervir para, de forma geral e abstrata, compor esse conflito, com restrição de um dos direitos ou do bem constitucional envolvido.

Segundo o conceituado jurista *J.J. Gomes Canotilho:*

> *"Podem existir conflitos entre direitos fundamentais e bens jurídicos da comunidade. Na se trata de qualquer valor, interesse, exigência, imperativo da comunidade, mas sim de um bem jurídico. Exige-se, pois, um objecto (material ou imaterial) valioso (bem) considerado como digno de proteção, jurídica e constitucionalmente garantido"*[9].
>
> (...)
>
> "*De um modo geral, as leis restritivas de direitos diminuem ou limitam as possibilidades de ação garantidas pela âmbito de proteção da norma consagradora desses direitos e a eficácia de proteção de proteção de um bem jurídico inerente a um direito fundamental".*

Para o ilustre autor, as restrições podem decorrer das próprias normas constitucionais, vir previstas em lei mediante autorização expressa da Constituição (reserva da lei restritiva) ou existir sem que haja necessariamente uma autorização expressa da constituição (limites constitucionais não expressos)[10];

Disso decorre que, se o poder legislativo da esfera federativa em cuja competência se insere o dever de normatizar determinada matéria concluir que, em determinadas hipóteses, deve prevalecer o direito coletivo ao meio ambiente, em detrimento de outro, é perfeitamente legítima a edição de lei restringindo um desses direitos.

Isto não significa, por certo, que a lei em questão não deva obediência ao sistema jurídico como um todo, em especial ao regime de competências traçados pela Constituição e ao princípio da proporcionalidade.

Em suma, a limitação imposta pelo Poder Público, por lei, aos particulares responsáveis pela colocação de anúncios no espaço urbano, nada mais representa senão a expressão da supremacia do

---

[9] *Direito Constitucional e Teoria da Constituição*, 7.ed, Almedina, Coimbra, 2003, p. 1271

[10] idem, p. 1276

interesse público sobre o interesse particular, bem como, por outra ótica, traduz uma correta aplicação da Constituição em defesa do meio ambiente.

## 3. DA COMPETÊNCIA DO MUNICÍPIO EM MATÉRIA URBANÍSTICO-AMBIENTAL E A EDIÇÃO DE NORMAS QUE DISCIPLINEM A INSTALAÇÃO DE ANÚNCIOS NO ESPAÇO URBANO

Concluído que o Poder Público pode editar lei disciplinando a ordenação da paisagem urbana, resta a definição da pessoa política por tal responsável.

Em relação a essa questão, é inquestionável que o Município é a entidade federativa competente para disciplinar a matéria.

O Estado Federal tem como pressuposto a autonomia das entidades federativas e a repartição de competências legislativas e administrativas, distribuídas de acordo com o critério da *predominância do interesse*[11], de sorte que à União competem as questões de interesse predominantemente nacional ou geral, aos Estados, as de interesse regional, e aos Municípios, as de interesse *local*[12].

Traçados de forma singela os contornos gerais da repartição constitucional de competências, mostra-se necessário, em primeiro lugar, alinhavar os dispositivos constitucionais e infra-constitucionais que regem o tema.

Dispõe a Constituição Federal:

"*Art. 30. Compete aos Municípios:*

I - legislar sobre assuntos de <u>interesse local</u>;

(...)

VIII - promover, no que couber, adequado <u>ordenamento territorial</u>, mediante planejamento e controle do uso, do parcelamento e da ocupação do solo urbano;"

---

[11] Cf. *José Afonso da Silva, Curso de Direito Constitucional* Positivo, 22ª ed, Malheiros, 2003, p. 477

[12] Art. 30, inciso I, da Constituição Federal

*"Art. 182. A política de desenvolvimento urbano, executada pelo Poder Público municipal, conforme diretrizes gerais fixadas em lei, tem por objetivo ordenar o pleno desenvolvimento das funções sociais da cidade e garantir o bem-estar de seus habitantes.*

*(...)*

*§ 2º. A propriedade urbana cumpre sua função social quando atende às exigências fundamentais de ordenação da cidade expressas no plano diretor."*

*Art. 225. Todos têm direito ao meio ambiente ecologicamente equilibrado, bem de uso comum do povo e essencial à sadia qualidade de vida, impondo-se ao Poder Público e à coletividade o dever de defendê-lo e preservá-lo para as presentes e futuras gerações."* (g.n.)

Da leitura dos dispositivos constitucionais depreende-se que a questão ora em estudo diz respeito à execução da *política urbana*[13] como forma de garantir a *qualidade de vida* dos habitantes da cidade, protegendo a população dos males provocados pela *poluição ambiental*.

E nessa perspectiva, parece claro que a colocação de anúncios e cartazes publicitários no espaço urbano do Município é matéria de interesse *predominantemente local* e cuja regulação deve observar as peculiaridades da paisagem urbana de cada cidade.

Não destoam dessa conclusão os ensinamentos de *José Afonso da Silva* e os julgados trazidos em sua obra "Direito Urbanístico Brasileiro":

*"As leis orgânicas dos Municípios conferem competência a estes para regulamentar, autorizar e fiscalizar a afixação de cartazes e anúncios, bem como a utilização de quaisquer outros meios de publicidade e propaganda nos locais sujeitos ao poder de polícia municipal. Mesmo quando a lei orgânica não o faça, essa competência é municipal, por força do art. 30, I da CF, por se tratar de assunto de direito local.*

---

[13] Nas palavras de *José dos Santos Carvalho Filho*, a política urbana consiste "*conjunto de estratégias e ações do Poder Público, isoladamente ou em cooperação com o setor privado, necessárias à constituição, preservação, melhoria e restauração da ordem urbanística em prol do bem-estar das comunidades* (Comentários ao Estatuto da Cidade, 2.ed, Lúmen Juris, 2006, p. 12).

> *"A **publicidade urbana**, abrangendo os painéis e letreiros expostos ao público sob qualquer modalidade, é assunto de **peculiar interesse do Município**, e, como tal, fica sujeita à regulamentação e autorização da Prefeitura.(...) (cf. RTJ 37/521)."*[14]
>
> *"Afixação de painéis de propaganda – Poder de polícia do Município em defesa da estética da cidade – Ação cominatória – Procedência – recurso extraordinário indeferido – Agravo não provido". (STF, AI 32.760, rel. Min. Pedro Chaves).*

A competência legislativa do Município para a adequada ordenação do território urbano envolve tanto ao aspecto *estético-ambiental*, como o *social*, este último relativo à necessidade de buscar o bem-estar de seus habitantes.

A esse respeito, merecem ser transcritas as seguintes lições doutrinárias:

> "*As imposições de funcionalidade urbana passaram a ter destaque especial na regulamentação edilícia. Isso porque a cidade, na concepção do moderno Urbanismo, há de ser humana e funcional, isto é, correspondente às necessidades materiais e espirituais do homem, e apta à satisfação de suas quatro funções sociais precípuas: habitação, trabalho, circulação e recreação"*[15]
>
> *"O aspecto social é relevante em urbanismo. Este configura um dos meios de buscar a melhoria da qualidade de vida da população, através das transformações que se impõem aos espaços habitáveis"*[16]
>
> "(..) *no tocante à proteção ambiental, a ação do Município limita-se espacialmente ao seu território, mas materialmente estende-se a tudo quanto possa afetar os seus habitantes e particularmente a população urbana. Para tanto, sua atuação nesse campo deve promover a proteção ambiental nos seus três aspectos fundamentais: controle da poluição, preservação dos recursos naturais e restauração dos elementos destruídos.*"[17]

---

[14] SILVA, José Afonso da. *Direito Urbanístico Brasileiro.* São Paulo: Malheiros, 4.ed. 2006, p. 316.

[15] MEIRELLES, Hely Lopes. *Direito de Construir*, 9.ed., Editora Malheiros, 2005, p. 124

[16] SILVA, José Afonso da. *ob cit.*, p. 141/142

[17] MEIRELLES, Hely Lopes. *Direito Municipal Brasileiro.* 6.ed. São Paulo: Malheiros, 1993, p. 421.

Diante desse quadro, nota-se que o ordenamento da publicidade externa na paisagem urbana é expressão do poder conferido aos municípios de editar normas sobre urbanismo.

E tais normas implicam, necessariamente o *estabelecimento de limitações de ordem pública ao uso da propriedade particular e ao exercício de determinadas atividades*[18], razão porque esse tipo de regulação não afronta a ordem jurídica nacional. Antes, é salutar e atende ao interesse coletivo de preservação do meio ambiente urbano.

No Município de São Paulo, cujo exemplo deve ser aqui trazido tanto por sua enorme dimensão, quanto pela notória dificuldade enfrentada no combate à poluição visual na cidade, a questão é disciplinada conforme adiante se mostrará.

A Lei Orgânica do Município de São Paulo estabelece:

*"Art. 7º. É dever do Poder Municipal, em cooperação com a União, o Estado e outros municípios, assegurar a todos o exercício dos direitos individuais, coletivos, difusos e sociais estabelecidos na Constituição da República e pela Constituição Estadual, e daqueles inerentes às condições de vida em cidade, inseridos nas competências municipais específicas, em especial no que respeita a:*

*I - meio ambiente humanizado, sadio e ecologicamente equilibrado, bem de uso comum do povo, para as presentes e futuras gerações;*

*(...)*

*IV - proteção e acesso ao patrimônio histórico, cultural, turístico, artístico, arquitetônico e paisagístico;"*

*"Art. 148. A política urbana do Município terá por objetivo ordenar o pleno desenvolvimento das funções sociais da cidade, propiciar a realização da função social da propriedade e garantir o bem-estar de seus habitantes, procurando assegurar:*

*I - o uso socialmente justo e ecologicamente equilibrado de seu território;*

*(...)*

[18] MEIRELLES, Hely Lopes. *Direito Municipal Brasileiro.* 6.ed. São Paulo: Malheiros, 1993, p. 345

*III - a segurança e a proteção do patrimônio paisagístico, arquitetônico, cultural e histórico;*

*IV - a preservação, a proteção, a recuperação do meio ambiente;*

*V - a qualidade estética e referencial da paisagem natural e agregada pela ação humana;*

*Art. 149. O Município, para cumprir o disposto no artigo anterior, promoverá igualmente:*

*(...)*

*VI – o combate a todas as formas de poluição ambiental, inclusive a sonora e nos locais de trabalho;*

*Art. 149-A. A lei ordenará a paisagem urbana, promovendo-a em seus aspectos estético, cultural, funcional, ambiental, a fim de garantir o bem-estar dos habitantes do Município, considerado de modo integrado, o conjunto de seus elementos, em especial os sistemas estruturais, viário e transporte público, a topografia, os cursos d´água, as linhas de drenagem e os fundos de vales, como eixos básicos estruturadores da paisagem".(g.n.)*

O Plano Diretor Estratégico (Lei Municipal nº 13.430/01), instrumento normativo essencial da implementação da política urbana, dispõe, por seu turno:

*"Art. 8º - São objetivos gerais decorrentes dos princípios elencados:*

*V - garantir a todos os habitantes da cidade acesso a condições seguras de qualidade do ar, da água e de alimentos, química e bacteriologicamente seguros, de circulação e habitação em áreas livres de resíduos, de* ***poluição visual*** *e sonora, de uso dos espaços abertos e verdes;*

*Art. 10 - A Política Urbana obedecerá às seguintes diretrizes:*

*VII - a ordenação e controle do uso do solo, de forma a combater e evitar:*

*(...)*

*f) a poluição e a degradação ambiental;*

Recentemente o Município de São Paulo editou a lei nº 14.223/06, conhecida como "Lei Cidade Limpa", que, ao dispor sobre a ordenação da paisagem urbana e a colocação de anúncios publicitários nas edificações públicas e privadas, sofreu diversos ataques que lhe atribuiam a qualidade de norma inconstitucional.

Um dos argumentos utilizados foi o de que a referida lei municipal estaria disciplinando atividade econômica de publicidade/ propaganda mediante a regulamentação de setor empresarial, e, assim, usurpando a competência privativa da União (art. 22, I e XXIX, da Constituição Federal).

Entretanto, a norma municipal, ao dispor sobre matéria urbanística, mais precisamente sobre o meio ambiente urbano, insere-se, inquestionavelmente, na esfera de competências constitucionais do Município.

Como já demonstrado anteriormente, trata-se de limitação urbanística imposta por lei, com vistas à proteção do meio ambiente urbano, para a diminuição da poluição visual na cidade, o que configura nítido interesse local, nos termos do artigo 30,inciso I, da Constituição Federal.

O Tribunal de Justiça do Estado de São Paulo, ao apreciar causa versando sobre a nova lei, consignou tratar-se de legítimo exercício de competência legislativa constitucionalmente atribuída aos municípios.

Assim se decidiu:

"*Nos mesmos votos ainda foi assentado que a lei em comento não cuida de diretrizes a respeito da propaganda, cuja competência legislativa é privativa da União (art. 22, XXIX, da CF) e, como conseqüência, não ocorreu usurpação de competência constitucional pela Municipalidade. Ao contrário, a lei foi editada no âmbito de competência legislativa municipal, a teor dos artigos 30, I e VII, 182, "caput" e § 2º, 225, todas da Constituição Federal*"[19].

Também não pode ser aceita a alegação segundo a qual a lei teria ofendido o princípio constitucional da livre iniciativa.

Não é nenhuma novidade que os direitos previstos na Constituição não são absolutos, devendo ceder espaço à incidência de outros direitos também por ela assegurados, mediante a ponderação e compatibilização entre os valores envolvidos.

---

[19] Agravo de Instrumento nº 623.700-5/6-00 do Tribunal de Justiça do Estado de São Paulo (TJ/SP), Relator Desembargador Reinaldo Miluzzi, V.U., J. 07.05.07

É inegável a importância do princípio da livre iniciativa, mas essa liberdade é indubitavelmente passível de condicionamentos. E é a própria Constituição que deixa margem ao aparecimento de legislações restritivas da liberdade, ao dispor, em seu artigo 170, VI, sobre a necessidade de a ordem econômica, fundada na livre iniciativa, compatibilizar-se com a defesa do meio ambiente.

Não foi outra, nesse particular, a conclusão do Tribunal de Justiça de São Paulo (TJ/SP) no mesmo julgamento a que antes se referiu:

> "*Se de um lado deve observado o princípio da livre concorrência, sendo assegurado a todos o livre exercício de qualquer atividade econômica, de outro é igualmente certo que é dever do Poder Público cuidar da defesa do meio ambiente e do interesse público, que deve prevalecer sobre o privado. E ao artigo 3º da lei aprovada estabelece que constituem objetivos da ordenação da paisagem do Município de São Paulo o atendimento ao interesse público em consonância com os direitos fundamentais da pessoa humana e as necessidades do conforto ambiental, com a melhoria da qualidade de vida urbana*".[20]

Argumenta-se, ainda, que a lei paulistana provocaria a extinção de uma atividade empresarial, ferindo-se o princípio da proporcionalidade.

A esse respeito, é preciso, em primeiro lugar atentar para o fato de que a atividade não será extinta. Da leitura do próprio artigo 21[21] e seguintes da lei depreende-se que restam expressamente permitidos os anúncios indicativos, especiais e provisórios, assim como os publicitários no mobiliário urbano, estes últimos a serem disciplinados por lei.

Não houve, portanto, a proibição do exercício de atividade, cabendo enfatizar, outrossim, que a publicidade se exterioriza pelas mais diversas formas, e não unicamente pelos anúncios colocados no espaço urbano.

A propósito, é sabido que a maior parte dos investimentos nesse setor destina-se à televisão aberta, seguida dos jornais, revistas e rádios, restando aos outdoors e outras mídias fatia nada significativa do mercado.

---

[20] Agravo de Instrumento nº 623.700-5/6-00 do Tribunal de Justiça do Estado de São Paulo (TJ/SP), Relator pelo Desembargador Reinaldo Miluzzi, V.U., J. 07.05.07

[21] Art. 21. A veiculação de anúncios publicitários no mobiliário urbano será feita nos termos estabelecidos em lei específica, de iniciativa do Executivo

Ademais, conforme explicado por publicitários que se mostraram a favor da lei, a publicidade por meio da mídia exterior migrará para outras formas, como é próprio acontecer com atividades essencialmente criativas, cujo conteúdo, amplo, não pode ser confundido com uma específica forma de exteriorização.

Inaceitável, assim, pela própria natureza da atividade publicitária, falar-se em prejuízo ao *direito de informação*, que permanece amplamente assegurado pelo regime jurídico brasileiro.

Nesse contexto, também fica afastada a pretendida ofensa ao princípio da razoabilidade ou proporcionalidade, por meio da qual se estabelece um parâmetro de valoração dos atos do Poder Público.

Com efeito, a regulação da mídia exterior por norma municipal atende ao interesse coletivo na preservação do meio ambiente e na melhoria da qualidade de vida dos cidadãos da urbe. O fim buscado pelo legislador é, portanto, legítimo, e os meios utilizados são condizentes com a degradada situação em que se encontrava a paisagem urbana paulistana.

Por fim, não é demais lembrar que o juízo de mérito sobre os atos legislativos merece redobrada cautela, por interferir na discricionariedade do Poder responsável por expressar a vontade do povo.

Como diz *Luis Roberto Barroso:*

> "*Por ser uma competência excepcional, que se exerce em domínio delicado, deve o Judiciário agir com prudência e parcimônia. É preciso ter em linha de conta que, em um Estado democrático, a definição das políticas públicas deve recair sobre os órgãos que têm o batismo da representação popular, o que não é o caso de juízes e tribunais*"[22]

Sensíveis à importância do tema para cidade de São Paulo, tanto o Tribunal de Justiça do Estado (TJ/SP) como o Supremo Tribunal Federal (STF) reconheceram, em decisões ainda não definitivas, a legitimidade da lei paulistana, razão porque merecem ser transcritos trechos dos julgados:

---

[22] *Interpretação e aplicação da Constituição*, 5.ed, 2003, Saraiva, São Paulo,p. 232

> *"É situação que põe em xeque ato normativo que, até o presente momento, goza de plena presunção de constitucionalidade e que possui manifesto e elevadíssimo grau de interesse público (Lei nº 8.437/92, art. 4º, caput) por buscar promover bem comum de indiscutível essencialidade, indispensável à obtenção de uma melhor qualidade de vida no meio ambiente urbano de um Município que possui, segundo dados do IBGE, 10 milhões de habitantes e 1523 km 2 de área territorial. A decisão ora contestada interfere, portanto, no direito constitucionalmente protegido ao meio ambiente equilibrado, garantido, nos termos do artigo 225 da Constituição Federal, às presentes e futuras gerações"*[23]

> " O risco à ordem pública resulta da continuidade da desordenada publicidade externa, com notória poluição visual e em agressão a direito fundamental de natureza universal, integrante da denominada "terceira geração de fundamentais (...) A continuidade da publicidade externa como ocorre atualmente provoca também risco à saúde pública, garantida pelo direito ao meio ambiente saudável - coletivo e difuso – que, de maior magnitude, preponderam em relação àqueles albergados pelas decisões de primeiro grau de jurisdição e recomendam a suspensão até que esta Corte conheça com maior abrangência e profundidade, o mérito das causas"[24]

O estabelecimento de marcos regulatórios, ainda que rígidos, para a publicidade no espaço urbano por parte dos Municípios se insere em sua esfera de competência, não viola os princípios da livre iniciativa, da proporcionalidade ou da razoabilidade. Ao contrário, protege a paisagem urbana, defende o meio ambiente, e contribui para melhorar a qualidade de vida nas cidades ao reduzir a poluição visual.

---

[23] Suspensão de Liminar nº 161, Supremo Tribunal Federal (STF), Ministro Gilmar Mendes, j. 29.03.07

[24] Suspensão de Liminar nº 145.132.0, TJ/SP, Presidente Desembargador Celso Limongi, j. 01.02.07

# ANOTAÇÕES SOBRE PRESCRIÇÃO EXTINTIVA E AQUISITIVA NO DIREITO AMBIENTAL IMOBILIÁRIO BRASILEIRO

GUILHERME JOSÉ PURVIN DE FIGUEIREDO*

***SUMÁRIO:*** 1. Apresentação do tema. 2. Aspectos históricos. 3. Usucapião na Constituição de 1988. 4. Usucapião e prescrição nas ações de desapropriação indireta à luz do Código Civil e da Súmula 119 do STJ. 5. Usucapião coletiva. 6. Usucapião de espaços territoriais especialmente protegidos. 7. Advocacia Pública ambiental nas ações de Usucapião. 8. Usucapião pela Fazenda Pública. 9. Conclusões.

## 1. APRESENTAÇÃO DO TEMA

Neste breve estudo, desenvolvo algumas novas considerações sobre este tema que tanto aflige as grandes metrópoles brasileiras, pois diz respeito a dois importantes direitos humanos: o direito de moradia e o direito de todos ao meio ambiente ecologicamente equilibrado. Buscarei, aqui, demonstrar que não apenas os bens públicos propriamente ditos, mas também bens essenciais à qualidade de vida de toda a coletividade, mas que podem estar sujeitos ao regime da propriedade privada. Estes bens particulares, por estarem todos submetidos ao princípio da função social da propriedade, têm seu uso

---

* Doutor e Mestre pela Faculdade de Direito da USP. Professor Convidado dos Cursos de Pós-Graduação em Direito Ambiental da PUC-RJ, da PUC-SP e da PUC-PR. Professor do Curso de Graduação em Direito da Universidade São Francisco. Procurador do Estado/SP. Coordenador Geral da APRODAB-Associação dos Professores de Direito Ambiental do Brasil. Diretor Geral da Escola Superior do Instituto Brasileiro de Advocacia Pública-IBAP.

disciplinado por normas de ordem pública, ambientais, sanitárias e urbanísticas. O instituto da usucapião, alicerçado em referido princípio, não pode, portanto, ser invocado com a finalidade de legitimar um uso em desacordo com referidas normas.

Ao final, apresento algumas considerações de ordem prática que afetam especialmente os órgãos de Advocacia Pública brasileiros – Advocacia Geral da União, Procuradorias Gerais dos Estados e dos Municípios – e o Ministério Pùblico, funções essenciais à Justiça que, de acordo com o ordenamento constitucional de 1988, têm um importante papel na defesa dos espaços ambientalmente protegidos.

## 2. ASPECTOS HISTÓRICOS

A usucapião tem origem milenar, sendo conhecidas as suas características principais desde antes do Direito Romano. Constitui uma modalidade de aquisição de propriedade em decorrência de posse mansa e prolongada. Fundamentava-se este instituto no princípio da segurança jurídica.

Nas XII Tábuas, adquiria-se a propriedade mediante usucapião, desde que:

a) O bem usucapiendo fosse suscetível de apropriação, restando ***excluídos os terrenos provinciais e as coisas fora de comércio***, além das ***coisas roubadas ou adquiridas mediante violência***;

b) O possuidor do bem tivesse a intenção de tê-lo como seu (*possessio civilis*) e possuí-lo de boa fé;

c) O título em que a posse se baseasse fosse justo;

d) A posse fosse ininterrupta por, pelo menos, dois anos (para aquisição da propriedade de terrenos) ou um ano (para os demais bens).

A *praescriptio longi temporis,* por seu turno, era um instituto originalmente destinado à defesa processual do réu em ação reivindicatória. Esclarece Thomas Marky: "Trata-se de um instituto de origem grega, que foi criado no fim do II séc. d.C. É uma espécie de *exceptio* na ação reivindicatória, que paralisava a pretensão do autor contra o réu, em virtude de possuir este pacificamente a coisa durante um determinado prazo"[1].

---

[1] MARKY, Thomas. Curso Elementar de Direito Romano. São Paulo, José Bushatsky, Editor : 1971. p. 105.

Justiniano fundiu os institutos da usucapião e da *prescriptio longi temporis*. Esta passou a constituir modalidade de aquisição de propriedade imobiliária, exigindo-se a comprovação da posse por dez anos entre presentes ou vinte anos entre ausentes.

A impossibilidade de usucapião dos terrenos provinciais, no Direito Romano constitui a gênese do princípio da inalienabilidade e imprescritibilidade dos bens públicos.

A insigne Professora Jacqueline Morand-Deviller, examinando o teor do artigo L.52 do "Code du domaine de l'État", segundo o qual os bens de domínio público eram inalienáveis e imprescritíveis, alerta que originalmente a finalidade desta regra consistia em impedir que os reis se desfizessem dos bens da coroa com o fito de obter de recursos financeiros. Num exame das feições contemporâneas do princípio da inalienabilidade, a autora lembra a proteção da afetação dada ao bem dominial, afirmando a força do vínculo entre inalienabilidade e afetação. Por outro lado, o princípio da imprescritibilidade, positivado na França em abril de 1667, impede a usucapião de bens públicos: "Cette règle interdit d'acquérir par **prescription**, c'est-à-dire par possession prolongée, la propriété d'une dépendance du domaine public ou tout autre droit réel immobilier sur ces biens"[2].

## 3. USUCAPIÃO NA CONSTITUIÇÃO DE 1988

Em diversas passagens, a Constituição Federal tratou do instituto da usucapião, hoje fundamentado também no princípio da função social da propriedade: "Todo bem, móvel ou imóvel, deve ter uma função social. Vale dizer, deve ser usado pelo proprietário, direta ou indiretamente, de modo a gerar utilidades. Se o dono abandona esse bem, se se descuida, no tocante à sua utilização, deixando-o sem uma destinação e se comportando desinteressadamente, como se não fosse o proprietário, pode, com tal procedimento, proporcionar a outrem a oportunidade de se apossar da aludida coisa"[3].

Tanto para a aquisição do domínio de imóvel rural como urbano, foram fixadas as seguintes regras:

---

[2] MORAND-DEVILLER, Jacqueline. Cours de Droit Administratif des Biens. 2e. édition. Paris, Montchrestien, 2001. p. 167.

[3] SALLES, José Carlos de Moraes. *Usucapião de Bens Imóveis e Móveis.* 6ª ed. São Paulo : Revista dos Tribunais, 2006, p.49.

a) O prazo de prescrição aquisitiva foi unificado para cinco anos;

b) O imóvel deve ser utilizado como moradia do possuidor ou de sua família;

c) O possuidor não pode ser proprietário de outro imóvel urbano ou rural;

d) A posse deve ser ininterrupta e sem oposição;

e) Sob nenhuma hipótese haverá aquisição de imóvel público por usucapião (art. 183, § 3º e art. 191, par.único).

Na usucapião urbana, a Carta Republicana dispõe que o imóvel não poderá ter mais do que 250 metros quadrados. De acordo com o § 2º do art. 183, a usucapião urbana somente poderá ser reconhecida uma única vez ao mesmo possuidor. Na usucapião rural, o direito brasileiro fixou em 50 hectares o limite das terras usucapíveis e determinou que estas terras deverão ter se tornado produtivas pelo trabalho do possuidor ou de sua família.

Com a Constituição Federal de 1988, para uma adequada observância do princípio da função social da propriedade, o exame da admissibilidade da aquisição de bens imóveis por usucapião passou a exigir a observância, também, das normas de proteção ambiental, tema que será examinado adiante.

## 4. USUCAPIÃO E PRESCRIÇÃO NAS AÇÕES DE DESAPROPRIAÇÃO INDIRETA À LUZ DO CÓDIGO CIVIL E DA SÚMULA 119 DO STJ

Nas inúmeras ações ordinárias de indenização ajuizadas por proprietários particulares em razão da criação de unidades de conservação da natureza ou outros espaços protegidos (como é o caso das áreas de proteção de mananciais de água), alega-se invariavelmente o apossamento administrativo do imóvel. Diante da impossibilidade de ajuizamento de ação reivindicatória em face do Estado, a alternativa do particular será obter provimento jurisdicional que reconheça o apossamento ilegal pelo Poder Público e determine a transferência do domínio do imóvel com o conseqüente pagamento de justa indenização, nos termos do art. 5º, inciso XXIV, da Constituição Federal.

Se há apossamento administrativo, há que se concluir pela admissibilidade de ocorrência de prescrição aquisitiva, vale dizer, de usucapião em benefício do Poder Público. Por tal motivo, por construção pretoriana, às ações assim chamadas de desapropriação indireta foi fixado prazo prescricional diverso daquele expressamente estabelecido pela legislação federal.

Examinemos mais detidamente a questão.

O Código Civil de 1916 estabelecia, em seu art. 550:

> "Aquele que, por vinte anos, sem interrupção, nem oposição, possuir como seu um imóvel, adquirir-lhe-á o domínio, independentemente de título e boa-fé, que em tal caso, se presume, podendo requerer ao juiz que assim o declare por sentença, a qual lhe servirá de título para a transcrição no título de imóveis".

Foi deste dispositivo do Código de 1916 que o STJ buscou os fundamentos para estabelecer, na Súmula 119, a seguinte regra:

> "A ação de desapropriação indireta prescreve em vinte anos".

Esta súmula contrariou frontalmente a regra do art. 1º do Decreto Federal nº 20.910, de 6 de janeiro de 1932, que estabelece o prazo prescricional qüinqüenal para todos os créditos contra o Estado:

> Art. 1º. As dívidas passivas da União, dos Estados e dos Municípios, bem assim todo e qualquer direito ou ação contra a Fazenda federal, estadual ou municipal, seja qual for a sua natureza, prescrevem em cinco anos contados da data do ato ou fato do qual se originaram.

Hoje, porém, adotando-se a regra mais rígida do Código Civil de 2002, que é a do art. 1238, o prazo prescricional do art. 550 do antigo Código Civil foi reduzido para ***quinze anos***. Assim, na pior das hipóteses, referida Súmula do STJ, que já poderia ser considerada ilegal à luz da legislação de 1932 (até hoje em vigor), perdeu sua base de sustentação[4]. O prazo prescricional para o ajuizamento da ação de desapropriação indireta, a ser mantida a argumentação teórico-legal que alicerçou a edição da Súmula 119, haveria de ser de quinze anos a partir de 2002.

### 4.1. Redução do valor de imóvel afetado por legislação protetiva do meio ambiente

Ainda sobre o tema em foco, há que se distinguir as ações reais das pessoais.

---

[4] Sobre o tema, confira-se: SOARES, Amaury José. "Desapropriação e justa indenização. Inconstitucionalidade e anacronismo da Súmula 119 do Superior Tribunal de Justiça". Revista de Direitos Difusos Vol. 29. Rio de Janeiro, ADCOAS : IBAP : APRODAB, 2005, p. 35 e ss.

A Súmula 119 do STJ ou, mais propriamente, o art. 1238 do CC/2002, não podem ser invocados para a fixação de prazos prescricionais mais dilatados do que aqueles estabelecidos no citado Decreto Federal 20.910/32 em toda e qualquer hipótese de incidência de legislação ambiental sobre a propriedade privada.

O prazo prescricional extintivo mais dilatado aplica-se somente em ações fundadas em direitos reais sobre imóveis que foram com tal intensidade afetados por leis ambientais que estas acabem por inviabilizar completamente o exercício dos direitos inerentes ao instituto da propriedade privada. Nestas ações, o pedido exordial será a transferência do domínio do imóvel ao Poder Público, já que estaria fora do alcance do Poder Judiciário declarar a desafetação dos imóveis particulares abrangidos pela legislação ambiental. Nesta hipótese, e tão apenas nela, é que seria lícito traçar um paralelo entre o prazo prescricional aquisitivo de 20 anos da usucapião do art. 550 do antigo Código Civil ou de 15 anos do art. 1238 do novo Código Civil e o direito do proprietário do imóvel de pleitear judicialmente a indenização.

Não é o caso dos pedidos de indenização por suposta redução do valor do imóvel ou em decorrência dos gastos havidos pelo proprietário do imóvel pela assumpção de novas obrigações, ou seja, pedidos que culminem, não com a transferência do bem imóvel ao Estado, mas com o pagamento de indenização. Neste caso, é insofismável a aplicação da regra do Decreto n. 20.910/32, pois aqui trata-se de ação pessoal e não de ação de desapropriação indireta. Em magnífico acórdão relatado pelo Desembargador Torres de Carvalho, assim decidiu a Câmara Especial do Meio Ambiente do Tribunal de Justiça do Estado de São Paulo na Apelação Cível n. 453.953-5/6-00:

> "...estas ações – indenização não por apossamento, mas por limitação administrativa – são sempre pessoais e prescrevem em cinco anos. Mas, ainda que se admita o enquadramento inicial como desapropriação indireta, o resultado aqui é o mesmo. Uma leitura menos restrita, mais flexível, implica na apreciação de um pedido de indenização decorrente não exatamente do apossamento administrativo (que, no caso concreto, é conseqüência da limitação) mas da menos valia da propriedade, então teremos uma ação de indenização comum, de natureza pessoal, cujo prazo prescricional é de cinco anos nos termos do art. 1º do DF n. 20.910/32. Esse é o caso dos autos: definido que a hipótese concreta não implicou em apossamento administrativo; que as limitações administrativas não aniquilaram o uso da propriedade, que os autores teriam direito,

quanto muito, a uma indenização pela menos valia, seria caso de reconhecer – caso a alguma indenização os autores fizessem jus – a prescrição consumativa.

A rejeição da preliminar no saneamento do feito, ainda que confirmada pelo Tribunal de Justiça e pelo Superior Tribunal de Justiça, não impede, postas estas premissas, o reconhecimento da prescrição neste momento. A decisão lá foi baseada em premissas diversas: o apossamento e a desapropriação indireta do bem, a instrução do processo demonstrou que os fatos não são esses e que a prescrição há de regular-se por outra premissa: simples indenização de natureza pessoal a atrair o prazo usual que beneficia a Fazenda Pública.

..............................................................................................................

Resumindo:

a) o apossamento físico, material, é elemento necessário à configuração da desapropriação indireta. Sem ele não cabe falar em ação real, nem ação de desapropriação indireta, nem em prescrição vintenária;

b) a ação de indenização, em caso de limitação administrativa que implique em esvaziamento do conteúdo econômico da propriedade, é pessoal e prescreve no prazo de cinco anos. A transferência da propriedade para o Estado é conseqüente ao pagamento da indenização, mera decorrência dele, não o antecedente ou fundamento do pagamento. A ação se presta, diretamente, a indenizar o proprietário da valia que a propriedade perdeu, tanto por tanto, e não implica, sempre e necessariamente, na transferência do domínio para o Poder Público;

c) o esvaziamento do conteúdo da propriedade ocorre quando <u>nenhum</u> uso resta para ser-lhe dado, sua aferição é questão de prova e depende de demonstrar, o interessado, a existência e extensão do conteúdo econômico que diz ter sido esvaziado, dentro das limitações e restrições pré-existentes (...)"[5].

---

[5] Por sua excelência, o acórdão mereceria transcrição integral. Por amor à concisão e para não nos afastarmos dos limites do estudo aqui feito, porém, remetemos o leitor ao exame de sua íntegra no site do Tribunal de Justiça do Estado de São Paulo e tão somente concluímos a transcrição do restante do resumo oferecido pelo insigne Desembargador Relator: "d) a avaliação da terra nua e da cobertura vegetal em separado vem gerando distorções e elevando artificialmente o valor da indenização a ser paga pelo Estado. A avaliação deve indicar o valor de mercado da área a ser indenizada, não valor maior como vem ocorrendo; e) o valor da área

Considerando a existência de diferentes prazos prescricionais para as duas ações, cinco anos para as ações pessoais e, a partir da vigência do Código Civil de 2002, quinze anos para as ações reais, torna-se inviável a aplicação do princípio da fungibilidade. Não há como admitir que, nas ações de desapropriação indireta seja pleiteado alternativamente o pagamento de indenização por mera limitação administrativa não seguida de transferência do imóvel para o Estado, pois os argumentos que fundamentariam o segundo pedido infirmariam o próprio pedido principal e, também, porque não seria lícito ao postulante de um direito pessoal beneficiar-se do prazo prescricional próprio das ações reais.

## 4.2. Destinação da indenização por simples restrições ambientais

Eventual indenização devida pelo Poder Público nas ações pessoais somente pode decorrer dos gastos que o proprietário assumiu a partir do advento da lei ambiental que estabeleceu as restrições ao exercício do direito de propriedade.

Caso contrário, estaríamos diante de hipótese de enriquecimento sem causa do proprietário do imóvel (ou, o que é quase o mesmo, de condenação por perda de expectativa de lucros): um imóvel de preço X (de acordo com as declarações feitas pelo próprio titular do imóvel à Fazenda Municipal, para cálculo do IPTU, ou à Fazenda Federal, para cálculo do ITR) passa a ter preço X + 1000% em razão do mero advento de lei que o incluiu no perímetro de, digamos, uma simples APA municipal ou federal.

A condenação do Estado ao pagamento de indenização, quando não acompanhada da transferência de titularidade do imóvel, portanto, deve limitar-se ao ressarcimento dos novos gastos assumidos pelo proprietário para a adequação do seu imóvel às exigências ambientais. Isto porque não seria lícita uma condenação por frustração de mera expectativa de direito, digamos, de parcelar um imóvel que num dia incerto poderia ser utilizado para a construção de uma indústria poluidora.

---

rural deve ser comparado com o de outras áreas rurais, não com terrenos urbanizados ou urbanizáveis como se vê em diversas ações; o perito deve indicar cumpridamente qual a destinação natural da área, incluindo os trabalhos de conservação posteriores ao desmate, levando em conta as restrições existentes ao tempo da criação do Parque. Não é o que vem sendo feito; f) indeniza-se o prejuízo efetivo ou o potencial, quando demonstrada a razoabilidade dele vir a converter-se em renda. Não se pode ter a regra da indenizabilidade como imune a prova contrária, como vem fazendo os Tribunais Superiores" (Acórdão Registrado sob n. 01327125 e que teve a participação dos Desembargadores J.G.Jacobina Rabello – Presidente, sem voto -, Renato Nalini e Regina Capistrano).

Nada mais adequado, portanto, que a sentença judicial que eventualmente reconheça o dano causado ao particular por uma lei ambiental, também estabeleça que o montante da condenação reverta em benefício do meio ambiente, ou seja, para fazer face às despesas que periodicamente o proprietário do imóvel terá para conservar incólume o bem ambientalmente protegido (despesas com equipamentos contra incêndio, contenção de encostas no caso de erosão do solo, demolição de construções irregulares). Inadmissível será conceder a indenização e permitir, por exemplo, que o proprietário abandone o imóvel, causando sua degradação ambiental e urbanística.

## 5. USUCAPIÃO COLETIVA

O Estatuto da Cidade, dando materialidade às regras trazidas pelo novo ordenamento constitucional, estabeleceu as novas regras para usucapião de áreas urbanas.

O Estatuto da Cidade estabelece em seu art.9º:

> "Aquele que possuir como sua área ou edificação urbana de até 250 $m^2$ (duzentos e cinqüenta metros quadrados), por 5 (cinco) anos, ininterruptamente e sem oposição, utilizando-a para sua moradia ou de sua família, adquirir-lhe-á o domínio, desde que não seja proprietário de outro imóvel urbano ou rural".

Como visto, nada foi acrescido ao ordenamento jurídico que não estivesse já previsto na Constituição de 1988.

O art. 10, por seu turno, trata da usucapião coletiva, destinada especialmente para a regularização fundiária de favelas, pressupondo:

a) Áreas urbanas de mais de 250 $m^2$;

b) Ocupação por população de baixa renda;

c) Utilização como moradia;

d) Ocupação ininterrupta por cinco anos;

e) Ocupação sem oposição;

f) Impossibilidade de identificação dos terrenos ocupados por cada possuidor;

Os possuidores não poderão ser proprietários de outro imóvel urbano ou rural e a sentença de procedência da usucapião coletiva atribuirá a cada possuidor igual fração ideal de terreno, independentemente da dimensão do terreno que cada um ocupe, podendo, porém, esta regra ser derrogada por acordo escrito entre os condôminos. André Gustavo de Almeida Geraldes, porém, ao discorrer sobre usucapião especial de imóvel urbano, traz esta importante ponderação:

> "O instituto jurídico em tela, analisado em face da tutela jurídica dos mananciais, leva-nos a concluir que o dever de observância dos requisitos indispensáveis para usucapir, previstos na Carta Política e no Estatuto da Cidade, não exclui a necessidade de preenchimento de outros requisitos suplementares presentes nas demais legislações".
>
> "No caso das áreas de mananciais da Região Metropolitana de São Paulo, as leis de proteção aos mananciais estabelecem padrões de ocupação para esses locais, que não podem ser desprezados numa ação de usucapião. Exemplificativametne, em uma ação de usucapião especial coletiva proposta por uma [associação] de moradores de uma favela situada nas margens da Represa Billings, o magistrado terá que verificar se além dos requisitos tradicionalmente exigidos para a usucapião especial urbana coletiva, o assentamento não fere os dispositivos da legislação ambiental estadual de proteção aos mananciais"[6].

Nesse sentido, embora o Estatuto da Cidade não leve em conta a população por metro quadrado, em áreas de proteção de mananciais de água há que considerar a densidade populacional (número de ocupantes por metro quadrado). Vale dizer, a metragem quadrada da fração ideal não poderá ser inferior aos índices estabelecidos pela legislação relativa à regularização fundiária nesses espaços protegidos.

## 6. USUCAPIÃO DE ESPAÇOS TERRITORIAIS ESPECIALMENTE PROTEGIDOS

Dentre os bens imóveis, especial atenção merecem aqueles afetados para a promoção do direito ao meio ambiente ecologicamente equilibrado.

A seguir serão apresentados alguns desses espaços insuscetíveis de usucapião.

---

[6] GERALDES, André Gustavo de Almeida. Tutela jurídica dos mananciais. São Paulo, Juarez de Oliveira, 2004. P. 76.

### 6.1. Terrenos reservados e suas matas ciliares

As margens dos rios navegáveis merecem especial proteção jurídica em razão da sabida influência recíproca que existe entre a flora, a qualidade das águas, a fauna e a perenidade dos próprios rios. A esta categoria de bem público dá-se o nome de ***terrenos reservados***.

Alfredo Valladão, na pág. XIV do Histórico do Projeto de Código de Águas, tratando da margem externa dos rios (zona de terreno circunstante, que confina com a ribanceira), afirma: "Pelo nosso direito, constituíam elas (as margens externas) uma categoria dos bens públicos sob o título *terrenos reservados,* tradição que resolvi respeitar"[7].

De fato, desde a Lei Orçamentária n. 1507, de 26/9/1867, o direito brasileiro prevê a existência dos terrenos reservados que, como bem ressalta Antonio de Pádua Nunes, constituem uma figura jurídica diferente da expressão "margem externa": "O terreno reservado é criado para um determinado objetivo e tem marco inicial e extensão que lhe dá a lei e não a natureza"[8].

O Código Florestal de 1965 veio fortalecer a importância deste bem público, adotando a expressão "área de preservação permanente" para uma série de espaços territoriais, dentre os quais as margens dos rios (inclusive os não navegáveis). Assim, seja em razão do impeditivo constante do Código de Águas, que as considera bens públicos, seja em decorrência das imposições estabelecidas no Código Florestal, que proíbe seu uso, é de se concluir que os terrenos reservados e as matas ciliares que os integram são insusceptíveis de serem usucapidos.

### 6.2. Margens de reservatórios de água naturais ou artificiais

A proteção da qualidade da água para abastecimento humano constitui exigência fundamental diretamente voltada à implementação dos Direitos Humanos. A esse respeito, pontifica a Prof. Jacqueline Morand-Deviller: "L'eau, essentiellement l'eau douce, est une richesse nationale dont la protection s'impose d'um point de vue quantitatif et qualitatif"[9].

---

[7] Apud NUNES, Antonio de Pádua. Do terreno reservado de 1867 à faixa florestal de 1965. São Paulo : Revista dos Tribunais, 1977. p. 3. O ilustre autor do Projeto de Código de Águas, respondendo os pareceres enviados pelos governos estaduais sobre o texto legislativo, já na primeira metade do século passado destacava: "Estreita é a relação que existe entre a proteção às florestas e o Código de Águas, sabida a influência que as mesmas exercem sobre o regime das águas" (id., p.42).

[8] Ob. Cit., p. 9. Não me estenderei no exame das diferenças entre as margens dos rios navegáveis e as dos que os tornam navegáveis. Para aprofundamento do tema, recomendo a leitura do já mencionado livro de Antonio de Pádua Nunes.

[9] MORAND-DEVILLER, Jacqueline. L'environnement et le droit. Paris, LGDJ, 2001, p. 89.

No Direito Ambiental brasileiro, merece referência imediata o art. 2º, letra "b", do Código Florestal, que considera de preservação permanente as florestas e demais formas de vegetação natural situadas ao redor dos lagos, lagoas ou reservatórios d'água naturais e artificiais.

O art. 3º da Resolução CONAMA n. 302/2002, por sua vez, regulamenta o dispositivo do Código Florestal acima mencionado, fixando em trinta metros a APPs em reservatórios artificiais situados em áreas urbanas consolidadas e em cem metros para áreas rurais.

No Estado de São Paulo, a proteção das áreas de mananciais de água está cristalizada no art. 197, inciso II, da Constituição Paulista de 1989, que denomina as nascentes, os mananciais e as matas ciliares de "áreas de proteção permanente", sem esclarecer o significado específico da expressão (se APPs, como definidas no Código Florestal, ou se APAs, unidades de conservação da natureza de uso sustentável)[10]. Encarregam-se de melhor definir o *status* jurídico das áreas de mananciais as Leis Estaduais 898/75, 1172/76, 9866/97, 11.216/02 e 12.233/06, esta especialmente voltada à Área de Proteção e Recuperação dos Mananciais da Bacia Hidrográfica do Guarapiranga.

De acordo com as expressivas palavras de Rebecca Bratspies, Associate Professor da CUNY School of Law, "New York City has spent millions of dollars purchasing and preserving land upstate in order to keep water at drinking water quality and thus avoiding spending billions on a water filtration system"[11].

Trazendo esta questão para o foco deste estudo, não há que se dar guarida a pedidos de usucapião de áreas ocupadas irregularmente em áreas de captação de água para abastecimento da coletividade. Paradigmática, portanto, a sentença prolatada pelo MM Juízo da 2ª Vara Judicial de Itapecerica da Serra, nos autos da ação de usucapião n. 168.01.2004.013951-0 e publicada no DOE/SP de 29/6/2007, acolhendo as advertências levadas pelos procuradores do Estado e do Município acerca da ilegal ocupação de espaço protegido:

"..............................................................................................

---

[10] FIGUEIREDO, Guilherme José Purvin de. A propriedade no Direito Ambiental. 2ª Ed. Rio de Janeiro : ADCOAS, 2005, p. 244.

[11] Transcrição de e-mail de Rebecca Bratspies enviada para o grupo de debates envlawprofessors@lists.uoregon.edu no dia 12 de junho de 2007. Assunto: Ecosystem services and the urban environment. Para maiores detalhes sobre a experiência de Nova York na proteção de suas áreas de mananciais, sugiro o acesso ao site da Envirnmental Protection Agency - EPA, em especial a página http://www.epa.gov/Region2/water/nycshed/

O Estado a fls. 104/105, informou que a área em que se encontra o imóvel está em área de proteção aos mananciais, bem como a área em que a requerente exercem a posse é inferior ao lote mínimo previsto por lei. A Municipalidade informou que o imóvel está em perímetro urbano e que se originou de parcelamento irregular do solo (fls. 110). O representante do Ministério Público se manifestou pela improcedência do feito.

É O RELATÓRIO. FUNDAMENTO E DECIDO.

O feito comporta julgamento antecipado, nos termos do art. 330, inciso I, do Código de Processo Civil, eis que despicienda a produção de prova oral em audiência. Isso porque, a prova documental acostada aos autos é suficiente para o deslinde do feito. Desnecessário, também, que seja realizada prova pericial. No mérito, o pedido é improcedente. Os requisitos da usucapião são: coisa hábil, justa causa, boa-fé, posse e tempo. A pretensão da requerente esbarra logo no primeiro requisito exigido. A doutrina ensina: 'Esclareceram-se então os seguintes requisitos para o usucapião, mantidos na lei e na doutrina modernas: res habilis (coisa hábil), iusta causa (justa causa), bona fides (boa-fé), possessio (posse) e tempus (tempo). (...) Cuida-se da res habilis. Os bens fora do comércio, não podendo ser objeto de posse, não poderão ser adquiridos por usucapião.Os bens públicos, como regra geral e por força de lei, não podem ser usucapidos. O Decreto nº 19.924/31 espancou dúvida até então reinante a respeito da impossibilidade de usucapião de bens públicos'. (VENOSA, Silvio de Salvo. Direito Civil. Vol V. 5ª Ed. Ed. Atlas Jurídico. p. 217) Consoante informações do Estado de São Paulo e do Município de Itapecerica da Serra, a área na qual a requerente exerce sua posse é decorrente de parcelamento irregular do solo, conforme fls. 104/105 e 110. Ninguém pode adquirir direito contra a lei. O tempo convalida a posse, mas não invalida a lei. A posse em área de proteção a mananciais, em área inferior àquela permitida por lei, não pode ser beneficiada com a usucapião. Assim, como bem ressaltou o ilustre membro do Ministério Público, o pedido inicial se mostra veiculado contra a lei. Deste modo, não detém a requerente coisa hábil a ser usucapida, pelo que suas pretensões não podem prosperar. Por estas mesmas razões, é desnecessária qualquer prova pericial ou oral, o que somente seria cabível para comprovação dos demais requisitos exigidos para o usucapião. Ante o exposto, JULGO IMPROCEDENTE o pedido deduzido na inicial. Custas pela autora. P. R. I.

Itapecerica da Serra, 28 de maio de 2007. DIÓGENES LUIZ DE ALMEIDA FONTOURA RODRIGUES Juiz Substituto".

Não se conclua, porém, que uma área de preservação permanente (APP) não possa ser jamais usucapida. Isto será possível, mas isto desde que integre um imóvel maior, que conte com outros espaços passíveis de edificação ou uso agrário. Nesta hipótese, o possuidor do imóvel poderá obter o título de domínio (propriedade) de todo o imóvel. A sentença judicial, porém, declarará que os espaços protegidos pelo art. 2º da Lei n. 4771/65 (Código Florestal) deverão ser preservados.

Impossível será usucapir imóvel ***integralmente*** localizado numa APP ou em área de proteção de mananciais de primeira categoria pois, nesta hipótese, o uso estará em desacordo com a legislação ambiental e, por conseqüência, com o princípio da função social da propriedade que norteira o próprio instituto da usucapião.

## 6.3. Espaços ocupados por grupos formadores participantes do processo civilizatório nacional

A Constituição Brasileira refere-se expressamente às populações indígenas e afro-brasileiras como grupos participantes do processo civilizatório nacional (art. 215, § 1º). Em outras passagens, confere a esses dois grupos determinados privilégios, sobretudo no que diz respeito à ocupação de espaços territoriais.

### *6.3.1. Terras indígenas*

As terras tradicionalmente ocupadas pelos indígenas são, nos termos do art. 231, § 4º, da Constituição Federal, inalienáveis e indisponíveis. Os direitos sobre elas são imprescritíveis. O § 6º desse artigo, aliás, declara nulos e extintos, não produzindo efeitos jurídicos, os atos que tenham por objeto a ocupação, o domínio e a posse dessas áreas, não gerando a nulidade e a extinção direito a indenização ou a ações contra a União. Vale dizer, adota-se a regra da impossibilidade de usucapião destas áreas. A rigor, esta conclusão pode também ser alcançada pela simples aplicação do art. 20, inc. XI, da Constituição Federal, que afirma que as terras tradicionalmente ocupadas pelos índios são bens da União – e, portanto, bens públicos insuscetíveis de serem usucapidos.

Os direitos dos índios sobre essas áreas são possessórios. As terras destinam-se à sua posse permanente, cabendo aos índios, nos termos do § 2º do citado artigo, o usufruto exclusivo das riquezas do solo, dos rios e dos lagos nelas existentes.

### *6.3.2. Remanescentes de Quilombos*

Por outro lado, o art. 68 do Ato das Disposições Constitucionais Transitórias reconheceu a propriedade definitiva das terras dos remanescentes das comunidades dos quilombos que as estivessem ocupando no momento da promulgação da Constituição Federal.

O direito alcança terras devolutas que, de outra sorte, seriam insusceptíveis de usucapião. No caso de alcançarem propriedade privada, evidentemente a aquisição da propriedade sempre pôde ser alcançada pela via da usucapião, sem a necessidade de o Estado desapropriar para outorga do título aos remanescentes de quilombos.

De toda sorte, é certo afirmar que, tendo sido reconhecida constitucionalmente a propriedade destas terras aos remanescentes das comunidades dos quilombos, cessa qualquer incerteza jurídica no que concerne à titularidade dos imóveis, restando tão somente estabelecer o perímetro da área de fato utilizada.

A tal respeito, não é lícito ser traçada qualquer analogia com as dimensões reservadas às terras indígenas. Quilombos não eram territórios de nações vencidas pelo europeu, constituíam sim pólos de resistência e luta contra a escravidão. Assim, as dimensões dos sítios remanescentes de quilombos devem corresponder à área efetivamente cultivada pelos seus tradicionais ocupantes. Uma vez concedidos os títulos respectivos pelo Estado, estas comunidades terão o reconhecimento da propriedade coletiva dos imóveis, que não poderá ser usucapida por terceiros estranhos ao grupo étnico formador da cultura brasileira beneficiado pela norma constitucional.

Não é demais lembrar que índios e remanescentes de quilombos estão sujeitos às mesmas leis ambientais aplicáveis em face de todo o restante da população brasileira. Gozam de prerrogativas especiais destinadas à proteção de sua cultura, muitas delas inspiradas em políticas de ações afirmativas, mas isso não lhes confere nenhuma imunidade diante das regras fixadas no Código Florestal, na Lei do Sistema Nacional de Unidades de Conservação ou na Lei de Crimes e Infrações Administrativas Ambientais, por exemplo.

### 6.4. Espaços insuscetíveis de parcelamento do solo

As várzeas e os fundos de vales não são espaços adequados para a ocupação humana, em razão do risco constante de inundação. Ademais, sua impermeabilização acarreta prejuízos graves nas metrópoles, na medida em que aumenta a intensidade da corrente das águas pluviais. Não devem, por isso, ser consideradas terras usucapíveis.

Impõe-se, igualmente, a vedação da ocupação humana de terrenos aterrados com produtos tóxicos. O conhecido caso do "Condomínio Barão de Mauá", em que foi construído um conjunto residencial sobre um depósito clandestino de resíduos industriais, é apenas um dentre muitos exemplos dos graves riscos decorrentes do desrespeito a regras elementares de direito ambiental e sanitário.

A Lei n. 6.766/79 estabelece no parágrafo único de seu art. 3º que não será permitido o parcelamento do solo em terrenos alagadiços e sujeitos a inundações, antes de tomadas as providências para assegurar o escoamento das águas, em terrenos que tenham sido aterrados com material nocivo à saúde pública, sem que sejam previamente saneados, em terreno com declividade igual ou superior a 30% (trinta por cento), salvo se atendidas exigências específicas das autoridades competentes, em terrenos onde as condições geológicas não aconselham a edificação ou em áreas de preservação ecológica ou naquelas onde a poluição impeça condições sanitárias suportáveis, até sua correção. São exigências primárias de natureza sanitária e ambiental que limitam as hipóteses de usucapião.

## 7. ADVOCACIA PÚBLICA AMBIENTAL NAS AÇÕES DE USUCAPIÃO

Ao contrário do que ocorre no ordenamento processual civil coletivo, onde diversas prerrogativas processuais foram conferidas ao Ministério Público, dando-lhe um destaque significativo no acompanhamento de ações civis públicas e ações populares ambientais, nas ações de usucapião nenhuma prerrogativa especial lhe foi reservada[12].

---

[12] Sobre a intervenção do Ministério Público nas ações de usucapião: SALLES, José Carlos de Moraes. *Usucapião de Bens Imóveis e Móveis.* 6ª ed. São Paulo : Revista dos Tribunais, 2006. pp.245-250. Confira-se, dentre muitos outros atos normativos: Recomendação Técnica Jurídica n. 001/2003, do Procurador Geral de Justiça e da Corregedora-Geral do Ministério Público do Estado de Tocantins que, no art. 4º, inc. IX, afirma a desnecessidade da intervenção ministerial nas ações de usucapião de imóvel regularmente registrado, ou de coisa móvel, ressalvadas as hipóteses da Lei nº 10.257, de 10 de julho de 2001, salvo se houver interesse de incapazes. Ou,

Sua intervenção obrigatória (art. 944 do CPC) destina-se essencialmente à fiscalização da lei (*custos legis*), e não à atuação como parte ou substituto processual.

No entanto, a Constituição Federal e a legislação ordinária conferem inequívoca titularidade para a defesa do meio ambiente e da ordem urbanística aos órgãos de Advocacia Pública em sede de usucapião.

Nos termos do art. 225, "caput", da Constituição Federal, compete ao Poder Público e à coletividade o dever de defender e preservar o meio ambiente ecologicamente equilibrado para as presentes e futuras gerações. O Poder Público é representado em juízo por seus órgãos de Advocacia Pública: a Advocacia-Geral da União é a instituição que, diretamente ou através de órgão vinculado, representa a União, judicial e extrajudicialmente (CF, art. 131); os Procuradores dos Estados e do Distrito Federal, organizados em carreira, na qual o ingresso dependerá de concurso público de provas e títulos, exercerão a representação judicial e a consultoria jurídica das respectivas unidades federadas (CF, art.132).

Nos termos do art. 943 do CPC, a Fazenda Pública (federal, estadual e municipal) será intimada em todas as ações de usucapião para que manifeste interesse na causa. Trata-se, sem dúvida, de tarefa imprescindível para evitar-se a consolidação de ocupações irregulares de espaços protegidos e prováveis futuras ações civis públicas em face do próprio Poder Público.

José Carlos de Moraes Salles afirma que "na maioria esmagadora dos casos, a Fazenda Pública não terá interesse na ação de usucapião"[13]. Esta assertiva, porém, leva em consideração apenas o interesse patrimonial imobiliário do Estado (contestação do pedido em razão de tratar-se de bem público ou lindeiro). Ocorre que ao Advogado Público, nas ações de usucapião, não mais são reservadas apenas estas singelas atribuições. Mais do que a defesa patrimonial do bem público, hoje cabe aos Procuradores do Estado de todo o país averiguarem com rigor se os imóveis usucapiendos encontram-se inteiramente localizados em espaços protegidos insusceptíveis de uso, imóveis onde, por força das restrições ambientais, não será possível a regularização da ocupação antrópica.

---

ainda, o Ato Normativo n. 15/2006, do Procurador Geral de Justiça do Ministério Público do Estado da Bahia que, em seu art. 1° e incisos III e IV, afirma que a intervenção do Ministério Público, quando atuar como *custos iuris* e inexistindo interesse de incapaz, poderá ser considerada nas ações de usucapião de coisa móvel e nas nas ações de usucapião de imóvel regularmente registrado, ressalvadas as hipóteses da Lei n° 10.257/2001.

[13] SALLES, José Carlos de Moraes. *Usucapião (...)*, cit., p. 231.

Uma vez recebida a peça inicial, deverá o Procurador do Estado pesquisar se as coordenadas geográficas do imóvel usucapiendo constituem ou confrontam com próprio estadual, terra devoluta ou espaço onde ocorrem conflitos dominiais (vg, objeto de ação discriminatória em curso ou ações de desapropriação direta ou indireta).

Concomitantemente ou, se for imprescindível, logo após a obtenção destas informações pelo órgão de Engenharia da instituição, exista ou não interesse patrimonial do Estado, caberá ao Procurador do Estado obter junto à Secretaria de Estado do Meio Ambiente (ou órgão da administração direta competente) todas as informações referentes às restrições ambientais naquele espaço geográfico, tais como tombamento ambiental, unidade de conservação, área de proteção de mananciais, área de preservação permanente, espaço protegido pela Lei da Mata Atlântica, localização em área cujo parcelamento do solo é vedado pela Lei n. 6766/79 etc.

É de todo conveniente, também, que o Procurador do Estado acompanhe as perícias no imóvel, formulando quesitos pertinentes à aplicação da legislação ambiental.

Estas restrições, se existentes, serão imediatamente comunicadas ao juízo, devendo o Procurador do Estado requerer que seus termos sejam averbados em registro, na hipótese de procedência da ação. Não há que se colocar em dúvida a possibilidade de registro destas características do imóvel. O art. 176, § 1º, II, n.3, letras "a" e "b", da Lei de Registros Públicos, dispõe que a indicação do imóvel rural (letra "a") ou urbano (letra "b") na escrituração do Livro n. 2 (Registro Geral), destinado à matrícula dos imóveis e ao registro ou averbação dos atos relacionados no art. 167 e não atribuídos ao Livro n. 3 será feita com indicação das suas características, confrontações, localização e área. Estas características não são unicamente as físicas mas, também, as jurídicas[14]. Nas áreas rurais, deverá ser exigida a averbação da reserva legal, caso ainda não existente.

Em obediência aos princípios da publicidade do registro de imóveis e da informação ambiental, as características legais dos imóveis usucapiendos devem, sempre, ser descritas. De se destacar, por oportuno, que, não obstante ausentes referências a esta modalidade de

---

[14] Não dissentiu de nosso entendimento o ilustre Prof. Gilberto Passos de Freitas, Corregedor Geral do Tribunal de Justiça do Estado de São Paulo, por ocasião da Jornada de Advocacia Pública Ambiental, promovida em 25 de junho de 2007 pela Procuradoria Geral do Estado de São Paulo.

averbação no art. 167, II, da Lei 6.015/73, o art. 246, *caput,* do mesmo diploma legal, torna claro que o rol de hipóteses de averbação discriminadas na Lei de Registros Públicos tem caráter meramente exemplificativo, como aliás, brilhantemente exposto em parecer submetido ao Corregedor Geral de Justiça do Estado de São Paulo, no sentido de admitir a "possibilidade de averbação enunciativa ou de mera notícia, no Estado de São Paulo, de *termo* ou *declaração* de área contaminada oficialmente emitido pela Cetesb, observadas as cautelas mencionadas, nas matrículas dos imóveis atingidos por contaminação de produtos tóxicos e perigosos"[15].

A União, os Estados e os Municípios estão legitimados, como parte interessada, para recorrer das decisões judiciais que desconsiderarem o pleito de registro público das características legais ambientais dos imóveis usucapiendos ou das sentenças que julgarem procedente ação de usucapião sobre área insusceptível de regularização ambiental imobiliária[16].

Ademais, a notícia de inequívoca lesão de interesse difuso poderá ensejar a propositura de ação civil pública ambiental a ser ajuizada pelo Poder Público em face do degradador.

## 8. USUCAPIÃO PELA FAZENDA PÚBLICA

Já de há alguns anos vem sendo cogitada, no seio da Advocacia Pública, a pertinência de vir a ser requerida usucapião, que constitui uma das formas originárias de se adquirir a propriedade, para fins de regularização fundiária de unidades de conservação. Talvez um dos grandes entraves para a implementação desta proposta seja a manutenção da lógica das defesas do Estado nas ações de desapro-

[15] MIRRA, Álvaro Luiz Valery; VILLA NOVA, Ana Luiza; MAIA FILHO, Roberto; AMADEI, Vicente de Abreu. Registro de Imóveis. Cadastramento de áreas contaminadas sob a responsabilidade da Cetesb, qualificado com presunção de veracidade e legalidade, própria dos atos da Administração Pública. Interesse público que envolve a referida matéria ambiental e que impõe amplitude de informação. Segurança jurídico-registral, estática e dinâmica, que reclama concentração da notícia de contaminação, oficialmente declarada, no fólio real. Integração do Registro Predial na esfera da tutela ambiental. Admissibilidade da publicidade registral das áreas contaminadas por substâncias tóxicas e perigosas, por averbação enunciativa de '*declaração*' ou '*termo*' emitido pela Cetesb. Inteligência do art. 246 da Lei de Registros Públicos. Consulta conhecida, com resposta positiva. *In:* Revsita de Direito Ambiental. Vol. 44. São Paulo : Revista dos Tribunais, Out-Dez/2006. Pág.353.

[16] Este entendimento foi compartilhado pelo Ministro Antonio Herman V. Benjamin, do Superior Tribunal de Justiça, por ocasião de sua palestra de abertura da Jornada de Advocacia Pública Ambiental, promovida pela PGE-SP em 25/6/07.

priação indireta, sempre voltada à premissa de que não há apossamento administrativo e que eventuais restrições de natureza normativa ambiental nada mais são do que consectário do princípio da função social. Seria, assim, por demais ousado se arriscar o Estado a dizer que houve efetivo apossamento administrativo[17]. No entanto, o tema merece maior reflexão.

José Carlos de Moraes Salles lembra que a Fazenda Pública "poderá ser, também, autora de ação de usucapião, pois, como se asseverou em acórdão do Tribunal de Justiça de São Paulo, publicado na JTJ 200/170, 'embora raras as ações de usucapião movidas por entes públicos, nenhuma restrição existe em nosso sistema legal que inviabilize a pretensão, podendo a União, os Estados, o Distrito Federal, os Municípios e as respectivas autarquias formular pedido de declaração visando a aquisição de bens pela posse longeva, quer em ação, quer em exceção, contato que comprovem a ocorrência de todos os requisitos necessários à prescrição aquisitiva'. Daí a ementa do referido acórdão, nos seguintes termos: 'Usucapião – Fazenda Pública – Ação por ela ajuizada – Legitimidade de parte ativa – Recurso não provido'. No mesmo diapasão, confira-se a *RT* 726/244"[18].

Na luta contra a indústria das indenizações ambientais milionárias e em oposição à jurisprudência que sepultou as expressas disposições do Decreto n. 20.910/32 e mantém a vigência da Súmula STJ n. 119, mesmo depois do advento do Código Civil de 2002, é de se indagar se não passaria a ser mais adequada a apresentação de exceção de usucapião nas ações de desapropriação indireta decorrentes da edição de leis, muitas elas datadas de há mais de quinze anos da distribuição do feito. Áreas de proteção ambiental, áreas de relevante interesse ecológico, monumentos naturais e refúgios de vida silvestre, à luz da Lei n. 9985/00, prescindem totalmente de transferência do domínio para o Poder Público. A observância do Código Florestal é premissa legitimadora do próprio direito de propriedade. No entanto, cada acórdão avesso ao princípio da função social da propriedade e à proteção do erário contribui para a retração na implementação dos princípios da

---

[17] Anais do 1º Encontro Nacional de Advogados dos Órgãos Estaduais de Meio Ambiente – "A Administração Pública na Proteção do Meio Ambiente". Transcrição dos debates propostos por Antônio Teleginski, do Instituto Florestal de São Paulo, após a Mesa 2, de 27/22/2002 ("Normas Ambientais, Direito de Propriedade e Meio Ambiente"), formada por Guilherme José Purvin de Figueiredo, José Robson da Silva e Márcia Dieguez Leuzinger. Curitiba : Instituto Ambiental do Paraná e Secretaria de Estado do Meio Amb iente e Recursos Hídricos do Paraná, 2004. Pp. 73.74.

[18] SALLES, José Carlos de Moraes. *Usucapião (...)*, cit., p. 199.

Política Nacional do Meio Ambiente pela União, Estados e Municípios, notadamente no que concerne à proteção da biodiversidade.

Há, por isso, que se buscar novas alternativas na defesa das futuras gerações e do próprio erário. Uma delas, sem dúvida, é a aquisição pelo Poder Público, pela via da prescrição aquisitiva, de espaços protegidos que, observado fosse o art. 5º, inciso XXIII, da Constituição Federal, poderiam perfeitamente continuar a integrar o domínio privado.

## 9. CONCLUSÕES

Num país pobre como o Brasil, condenar os cofres públicos no pagamento de indenização até mesmo pela criação de simples APAs ou pela fiscalização de APPs e reservas legais significa inviabilizar a proteção do meio ambiente.

A Advocacia Pública deve, ao lado do Ministério Público, ***sempre,*** atuar na defesa do patrimônio público e a proteção do meio ambiente para as presentes e futuras gerações. Os Procuradores do Estado, na luta contra indenizações ambientais indevidas (milionárias ou não), não buscam em juízo protelar pagamentos. Equivoca-se gravemente quem subestima a dignidade dos Procuradores do Estado e os supõe capazes de chicana forense e subserviência aos governantes de plantão, quando o que está em jogo é a defesa dos mesmos valores que justificam a intervenção do Ministério Público em juízo.

Nesse contexto, há que se observar as claríssimas regras estabelecidas pela Lei n. 9985/00 para fins de fixação da necessidade de transferência ou não do domínio de imóveis afetados pela criação de unidades de conservação para o Poder Público.

Há que se repetir *ad nauseam* que ***áreas de preservação permanente*** não são ***áreas de proteção ambiental***, que ***reserva florestal legal*** não é uma ***unidade de conservação da natureza implantada pelo Estado ou pelo Município*** e que ***APAs*** e ***ARIEs*** não geram os mesmos efeitos jurídicos que os ***parques nacionais*** ou as ***estações ecológicas***.

Há que se insistir na argüição da ilegalidade da Súmula 119 do STJ, na distinção entre ações reais e ações pessoais e na argüição da ***exceptio usucapionis*** em casos extremos.

Há, enfim, que se exigir a escorreita aplicação do princípio da função social da propriedade privada, sobretudo em sua dimensão ambiental, sem que ao final sejam condenados no financiamento de obrigações *propter rem* os próprios contribuintes do erário, defendido em juízo pelos Procuradores do Estado, que integram uma coletividade mais ampla, a sociedade brasileira, defendida pelos membros do Ministério Público.

# DIREITO DE GREVE NOS TRANSPORTES COLETIVOS - EFEITOS SOBRE A ORDEM URBANÍSTICA (CIRCULAÇÃO) - RESPONSABILIDADES

JOSÉ CARLOS DE FREITAS*

*SUMÁRIO:* 1. Introdução. 2. A convivência dos direitos e garantias constitucionais. 3. Direito de greve nos transportes públicos – defesa dos direitos difusos dos consumidores usuários e dos munícipes. 3.1. Enfoque trabalhista e conseqüências não trabalhistas da greve no transporte coletivo. 4. Competência da justiça comum. 5. Responsabilidade do poder público: lei de greve e código do consumidor. 6. Responsabilidade do poder público sob o enfoque constitucional. 7. Responsabilidade do concessionário ou permissionário. 8. Da responsabilidade do sindicato e dos seus dirigentes. 9. Dos danos.

## 1. INTRODUÇÃO

Nos dias de hoje, especialmente nas grandes cidades, tem sido freqüente a população ser surpreendida por passeatas, movimentos e manifestações deflagradas por grupos ou segmentos da sociedade que escolhem, como palco, as vias de circulação da urbe para, em marcha, pronunciar palavras de ordem, protestos e discursos inflamados, quase sempre exibindo suas lideranças sobre caminhões equipados com enormes caixas de som, paralisando a circulação e, invariavelmente, o sistema de transporte urbano, provocando o transtorno ao trânsito das cidades.

---

* 1º Promotor de Justiça de Habitação e Urbanismo da Capital. Especialista em Interesses Difusos e Coletivos pelo ESMP-SP.

Embasados nos preceitos constitucionais que asseguram o direito de reunião em via pública (art. 5º, XVI, CF), seus protagonistas não encontram limites nessa prática e as autoridades competentes, quando acionadas, mobilizam-se de improviso para ordenar o trânsito caótico e preservar a ordem e a segurança dos cidadãos.

Piores que as conseqüências dessas manifestações são os efeitos de movimentos paredistas nos serviços de transportes coletivos, que afetam dois sistemas de circulação, como pretendemos analisar no presente estudo.

A partir do ditado popular de que *"os direitos de uns terminam quando começam os dos outros"*, demonstraremos que há sim limites para o exercício desses direitos – a partir do respeito às regras de convivência social – assim como há conseqüências que tais movimentos irradiam ao meio circulante, para concluir ser possível e necessária a defesa dos direitos da população afetada, que suporta um ônus injustificável. E essa defesa pode ser feita por intermédio da ação civil pública e na tutela da ordem urbanística.

## 2. A CONVIVÊNCIA DOS DIREITOS E GARANTIAS CONSTITUCIONAIS

Se há um direito de qualquer pessoa manifestar-se em praça ou via pública, exercendo sua liberdade constitucional, é certo afirmar que outros direitos igualmente tutelados pela Carta Magna devem ser observados, ainda que possam encerrar uma aparente contradição quando exercidos simultaneamente.

É possível a convivência entre garantias e liberdades constitucionais, entre os direitos de primeira, segunda e terceira gerações. Os direitos de livre manifestação e de reunião não são absolutos. Ao serem exercidos em via pública, de maneira isolada ou coletiva, com ou sem caminhões de som obstruindo o trânsito, bandeiras e outros petrechos, seus titulares os manifestantes devem respeitar a população que titulariza direitos fundamentais concorrentes, dentre eles os que são freqüentemente violados, como os referentes à dignidade humana (art. 1º, III), à vida, à liberdade, à segurança (art. 5º, *caput*), ao direito de não sofrer tratamento desumano ou degradante (art. 5º, III), à liberdade de trabalho (art. 5, XIII), ao direito de locomoção (art. 5º, XV), ao direito difuso a uma cidade ordenada e sustentável (art. 182, *caput*, CF, c.c. art. 2º, I, do Estatuto da Cidade – Lei nº 10.257/01).

É do Supremo Tribunal Federal a lição sobre o convívio dos direitos e garantias fundamentais e o reconhecimento dos de terceira geração:

> "Os direitos e garantias individuais não têm caráter absoluto. Não há, no sistema constitucional brasileiro, direitos ou garantias que se revistam de caráter absoluto, mesmo porque razões de relevante interesse público ou exigências derivadas do princípio de convivência das liberdades legitimam, ainda que excepcionalmente, a adoção, por parte dos órgãos estatais, de medidas restritivas das prerrogativas individuais ou coletivas, desde que respeitados os termos estabelecidos pela própria Constituição. O estatuto constitucional das liberdades públicas, ao delinear o regime jurídico a que estas estão sujeitas - e considerado o substrato ético que as informa - permite que sobre elas incidam limitações de ordem jurídica, destinadas, de um lado, a proteger a integridade do interesse social e, de outro, a assegurar a coexistência harmoniosa das liberdades, pois nenhum direito ou garantia pode ser exercido em detrimento da ordem pública ou com desrespeito aos direitos e garantias de terceiros."[1]
>
> "Enquanto os direitos de primeira geração (direitos civis e políticos) – que compreendem as liberdades clássicas, negativas ou formais – realçam o princípio da liberdade e os direitos de segunda geração (direitos econômicos, sociais e culturais) – que se identifica com as liberdades positivas, reais ou concretas – acentuam o princípio da igualdade, os direitos de terceira geração, que materializam poderes de titularidade coletiva atribuídos genericamente a todas as formações sociais, consagram o princípio da solidariedade e constituem um momento importante no processo de desenvolvimento, expansão e reconhecimento dos direitos humanos, caracterizados, enquanto valores fundamentais indisponíveis, nota de uma essencial inexauribilidade." [2]

Uma equação de equilíbrio entre os direitos e as liberdades públicas é preciso manter no momento de seu exercício, embora reconheçamos que isso nem sempre é possível. Em razão disso, os abusos devem ser contidos, se necessário junto ao Judiciário nas ações de conteúdo indenizatório.

---

[1] MS 23.452, Rel. Min. Celso de Mello, DJ 12/05/00. A Constituição Federal e sua Interpretação pelo STF – Jurisprudência do art. 5º, *caput*, CF .www.stf.gov.br/legislacao/constituicao/pesquisa

[2] MS 22.164, Rel. Min. Celso de Mello, DJ 17/11/95. Idem.

E o Tribunal de Justiça de São Paulo tem reconhecido que devem responder pela ilicitude do ato aqueles que exercem direito de reunião em lugar aberto ao público, quando *não precedido de regular comunicação à autoridade competente* nos termos do art. 5º, XVI, da Constituição Federal:

> PETIÇÃO INICIAL – INDEFERIMENTO – AÇÃO CIVIL PÚBLICA – INDENIZAÇÃO – PEDIDO FUNDADO EM REUNIÃO REALIZADA SEM PRÉVIO AVISO À AUTORIDADE COMPETENTE – ILICITUDE EM TESE – ART. 5º, XVI, DA CONSTITUIÇÃO FEDERAL – INTERESSE PROCESSUAL – RECURSO PROVIDO

O direito à reunião em lugar aberto ao público forma-se se pacífica, sem armas, e se antecedida de comunicação à autoridade competente (art. 5º, XVI, da Constituição Federal). A falta do aviso prévio impede a formação do mencionado direito, e a reunião assim realizada reveste-se de ilicitude. Afirmado na inicial que não houve o aviso prévio da reunião, e não havendo nenhum elemento que possa contrariar essa afirmação, incabível afastar o interesse processual do autor com fundamento na excludente de ilicitude derivada do exercício regular de um direito (direito de reunião).[3]

## 3. DIREITO DE GREVE NOS TRANSPORTES PÚBLICOS – DEFESA DOS DIREITOS DIFUSOS DOS CONSUMIDORES USUÁRIOS E DOS MUNÍCIPES

Mais tormentosa é a configuração da responsabilidade em casos onde a manifestação que irradia efeitos sobre o meio circulante tem por motivação uma greve no âmbito dos transportes públicos, cujos serviços, regra geral, são explorados por particulares ou pela Administração Indireta.

Aparentemente, o tema sugere uma precipitada conclusão de que a causa (greve) ilide qualquer discussão em torno da responsabilidade do protagonista do movimento paredista (o sindicato), devido à tutela que o direito de greve registra na esfera constitucional, o que isentaria seu promotor de qualquer obrigação de reparar danos.

---

[3] Apelação Cível nº 129.040.4/8, 9ª Câmara de Direito Privado do TJSP, v.u., Relator Ruiter Oliva, j. 06.08.2002. No mesmo sentido, Apelação Cível nº 320.859.4/8-00, 9ª Câmara de Direito Privado do TJSP, v.u., Relator Sérgio Gomes, j. 07.10.2004.

Mas não nos confortamos com essa postura, a partir da leitura que se deve fazer dos direitos que estão em jogo, pois, se de um lado tivermos uma relação de trabalho que motive a eclosão de uma greve na luta por reajustes salariais, condições de segurança no trabalho, higiene, assistência médica e social, etc., a cujo respeito a Justiça do Trabalho pode ser acionada para intervir, de outro certamente teremos as *conseqüências* que o movimento produzirá sobre os direitos daqueles que são estranhos à relação entre empregados e empregadores.

Falamos dos que já vivenciaram uma paralisação no transporte coletivo (ônibus, metrô, trens) – serviço essencial, segundo a Lei de Greve (art. 10, V, Lei nº 7.783/89) – que suportaram a penitência desmedida de não terem como chegar ao seu destino no horário habitual (ou nem chegar), tanto os usuários desse serviço quanto os que se valem do transporte particular (por automóveis). Falamos dos cidadãos, dos citadinos e transeuntes que usufruem o mesmo espaço para suas atividades diárias: a cidade.

Um exemplo típico é o da paralisação do transporte metroviário da Cidade de São Paulo. Além dos mais de 2,5 milhões de passageiros usuários que ficam sem metrô, milhares de paulistanos experimentam horas de congestionamentos e de transtorno. A greve que paralisa esse tipo de transporte afeta os cidadãos comuns no seu direito de locomoção, de conduzir-se com segurança e comodidade para o seu local de trabalho, para a escola, o lazer, a casa, o hospital, enfim, interfere na sua vida cotidiana, causando-lhes irritação, desconforto, *stress* e indignação.[4]

Esse tipo de greve irradia efeitos sobre as vidas e a rotina de milhares de munícipes, tanto dos consumidores usuários desse transporte, de um lado, quanto, de outro, dos demais segmentos da população, utentes do sistema viário e do transporte terrestre da urbe, que sofrem a imediata conseqüência do "despejo" de milhares de consumidores desse serviço público nas ruas da cidade, dificultando a circulação e congestionando o tráfego, verdadeira violência contra o cidadão anônimo, que já vive angustiado pelos problemas do cotidiano.

---

[4] O caos urbano instalou-se na greve dos metroviários de 17 e 18.06.2003, durante 44 horas, na Cidade de São Paulo. Houve 232 km de lentidão no dia 17 e 77 km no dia 18. Ônibus circulavam com passageiros pendurados nas portas. Perueiros, "profissionais" do transporte alternativo, cobravam pelo serviço o equivalente a três passagens. Os trens da malha ferroviária não tinham condições de atender à demanda do metrô. Filas gigantescas formaram-se nos terminais de ônibus, sem garantia de embarque nos coletivos. Houve o aumento de 700 mil carros nas ruas (20% da frota paulistana). Registrou-se recorde de congestionamento nas vias públicas que, aliado à inversão térmica, provocou a formação de uma névoa de poluição, prejudicando a qualidade do ar do paulistano. Dados coletados da Companhia de Engenharia de Tráfego – CET e dos jornais O Estado de S. Paulo e Folha de S. Paulo, dos dias 17 e 18.06.2003.

### 3.1. Enfoque trabalhista e conseqüências não trabalhistas da greve no transporte coletivo

A Justiça Trabalhista, para as hipóteses de serviços essenciais, tem determinado, quando instaurado dissídio coletivo antes da efetivação do movimento paredista, e com fulcro nos artigos 11 e 12 da Lei 7.783/89, a manutenção de um percentual de operação do serviço, a ser aumentado nos horários de pico, sob a responsabilidade comum das partes envolvidas (empregador, empregados e sindicato), sob pena de multa diária. Essas decisões normativas, regra geral, não são atendidas pelos atores envolvidos, gerando o caos no serviço de transporte coletivo.

Mesmo assim, a Justiça Obreira pode entender, em decisão final, não ser abusiva a greve, analisando as circunstâncias que levaram à sua eclosão. Mas essa circunstância não interfere com as *conseqüências* da greve e a reparação dos danos dela advindos.

É que o litígio decidido pela Justiça Trabalhista não prejudica a sorte da ação civil pública de conteúdo indenizatório, quando esta versar sobre a *responsabilidade civil* (dos grevistas, do sindicato) por danos causados pela paralisação do transporte coletivo (artigos 186 e 187 do Código Civil).

Na ação indenizatória que venha a ser ajuizada pelo *Parquet* ou por co-legitimado, seu objeto é a reparação dos danos materiais e morais sofridos pela coletividade, a população difusamente afetada, segundo previsão legal (artigos 6º, § 1º, 14 e 15 da Lei nº 7.783/89 – Lei de Greve; artigos 186, 927 e 942 do Código Civil), por violação ao *direito de locomoção* (art. 5º, XV), ao *direito difuso a uma cidade ordenada e sustentável* e à *qualidade de vida urbana* (art. 182, *caput*, CF, c.c. art. 2º, I, do Estatuto da Cidade – Lei nº 10.257/01).

Ações indenizatórias dessa natureza são propostas em favor dos citadinos da urbe, dos transeuntes, dos usuários da malha viária e do sistema de transporte urbano, que são afetados no seu direito de *circulação*, uma *função social da cidade*, que a Lei nº 7.347/85 - Lei da Ação Civil Pública habilita tutelar, em defesa da *ordem urbanística* (art. 1º, *caput* e VI). São terceiros estranhos a qualquer relação entre os trabalhadores e empregados.

Nessas demandas não se discute a legalidade da greve, porque esse assunto é caro à Justiça Obreira – para os efeitos da relação trabalhista (interrupção do contrato, desconto ou não em folha de pagamento, justa causa, etc.) – que não interessa ao Direito Comum na apuração da *responsabilidade civil*, na concepção de ARNALDO SÜSSEKIND, Ministro aposentado do TST:

> "A caracterização da responsabilidade trabalhista, penal ou civil, do trabalhador ou do sindicato *independe da declaração de abusividade da greve por parte do tribunal competente para conhecer do respectivo conflito coletivo de trabalho*. Ela é necessária somente em relação à greve em si; não com referência à atuação pessoal de grevistas, inclusive de dirigentes sindicais, porquanto *a responsabilidade emana do ato ilícito e independe de ser a greve abusiva*." [5] (sem itálico no original)

Isso porque a Constituição Federal, além de assegurar o direito de greve, também proclama o atendimento das *necessidades inadiáveis da comunidade* e garante a *responsabilização pelos abusos cometidos*, nos termos da lei (art. 9º, §§ 1º e 2º). E a Lei de Greve reza que *em nenhuma hipótese* os meios adotados por empregados e empregadores poderão *violar ou constranger os direitos e garantias fundamentais de outrem* (Lei nº 7.783/89, art. 6º, § 1º).

## 4. COMPETÊNCIA DA JUSTIÇA COMUM

O inciso II do art. 114 da Constituição Federal, com redação dada pela Emenda Constitucional nº 45/04, suscita a interpretação literal de que ações indenizatórias desse jaez devem ser processadas pela Justiça Trabalhista:

> Art. 114. Compete à Justiça do Trabalho processar e julgar:
>
> II. as ações que envolvam exercício do direito de greve;

Mas a EC nº 45/04 não teve a virtude de atribuir à Justiça Laboral competência absoluta para o julgamento das ações que envolvam quaisquer *fatos jurígenos* que tenham como *causa remota* uma relação de trabalho. O inciso II do art. 114 da Carta Magna aplica-se às ações em que empregadores e empregados discutam *entre si* o exercício do direito de greve, suas causas e suas conseqüências internas, a partir de uma relação de trabalho (interrupção do contrato de trabalho,

---

[5] *Responsabilidade pelo abuso do direito de greve*, Revista da Academia Nacional de Direito do Trabalho, Ed. LTR, São Paulo, Ano I, nº 1, 1993, p. 42.

desconto ou não em folha de pagamento, justa causa para a dispensa de empregados, indenização ao empregador, causa e legalidade da greve, etc.).

O Constituinte não pretendeu que a Justiça Trabalhista apreciasse os danos que, desbordando dos limites do contrato ou da relação de trabalho, atinjam o campo dos *direitos de terceiros estranhos à relação laboral*, notadamente os direitos difusos e coletivos dos não-trabalhadores, alheios que estão à relação de trabalho subjacente à greve.

Extrai-se essa conclusão a partir de duas decisões do Supremo Tribunal Federal sobre o alcance das alterações promovidas pela EC 45/04 quanto à competência da Justiça do Trabalho, que decidiu: (a) analisando o inciso VI do art. 114 da CF, pela competência da Justiça Comum para julgar causas relativas à *indenização por acidente de trabalho*, bem assim para as hipóteses de *dano material e moral que tenham como origem esse fato jurídico*, ainda que decorrente de uma relação de trabalho; e (b) pela não-aplicação do inciso I do art. 114 da CF a causas instauradas entre o Poder Público e seus servidores com vínculo estatutário ou de caráter jurídico-administrativo (decisão liminar em sede de ADIn):

> RECURSO EXTRAORDINÁRIO. CONSTITUCIONAL. PROCESSUAL. DANO ORAL E MATERIAL DECORRENTE DE ACIDENTE DE TRABALHO. COMPETÊNCIA.

É competente a Justiça Comum estadual para o julgamento das causas relativas à indenização por acidente de trabalho, bem assim para as hipóteses de dano material e moral que tenham como origem esse fato jurídico, tendo em vista o disposto no artigo 109, I, da Constituição do Brasil.

A nova redação dada ao artigo 114 pela EC 45/2004 não teve a virtude de deslocar para a Justiça do Trabalho a competência para o exame da matéria, pois expressamente refere-se o dispositivo constitucional a dano moral ou patrimonial decorrentes de relação de trabalho.

Recurso extraordinário conhecido, mas não provido, mantida a competência da Justiça Comum para o exame da lide.[6]

---

[6] RE 394.943-8 - São Paulo, Relator para o Acórdão Ministro EROS GRAU, j. 01.02.2005.

AÇÃO DIRETA DE INCONSTITUCIONALIDADE nº 3395

"(...) a não inclusão do enunciado acrescido pelo SF em nada altera a proposição jurídica contida na regra. (...) Não há que se entender que a justiça trabalhista, a partir do texto promulgado, possa analisar questões relativas aos servidores públicos. Essas demandas vinculadas a questões funcionais a eles pertinentes, regidos que são pela Lei 8112/90 e pelo direito administrativo, são diversas dos contratos de trabalho regidos pela CLT. (...) Em face dos princípios da proporcionalidade e da razoabilidade e ausência de prejuízo, concedo a liminar, com efeito *'ex tunc'*. Dou interpretação conforme ao inc. I do art. 114 da CF, na redação da EC nº 45/04. Suspendo, *ad referendum*, toda e qualquer interpretação dada ao inc. I do art. 114 da CF, na redação dada pela EC 45/04, que inclua, na competência da Justiça do Trabalho, a "...apreciação ... de causas que... sejam instauradas entre o poder público e seus servidores, a ele vinculados por típica relação de ordem..."[7]

"O Tribunal, por maioria, referendou liminar concedida em ação direta de inconstitucionalidade proposta pela Associação dos Juízes Federais do Brasil - AJUFE contra o inciso I do art. 114 da CF, na redação dada pela EC 45/2004, em que o Min. Nelson Jobim, então presidente, dera interpretação conforme ao aludido dispositivo, para suspender 'toda e qualquer interpretação... que inclua, na competência da Justiça do Trabalho, a ... apreciação... de causas que... sejam instauradas entre o Poder Público e seus servidores, a ele vinculados por típica relação de ordem estatutária ou de caráter jurídico-administrativo."[8]

Portanto, outra deve ser a interpretação da norma constitucional quanto às ações que tratam dos *efeitos* do exercício do direito de greve em relação a *terceiros estranhos à relação de trabalho*. Afinal, não se discute numa ação civil reparatória a *legalidade* nem as *causas* do movimento paredista, temas que, à evidência, competem sim à Justiça Laboral.

Não está em discussão a relação entre os empregados grevistas e seu empregador, ou qualquer outra questão afeta às obrigações laborais entre patrão e seus subordinados, que decorram da eclosão do movimento grevista (interrupção do contrato de trabalho, desconto

---

[7] Decisão liminar da Presidência do STF, datada de 01.02.2005. Fonte: www.stf.gov.br/processos

[8] Decisão do Pleno de 05.04.2006- DJ de 19.04.2006. ADI 3.395-MC, Rel. Min. Cezar Peluso, Informativo 422.

ou não em folha de pagamento, justa causa para a dispensa de empregados, indenização ao empregador, etc.).

Em reforço ao argumento de que a ação civil pública indenizatória não interfere com o julgado da Justiça Trabalhista, e vice-versa, nem com sua competência, assevera AMAURI MASCARO NASCIMENTO:

> "As entidades sindicais também estão expostas à mesma regra da responsabilidade civil, nos mesmos casos das demais pessoas jurídicas e perante o juízo próprio, a Justiça Comum". [9]

O tema já provocou decisão do Superior Tribunal de Justiça, que distinguiu, antes mesmo do advento da EC 45/04, o juízo competente para aferir a legalidade de uma greve (Justiça do Trabalho) do juízo competente para julgar os efeitos de uma greve (Justiça Comum).[10]

## 5. RESPONSABILIDADE DO PODER PÚBLICO: LEI DE GREVE E CÓDIGO DO CONSUMIDOR

A Lei nº 7.783/89 (Lei de Greve) consagra a responsabilidade do Estado, *lato sensu*, ao disciplinar que o transporte coletivo é *serviço essencial* (art. 10, V), e que durante uma greve no setor o Poder Público assegurará a prestação dos serviços indispensáveis, caso não seja garantido um serviço emergencial pelo sindicato, empregador e trabalhadores (arts. 11 e 12). Essa lei impõe um comportamento ao Poder Público, a obrigação de agir, de prestar o serviço, decorrendo de sua inação a responsabilidade por danos a terceiros, sem prejuízo da configuração, em tese, de ato de improbidade administrativa por violação aos princípios constitucionais da legalidade e da eficiência, insculpidos no art. 37, *caput*, da Carta Magna (art. 11 da Lei nº 8.429/92).

---

[9] *Comentários à Lei de Greve*, Ed. LTR, São Paulo, 1989, p. 132.

[10] Direito de greve. Ação de indenização. Sindicato da categoria. Prequestionamento.

1. Hipótese em que o tribunal local, corretamente, distinguiu a questão do direito de greve dos atos abusivos e ilegais praticados durante a paralisação. É que a eventual legalidade da greve, a ser apreciada pela Justiça Laboral, não isenta de pagar indenização os responsáveis pela prática de atos ilegais durante a greve.
2. Ausência de prequestionamento da matéria relativa ao direito de greve, em si considerado, a qual foi remetida à Justiça do Trabalho.
3. Dissídio jurisprudencial não comprovada.
4. Agravo regimental improvido.

Agravo Regimental no Agravo de Instrumento nº 144679 - 1997/0025389-9 – Rel. Min. Carlos Alberto Menezes Direito, DJ de 17.11.97.

Quanto à responsabilidade do Poder Público sob o prisma do Código do Consumidor, é seu dever garantir a prestação dos serviços indispensáveis (no caso, do transporte coletivo), de maneira contínua (art. 22). Responde o Estado objetivamente pelo *fato do serviço*, porque acolhida pelo Código do Consumidor a *teoria do risco administrativo*[11], devendo ressarcir "*os danos causados ao consumidor e demais vítimas do evento (Lei 8078/1990, art. 17) pelo fato do produto e do serviço*".[12]

## 6. RESPONSABILIDADE DO PODER PÚBLICO SOB O ENFOQUE CONSTITUCIONAL

Os serviços públicos de transporte coletivo ou são assumidos pelos Estados, Municípios e União, ou são delegados mediante concessão ou permissão.

Mas essa delegação não confere qualquer isenção ao Poder Público. Ao contrário, ele responde por danos decorrentes da prestação de serviços públicos concedidos, permitidos ou delegados[13], responsabilidade esta que decorre da *teoria do risco administrativo*, sendo, portanto, *objetiva*, ainda que se sustente ser *subsidiária* sua responsabilidade[14]. De acordo com a Constituição do Estado de São Paulo, por exemplo, o ente federado Estado é o responsável pelo *planejamento* e *operação* do transporte coletivo de caráter regional (art. 158)[15], resultando daí, também, sua responsabilidade pelo funcionamento do respectivo serviço.

O dever de reparação do Estado (*lato sensu*), pelos danos que provoca, funda-se na *responsabilidade objetiva* (Constituição Federal

---

[11] *Código Brasileiro de Defesa do Consumidor Comentado pelos Autores do Anteprojeto*, ADA PELLEGRINI GRINOVER, ANTÔNIO HERMAN BENJAMIN, DANIEL ROBERTO FINK, JOSÉ GERALDO BRITO FILOMENO, KAZUO WATANABE, NELSON NERY JR. e ZELMO DENARI, Ed. Forense, Rio de Janeiro, 1992, 2ª ed., p. 111.

[12] MARIA HELENA DINIZ, *Tratado Teórico e Prático dos Contratos*, vol. 1, Ed. Saraiva, São Paulo, 1993, p. 224.

[13] LÚCIA VALLE FIGUEIREDO, *Curso de Direito Administrativo*, Ed. Malheiros, São Paulo, 2004, p. 97/98.

[14] LÚCIA VALLE FIGUEIREDO, *Curso de Direito Admininstrativo*, Ed. Malheiros, 2004, pp. 97/98, 271-272. MARIA SYLVIA ZANELLA DI PIETRO, *Direito Administrativo*, Ed. Atlas, São Paulo, 1998, p. 341/342.

[15] "Artigo 158 - Em região metropolitana ou aglomeração urbana, o **planejamento** do transporte coletivo de caráter regional será efetuado pelo Estado, em conjunto com os municípios integrantes das respectivas entidades regionais. Parágrafo único - Caberá ao Estado a **operação** do transporte coletivo de caráter regional, diretamente ou mediante concessão ou permissão". (grifos nossos)

art. 37, § 6º),[16] segundo a qual é bastante a constatação da atividade do ente político (omissiva ou comissiva), do dano provocado ao particular e do nexo de causalidade para configurar a obrigação indenizatória, como tem decidido o STF:

> "A teoria do risco administrativo, consagrada em sucessivos documentos constitucionais brasileiros desde a Carta Política de 1946, confere fundamento doutrinário à responsabilidade civil objetiva do Poder Público pelos danos a que os agentes públicos houverem dado causa, por ação ou por omissão. Essa concepção teórica, que informa o princípio constitucional da responsabilidade civil objetiva do Poder Público, faz emergir, da mera ocorrência de ato lesivo causado à vítima pelo Estado, o dever de indenizá-la pelo dano pessoal e/ou patrimonial sofrido, independentemente de caracterização de culpa dos agentes estatais ou de demonstração de falta do serviço público. Os elementos que compõem a estrutura e delineiam o perfil da responsabilidade civil objetiva do Poder Público compreendem (a) a alteridade do dano, (b) a causalidade material entre o *eventus damni* e o comportamento positivo (ação) ou negativo (omissão) do agente público, (c) a oficialidade da atividade causal e lesiva, imputável a agente do Poder Público, que tenha, nessa condição funcional, incidido em conduta comissiva ou omissiva, independentemente da licitude, ou não, do comportamento funcional (RTJ 140/636) e (d) a ausência de causa excludente da responsabilidade estatal (RTJ 55/503 – RTJ 71/99 – RTJ 91/377 – RTJ 99/1155 – RTJ 131/417)." (RE 109.615, Rel. Min. Celso de Mello, DJ 02/08/96).

> "A responsabilidade civil do Estado, responsabilidade objetiva, com base no risco administrativo, que admite pesquisa em torno da culpa do particular, para o fim de abrandar ou mesmo excluir a responsabilidade estatal, ocorre, em síntese, diante dos seguintes requisitos: a) do dano; b) da ação administrativa; c) e desde que haja nexo causal entre o dano e a ação administrativa. A consideração no sentido da licitude da ação administrativa é irrelevante, pois o que interessa, é isto: sofrendo o particular um prejuízo, em razão da atuação estatal, regular ou irregular, no interesse da coletividade, é devida a indenização, que se assenta no princípio da igualdade dos ônus e encargos sociais." (RE 113.587, Rel. Min. Carlos Velloso, DJ 03/03/92).

---

[16] LÚCIA VALLE FIGUEIREDO, *Curso de Direito Administrativo*, Ed. Malheiros, São Paulo, 2004, pp. 268/269. MARIA SYLVIA ZANELLA DI PIETRO, *Direito Administrativo*, Ed. Atlas, São Paulo, 1998, p. 424.

## 7. RESPONSABILIDADE DO CONCESSIONÁRIO OU PERMISSIONÁRIO

A responsabilidade do concessionário ou permissionário do transporte coletivo é igualmente objetiva, seja ele pertencente aos quadros da Administração Indireta ou pessoa jurídica de direito privado prestadora desse serviço público, pelos mesmos fundamentos imputados ao Estado (art. 37, § 6º, CF):[17]

> "A responsabilidade civil das pessoas jurídicas de direito público e das pessoas jurídicas de direito privado prestadoras de serviço público, responsabilidade objetiva, com base no risco administrativo, ocorre diante dos seguintes requisitos: a) do dano; b) da ação administrativa; c) e desde que haja nexo causal entre o dano e a ação administrativa. Essa responsabilidade objetiva, com base no risco administrativo, admite pesquisa em torno da culpa da vítima, para o fim de abrandar ou mesmo excluir a responsabilidade da pessoa jurídica de direito privado prestadora de serviço público." RE 178.086-RJ.

> "Entre as pessoas jurídicas de direito privado prestadoras de serviço público a que alude o § 6º do artigo 37 da Constituição Federal se incluem as permissionárias de serviços públicos." (RE 206.711, Rel. Min. Moreira Alves, DJ 25/06/99).

Além disso, ela decorre também dos preceitos da Lei de Greve (arts. 11 e 15, Lei 7.783/89)[18] e do Código de Defesa do Consumidor.

A Lei de Greve lhe impõe o dever de *prestar serviço emergencial de transporte coletivo* (atividade essencial), juntamente com o sindicato profissional, para atender à demanda de seus usuários, ou *contratar diretamente os serviços necessários* (art. 9º e parágrafo único).

Já no campo das relações de consumo (Lei 8.078/90), o prestador desse serviço é fornecedor de transporte público, e recebe remuneração por isso (art. 3º, § 2º), devendo, assim, responder objetivamente pelos

[17] MARIA SYLVIA ZANELLA DI PIETRO, Op. Cit., p. 341/342.

[18] Art. 11. Nos serviços ou atividades essenciais, os sindicatos, os empregadores e os trabalhadores ficam obrigados, de comum acordo, a garantir, durante a greve, a prestação dos serviços indispensáveis ao atendimento das necessidades inadiáveis da comunidade. Art. 15 A responsabilidade pelos atos praticados, ilícitos ou crimes cometidos, no curso da greve, será apurada, conforme o caso, segundo a legislação trabalhista, civil ou penal.

danos causados (art. 14), não só aos usuários de seu serviço, os consumidores, mas também às *vítimas do evento* (art. 17) – a população que sofreu as conseqüências imediatas – porque deixou de prestar serviço essencial de transporte adequado e contínuo (art. 22 e parágrafo único). Conforme afirmado alhures quanto ao Poder Público, responde o permissionário ou concessionário objetivamente pelo *fato do serviço*, porque acolhida pelo Código do Consumidor a *teoria do risco administrativo*.

## 8. DA RESPONSABILIDADE DO SINDICATO E DOS SEUS DIRIGENTES

O sindicato tem sua responsabilidade abstratamente prevista no art. 9º, § 2º da Constituição Federal, mas também na Lei de Greve, pois *em nenhuma hipótese* os meios adotados por empregados e empregadores poderão *violar ou constranger os direitos e garantias fundamentais de outrem* (Lei nº 7.783/89, art. 6º, § 1º).

Os sindicatos, nas ações civis indenizatórias, comumente ensaiam a desculpa de que não podem ser responsabilizados pela decisão tomada em assembléia, sob o argumento de que quem decide são os trabalhadores. É uma falácia, porque é o sindicato profissional quem, *por imperativo legal*, representa os trabalhadores nas negociações, quem delibera por eles, quem toma a iniciativa dos dissídios, quem por lei pode convocar assembléias para deflagrar e cessar greves (Lei de Greve, artigos 4º, 5º, 9º, 11 e 13) e porque "*sob o prisma da responsabilidade das pessoas jurídicas seria o mesmo que dizer que a sociedade anônima não é responsável pelas deliberações aprovadas por sua assembléia*".[19]

Sobre o tema, já decidiu o Tribunal de Justiça de São Paulo:

Responde o Sindicato da categoria por danos coletivos decorrentes da abusividade da greve que planeja e comanda, em prejuízo da qualidade de vida da população, como ocorre em movimento paredista de surpresa e que bloqueia totalmente o serviço de transporte público, intranqüilizando os moradores com a nocividade de congestionamento do tráfego.[20]

---

[19] AMAURI MASCARO NASCIMENTO, *Conseqüências da Ilicitude da Greve*, Revista LTR, 1995, setembro, p. 733.

[20] Apelação Cível nº 083.250-4/2, 3ª Câmara de Direito Privado do TJSP, Relator Ênio Santarelli Zuliani, j. 24.08.1999.

Além do mais, quase sempre o sindicato frustra as decisões liminares da Justiça do Trabalho que determinam o funcionamento parcial do serviço indispensável. Aliás, o sindicato sequer procura discutir qualquer esquema emergencial de atendimento aos usuários, apesar da determinação da Lei de Greve.

O descumprimento da ordem da Justiça Obreira é apenas a confirmação de uma posição intransigente de certos dirigentes sindicais, devendo, pois, ser também responsabilizados pessoalmente pelos danos, por meio da desconsideração da personalidade jurídica do sindicato.

Essa desconsideração da personalidade jurídica se faz necessária: para garantir o pagamento da indenização pleiteada, na falta de patrimônio suficiente do sindicato; porque os dirigentes são os protagonistas do movimento paredista, conduzindo-o com vontade livre e consciente para a sua deflagração selvagem, sem preocupação com os usuários e com a população que sofre seus efeitos; por força da aplicação do art. 28 do Código do Consumidor, diante da sua contribuição decisiva na interrupção de serviço público essencial regido pelas normas do Código do Consumidor, como co-autores da sua paralisação (a conduta do sindicato e de seus dirigentes é *causa eficiente* para a paralisação do serviço e para a causação dos danos aos usuários e população, respectivamente consumidores e vítima do evento, esta nos termos do art. 17 do CDC).

Sendo protagonistas do movimento paredista, sindicatos e dirigentes são *co-autores do ilícito*, ao conduzirem uma greve com total descumprimento do art. 6º, § 1º e art. 11 da Lei 7.783/89, violando os direitos e garantias fundamentais dos usuários do transporte coletivo e dos citadinos (vítimas do evento), por não se mobilizarem para garantir um serviço emergencial, e por desafiarem as decisões liminares da Justiça do Trabalho. Atuam, assim, com *abuso do direito de greve* (art. 14 da Lei 7.783/89)[21], derivado da exacerbação dos critérios de pressão e por desrespeitarem os direitos da população.

Nesse aspecto, justifica-se a aplicação do art. 187 do Código Civil, porque nessas condições a greve excede manifestamente os limites impostos pelo seu fim social (o de exercer pressão sobre o empregador), desbordando para a violação dos direitos coletivos da população.

---

[21] Art. 14 Constitui abuso do direito de greve a inobservância das normas contidas na presente Lei, bem como a manutenção da paralisação após a celebração de acordo, convenção ou decisão da Justiça do Trabalho.

> *"A teoria do abuso do direito, sob a influência das idéias democráticas, não se resume em condenar aquele que exorbita de seu direito procedendo mal, mas de impedir o exercício de direitos individuais, mesmo legítimos, quando esse exercício parece contrário ao interesse geral. O ato abusivo é contrário ao direito."*[22]

Por outro lado, o sindicato dispõe de *alternativas* antes de deflagrar a greve, como ajuizar *ação de cumprimento* prevista na Lei nº 7.701/88.[23]

Também o art. 872 da CLT prevê ação de cumprimento de sentença normativa como alternativa ao recurso da greve. Desse modo, prevendo nosso ordenamento jurídico outras medidas para se fazer cumprir as *decisões normativas não respeitadas pelo empregador*, verifica-se que o recurso à greve não constitui um direito absoluto nem ilimitado, nem o único meio legítimo para exigir o cumprimento de decisão normativa da Justiça do Trabalho, isto porque "*embora constitua a greve um direito assegurado a quase todos os trabalhadores, a Nova Carta não o assegurou de modo ilimitado, diante da limitação natural imposta a qualquer direito. Ademais, em se tratando de cláusula contida em sentença normativa, o caminho natural e legítimo para reivindicar o seu cumprimento seria a ação prevista no art. 872/CLT e não o recurso à greve*".[24]

A greve é *mecanismo de autodefesa* do trabalhador para forçar a modificação do contrato de trabalho e, como tal, é remédio extremo, "*é medida de caráter excepcional, da mesma forma da legítima defesa, a defesa possessória direta e o estado de necessidade*".[25]

---

[22] CASSIO DE MESQUITA BARROS, *Responsabilidade Civil do Sindicato na Greve*, Síntese Trabalhista, Ano VIII, nº 98, Agosto de 1997, p. 20.

[23] Art. 7º - Das decisões proferidas pelo Grupo Normativo dos Tribunais Regionais do Trabalho, caberá recurso ordinário para o Tribunal Superior do Trabalho.

§ 2º - Não publicado o acórdão nos 20 (vinte) dias subseqüentes ao julgamento, poderá qualquer dos litigantes ou o Ministério Público do Trabalho interpor recurso ordinário, fundado, apenas, na certidão de Julgamento, inclusive com pedido de efeito suspensivo, pagas as custas, se for o caso. Publicado o acórdão, reabrir-se-á o prazo para o aditamento do recurso interposto.

§ 6º - A sentença normativa poderá ser objeto de **ação de cumprimento** a partir do 20º (vigésimo) dia subseqüente ao do julgamento, fundada no acórdão ou na certidão de julgamento, salvo se concedido efeito suspensivo pelo Presidente do Tribunal Superior do Trabalho. (grifos nossos)

[24] TST, RO-DC 46/87 – DJU de 08.06.90, apud EDUARDO GABRIEL SAAD, *Relação Greve e Direito no Brasil*, Revista da Academia Nacional de Direito do Trabalho, Ed. LTR, São Paulo, Ano I, nº1, 1993, p. 59.

[25] AMAURI MASCARO NASCIMENTO, *Direito do Trabalho na Constituição de 1988*, Ed. Saraiva, 1989, p. 293.

## 9. DOS DANOS

Em se tratando de danos causados à coletividade de usuários (consumidores do serviço de transporte público) e à população difusamente afetada pela paralisação do serviço, embora haja previsão legal para sua reparação (art. 1º, Lei 7.347/85; arts. 186, 927 e 942, Código Civil; art. 6º, VI, Código do Consumidor), não há como quantificar matematicamente, e com precisão cirúrgica, os danos materiais e morais sofridos.

Os reflexos econômicos são incalculáveis e a condenação tem mais efeito moral, de dupla função: funciona como forma de compensação para a população, uma resposta à impunidade; tem conteúdo inibitório aos infratores, com caráter expiatório, para que evitem novas violações aos valores coletivos:

> "Ocorre sim lesão a interesses individuais homogêneos, com dano injusto incontestável. O prejuízo é social porque composto de fragmentos da nocividade individual que se soltaram e que somente se fundem em um todo impessoal. A impunidade constitui apologia para a desordem em detrimento da massa indefesa, que sem resposta do Estado-juiz perde a esperança de participar de uma sociedade justa, com controle efetivo."[26]

Pressupõe o dano moral coletivo a "*injusta lesão da esfera moral de uma dada comunidade, ou seja, é a violação antijurídica de um determinado círculo de valores coletivos*" [27].

Na Cidade de São Paulo, os danos que os movimentos paredistas causam ao interromper ou dificultar a circulação viária são calculados pela Companhia de Engenharia de Tráfego – CET, órgão de trânsito municipal, que contabiliza os danos urbanísticos e o custo do congestionamento, baseada numa fórmula que considera a extensão do congestionamento em quilômetros, o desperdício de combustível por automóvel e o salário/hora do trabalhador médio.

Sem prejuízo da postulação reparatória dos danos coletivos ou difusos, é possível também aparelhar pedido de indenização pelos danos causados individualmente aos usuários e vítimas, sob a forma de

---

[26] Apelação Cível nº 083.250-4/2, 3ª Câmara de Direito Privado do TJSP, Relator Ênio Santarelli Zuliani, j. 24.08.1999.

[27] CARLOS ALBERTO BITTAR FILHO, *Pode a coletividade sofrer dano moral?*, IOB-3/1996.

condenação genérica que habilite as pessoas a pleitear a liquidação, na fase de execução ou de cumprimento da sentença condenatória (artigos 95 a 100 do CDC).

Além disso, é recomendável a publicação da sentença condenatória nos jornais que divulgaram a greve, para que a população tenha conhecimento da resposta do Judiciário à violação dos direitos perpetrada pelos protagonistas aqui lembrados, e para fins pedagógicos.

Por fim, também é perfeitamente viável e legal requerer a condenação do Poder Público em obrigação de fazer para, em prazo razoável e sob pena de pagamento de multa diária, apresentar um plano de atendimento emergencial para o sistema de transporte coletivo que possa, ao mesmo tempo, assegurar a prestação desse serviço indispensável e evitar transtornos à população em casos futuros de movimentos paredistas, visando ao atendimento do disposto no art. 12 da Lei de Greve e, relativamente aos usuários, garantir-lhes o direito a uma efetiva prevenção de danos (art. 6º, VI, do Código de Defesa do Consumidor).

# ORDENAMENTO URBANO: DESRESPEITOS AO PLANEJAMENTO MUNICIPAL NAS ALTERAÇÕES DE ZONEAMENTO E USO DO SOLO

CLAUDEMIR BATTALINI*

*SUMÁRIO:* 1. Introdução. Histórico e Conseqüências. 2. Fundamentos Constitucionais e Legais. 3. O Estatuto da Cidade. 4. Planejamento urbanístico democrático. 5. Leis de Efeitos Concretos. 6. Anulação dos atos administrativos. Controle judiciário da legalidade dos atos administrativos. 7. Conclusões. 8. Referências bibliográficas.

## 1. INTRODUÇÃO. HISTÓRICO E CONSEQÜÊNCIAS

Que o Plano Diretor é exigência para cumprimento de várias normas, entre elas constitucionais, ninguém do mundo jurídico ou envolvido com o Legislativo, Executivo e Judiciário ignora. O ordenamento urbano, através do Plano Diretor, visa garantir respeito aos princípios de defesa do meio ambiente e da função social da propriedade, sem o que inúmeros e irreversíveis danos são verificados. A falta de adequado plano (planejamento) para as cidades brasileiras, acarretam prejuízos de toda ordem ao meio ambiente natural e artificial.

Os danos ao meio ambiente natural envolvem danos à flora em geral, não se podendo descuidar da mata atlântica e outras espécies ameaçadas de extinção; à fauna que necessita dos remanescentes de

* Promotor de Justiça de Jundiaí

matas, também contanto com inúmeras espécies extintas e outras seriamente ameaçadas. O recurso hídrico, quer para consumo humano, quer para irrigação necessária à produção agrícola, quer para amenizar os efeitos do clima, estão cada vez mais em risco, com a continuidade dos meios de poluição e pelas agressões que reduzem a cada dia esse precioso recurso, finito e de distribuição irregular.

E o meio artificial que acaba interferindo nos recursos naturais, não sendo adequadamente respeitado pelo desordenado crescimento urbano, produz uma série de danos à coletividade, entre eles provocando enchentes na época de chuvas e falta d´água nos períodos de estiagem. E para tanto basta citar os elevadíssimos custos de canalização de cursos d´água e outras obras de arte, que poderiam ser evitadas com um maior respeito ao meio ambiente, como, por exemplo, respeitando os limites impostos pela legislação (áreas de preservação permanente), mesmo e principalmente no meio urbano. Também a constante impermeabilização do solo (obras em geral, asfalto, calçamentos) contribuem para o aumento do volume de água nos períodos de chuvas (provocando enchentes) e diminuição do lençol freático, levando à escassez da água nos períodos mais secos (sem água subterrânea as nascentes deixam de existir; sem pequenos cursos d´água não há como subsistir os grandes rios).

Muitas vezes as cidades até possuem Plano Diretor, mas acabam promovendo alterações sem qualquer respeito ao planejamento instituído e sem atentar para os demais princípios que gerem o tema. Outras vezes não existe um Plano Diretor, promovendo-se alterações de zonas rurais para urbanas, com inúmeros vícios e conseqüências nefastas.

Assim, não atentando para as dramáticas conseqüências impostas e citadas em resumo, muitas delas perceptíveis a longo prazo, por vezes o Executivo e o Legislativo promovem alterações de zoneamento rural para urbano (ressetorizações), em imóveis determinados, com interesses predominantemente privados, sem estudos técnicos e adequado planejamento, ou seja, sem respeito às normas constitucionais e legais, com prejuízo à legalidade, impessoalidade, moralidade e eficiência administrativa, resultando em danos ao padrão urbanístico e ao meio ambiente.

O imóvel que antes era classificado como rural, transforma-se, por interesses predominantemente privados, em área urbana, permitindo-se o aproveitamento que antes era vedado, como por exemplo implantação de loteamentos urbanos (residenciais), ou mesmo para permitir atividades industriais ou comerciais, totalmente incompatíveis com a área.

Essa situação ocorre, em geral, para valorizar imóveis rurais, já que o aproveitamento urbano lhe é muito mais rentável. Assim, é comum verificar-se a compra de imóveis rurais, muitas vezes envolvendo empresas de incorporação imobiliária, seguindo-se com pedido junto à Prefeitura ou Câmara para transformação da área em urbana (ou de expansão urbana). Em outras palavras, áreas rurais são adquiridas nessa condição, por preços compatíveis à situação e uso até então previstos, seguindo-se com alterações legislativas para permitir a implantação de atividades urbanas (v.g. loteamentos), valorizando acentuadamente os imóveis, com vantagens econômicas para os proprietários, não para a sociedade, havendo, neste aspecto, nítido desvio e abuso de poder.

E essas transformações ocorrem também sem qualquer relação direta com o núcleo urbano já existente, ou seja, áreas rurais distantes das áreas urbanas são transformadas para aproveitamento urbano. E, pior, muitas vezes um único imóvel (objeto de uma ou poucas matrículas imobiliárias, mas em nome do mesmo proprietário) é transformado em área urbana.

Esse procedimento, às vezes reiterado, provoca alterações em pontos diferentes do município, sem qualquer relação entre um e outro, denotando favorecimento àqueles que batem às portas das autoridades com competência, infringindo inúmeras normas legais, além da questão moral e da dúvida quanto a possíveis vantagens pessoais, ainda que indiretas, para que esse tipo de pretensão seja deferida.

O discurso, muitas vezes, é que não havendo Plano Diretor essas alterações são possíveis sem maiores formalidades. Sem razão entretanto, posto que esse tipo de alteração de zoneamento para permitir atividades urbanas implica em prévios *estudos técnicos* e *ampla discussão com a sociedade*.

Essas alterações provocam um crescimento desorganizado, instalando-se atividades em áreas predominantemente rurais, muitas vezes de preservação ambiental e hídrica (o que pode prejudicar outros Municípios ou toda uma região).

Assim, atendendo aos interesses predominantemente privados de proprietários de imóveis, os agentes políticos elaboram projetos de leis alterando o zoneamento de áreas classificadas como rurais para fins urbanos, em diferentes pontos do Município, distantes das áreas urbanas consolidadas, sem critérios previamente definidos.

Essas alterações implicam na ausência de *planejamento municipal*, além da falta de envolvimento da comunidade.

Também em geral essas alterações não contam com qualquer parecer ou estudo por parte de órgãos técnicos com representatividade da comunidade local. A *ausência de estudos técnicos* denota a falta de planejamento e de critério, também a comprovar os danos que certamente advirão.

Em alguns casos, tentando eximir-se da responsabilidade, os agentes políticos invocam que as atividades a serem implementadas nas novas áreas urbanas não causarão nenhum dano ambiental ou urbanístico, posto que dependerão de licenças ambientais. Esse argumento não se mantém pois os vícios são anteriores e o licenciamento ambiental não impede a ocorrência de danos ambientais, procurando apenas minimizá-los. Tratando-se de área rural, por certo inúmeras atividades acabam sendo vedadas. Depois que se promove a alteração para área urbana, o órgão ambiental não tem como impedir a atividade, mas procurar reduzir os impactos, na medida em que se presume que aquela área urbana está destinada pela legislação para aquele tipo de atividade.

Ainda, vale lembrar os prejuízos decorrentes da urbanização, sem o devido planejamento, conforme expostos inicialmente, acrescentando mais um ponto nefasto, entre tantos outros: a gleba rural, que não permite fracionamento menor aos módulo (em muitas regiões o módulo mínimo é de 20.000 m2), uma vez transformada em urbana, passa a admitir fracionamento em áreas muito menores, aumentando significativamente a densidade populacional, gerando imensos bairros e com todas as obras e conseqüências respectivas (construções residenciais, industriais, comerciais, asfalto etc). E mais, é de se indagar, como fica o entorno dessa área rural, transformada isoladamente, mantido o restante como área rural. O prejuízo para as propriedades vizinhas é evidente e irreversível, comprometendo cada vez mais o remanescente rural. Em geral essa situação cria dificuldades a quem continua sobrevivendo das atividades rurais, levando-o a abandonar essa atividade e trilhar também o mesmo caminho anterior de seu vizinho: venda da área para pessoas influentes que possam transformar a área em urbana, o que permite de um modo ou outro maiores resultados financeiros, aumentando na mesma escala os prejuízos ambientais e urbanísticos.

Essas alterações, em geral, desrespeitam normas constitucionais e legais, constituindo *leis de efeitos concretos*, que criam situação de perigo e lesão aos interesses da comunidade, criando situação de fato contrária ao direito.

## 2. FUNDAMENTOS CONSTITUCIONAIS E LEGAIS

Entre os postulados básicos estabelecidos pela Constituição Cidadã de 1988, está que a propriedade não se concebe sem atender a sua *função social* e sem respeito ao *meio ambiente* (art. 170, III e VI, da CF).

E regulando a Política Urbana, o artigo 182, "caput", da Constituição da República, estabelece que:

> "A política de desenvolvimento urbano, executada pelo Poder Público municipal, conforme diretrizes gerais fixadas em lei, tem por objetivo ordenar o pleno desenvolvimento das funções sociais da cidade e garantir o bem estar de seus habitantes."

O citado dispositivo da Carta Magna é de clareza mediana. Em primeiro lugar fica realçada a competência concorrente em matéria urbanística. Em segundo lugar, o Município também deve zelar pelo crescimento ordenado, pelo pleno desenvolvimento das funções sociais da cidade e pelo bem estar de seus habitantes.

O Município, não perseguindo esses objetivos, estará se afastando do *interesse público primário* (interesse da comunidade) e do *interesse público secundário* (interesse dos governantes), gerando o interesse de agir pelos legitimados na defesa de interesses difusos e coletivos, entre eles o Ministério Público.

É preceito Constitucional dos mais importantes e totalmente ignorado nas alterações legislativas em enfoque, que o Município deve atentar para a "cooperação das associações representativas no planejamento municipal" (art. 29, XII, CF), constituindo verdadeiro planejamento urbanístico democrático.

E o Plano Diretor é OBRIGATÓRIO, constituindo-se instrumento BÁSICO da POLÍTICA DE DESENVOLVIMENTO e de EXPANSÃO URBANA (art. 182, § 1°, CF), sendo enfática a disposição constitucional no sentido de que "a propriedade urbana cumpre sua função social quando atende às exigências fundamentais de ordenação da cidade expressas no Plano Diretor" (art. 182, § 2°).

A Constituição do Estado de São Paulo exige o PLANO DIRETOR para todos os seus municípios (fls. 181, § 1º), independentemente da população. E não poderia ser diferente, tendo em vista as peculiaridades do Estado de maior desenvolvimento, necessitando de um crescimento organizado, evitando-se aumentar os problemas sociais existentes (crescimento de favelas, conflitos entre atividades industriais e residenciais, danos ambientais, falta de água e de saneamento básico, etc.).

Assim, a ausência de PLANO DIRETOR, bem como as alterações de áreas rurais para urbanas desrespeitaram princípios constitucionais, necessitando em ambos os casos que haja efetivo planejamento urbano, com o envolvimento da comunidade (art. 29, X, da Constituição Federal).

As leis municipais que promovem alterações de zonas rurais para urbanas, defendem interesses predominantemente privados, contrariando o elemento da generalidade inerente à lei, sem estudos técnicos e sem considerar o planejamento de todo o município.

Também o art. 180 da Constituição de São Paulo, exige para o adequado desenvolvimento urbano que o Estado e os Municípios assegurem a garantia do bem-estar de seus habitantes, além da participação das respectivas entidades comunitárias no estudo, encaminhamento e solução dos problemas, planos, programas e projetos que lhes sejam concernentes, bem como a observância de normas urbanísticas, de segurança, higiene e qualidade de vida.

Também a Constituição Bandeirante em seu art. 154, § 2°, assegura a PARTICIPAÇÃO DA POPULAÇÃO no processo de PLANEJAMENTO E TOMADA DE DECISÕES na organização regional, que tem por objetivo a melhoria da qualidade de vida, bem como a utilização racional do território, dos recursos naturais e proteção do meio ambiente, mediante o CONTROLE DA IMPLANTAÇÃO DOS EMPREENDIMENTOS PÚBLICOS E PRIVADOS NA REGIÃO (art. 152, I e III).

E o art. 193 do mesmo diploma prevê a implantação de sistema de administração da qualidade ambiental, para proteção, controle e desenvolvimento do meio ambiente, visando organizar, coordenar e integrar as ações de órgãos e entidades da administração pública direta e indireta, ASSEGURADA A PARTICIPAÇÃO DA COLETIVIDADE, com o fim de:

> "XXI – realizar o *planejamento* e o *zoneamento ambientais*, considerando as características *regionais e locais*, e articular os respectivos planos, programas e ações".

Por sua vez, o art. 181 da Carta Paulista *exige legislação municipal* de conformidade com as diretrizes do Plano Diretor para regulamentar o zoneamento, loteamento, parcelamento, uso e ocupação do solo, índices urbanísticos, proteção ambiental e demais limitações administrativas pertinentes, complementando que os PLANOS DIRETORES, obrigatórios, *DEVERÃO CONSIDERAR A TOTALIDADE DE SEU TERRITÓRIO MUNICIPAL* (§ 1°).

Ainda exige que os Municípios observem os *parâmetros urbanísticos de interesse regional*, fixados em lei estadual, PREVALECENDO, QUANDO HOUVER CONFLITO, A NORMA DE CARÁTER MAIS RESTRITIVO (§ 2°).

## 3. O ESTATUTO DA CIDADE

A Lei nº 10.257/01, denominada Estatuto da Cidade, regulamentou os arts. 182 e 183 da Constituição Federal, estabelecendo diretrizes gerais da política urbana, de cumprimento obrigatório por parte de todos os Municípios.

Esse Estatuto deixa evidente a ilegalidade de leis que promovam as alterações enfocadas, tornando-as nulas e ineficazes.

O artigo 2° desse diploma é de fundamental importância, merecendo toda atenção e destaque para correto entendimento do tema:

> "Art. 2º - A política urbana tem por *objetivo ordenar o pleno desenvolvimento das funções sociais da cidade e da propriedade urbana, mediante as seguintes diretrizes gerais*:
>
> I – garantia do direito a *cidades sustentáveis*, entendido como o direito à terra urbana, à moradia, ao saneamento ambiental, à infra-estrutura urbana, ao transporte e aos serviços públicos, ao trabalho e ao lazer, para as presentes e futuras gerações;
>
> II – *gestão democrática* por meio da participação da população e de associações representativas dos vários segmentos da comunidade na formulação, execução e acompanhamento de planos, programas e projetos de desenvolvimento urbano;
>
> III – *cooperação* entre os governos, a iniciativa privada e os demais setores da sociedade no processo de urbanização, em atendimento ao interesse social;
>
> IV – *planejamento do desenvolvimento* das cidades, da distribuição espacial da população e das atividades econômicas do Município e do território sob sua área de influência, de modo a *evitar e corrigir as distorções do crescimento urbano e seus efeitos negativos sobre o meio ambiente*;

V – *oferta de equipamentos urbanos e comunitários, transporte e serviços públicos adequados aos interesses e necessidades da população e às características locais*;

VI – *ordenação e controle do uso do solo, de forma a evitar*:

a) a utilização inadequada dos imóveis urbanos;

b) a proximidade de usos incompatíveis ou inconvenientes;

c) o parcelamento do solo, a edificação ou o uso excessivos ou inadequados em relação à infra-estrutura urbana;

d) a instalação de empreendimentos ou atividades que possam funcionar como pólos geradores de tráfego, sem a previsão da infra-estrutura correspondente;

e) a retenção especulativa de imóvel urbano, que resulte na sua subutilização ou não utilização;

f) a deterioração das áreas urbanizadas;

g) *a poluição e a degradação ambiental*;

VII – *integração e complementaridade entre as atividades urbanas e rurais*, tendo em vista o desenvolvimento socioeconômico do Município e do território sob sua área de influência;

VIII – adoção de padrões de produção e consumo de bens e serviços e de *expansão urbana compatíveis com os limites da sustentabilidade ambiental, social e econômica do Município e do território sob sua área de influência*;

IX – *justa distribuição dos benefícios e ônus decorrentes do processo de urbanização*;

X – adequação dos instrumentos de política econômica, tributária e financeira e dos gastos públicos aos objetivos do desenvolvimento urbano, de modo a privilegiar os investimentos geradores de bem-estar geral e a fruição dos bens pelos diferentes segmentos sociais;

XI – recuperação dos investimentos do Poder Público de que tenha resultado a valorização de imóveis urbanos;

XII – *proteção, preservação e recuperação do meio ambiente natural e construído, do patrimônio cultural, histórico, artístico, paisagístico e arqueológico*;

XIII – *audiência do Poder Público municipal e da população interessada nos processos de implantação de empreendimentos ou atividades com efeitos potencialmente negativos sobre o meio ambiente natural ou construído, o conforto ou a segurança da população*;

XIV – regularização fundiária e urbanização de áreas ocupadas por população de baixa renda mediante o estabelecimento de normas especiais de urbanização, uso e ocupação do solo e edificação, consideradas a situação socioeconômica da população e as normas ambientais;

XV – simplificação da legislação de parcelamento, uso e ocupação do solo e das normas edilícias, com vistas a permitir a redução dos custos e o aumento da oferta dos lotes e unidades habitacionais;

XVI – *isonomia de condições para os agentes públicos e privados na promoção de empreendimentos e atividades relativos ao processo de urbanização, atendido o interesse social.*"

Entre outras disposições e para cumprimento das diretrizes gerais do art. 2°, temos no Estatuto da Cidade, em resumo:

a) o art. 4° prevê instrumentos, entre eles *planos regionais e estaduais de ordenação do território*, bem como o *planejamento municipal*, em especial com uso do *Plano Diretor, zoneamento ambiental, estudo prévio de impacto ambiental e estudo prévio de impacto de vizinhança*;

b) os arts. 39 e 40 dispõem que o Plano Diretor deve atender as diretrizes do art. 2°, constituindo *instrumento básico da política de desenvolvimento e expansão urbana*, devendo *englobar o território do Município como um todo*, mediante *audiências públicas, debates com a população e associações representativas*, além da necessária *publicidade e acesso a qualquer interessado aos documentos e informações produzidos*;

c) o art. 41 torna o Plano Diretor obrigatório, para cidades com mais de 20.000 habitantes ou quando "inseridas na área de influência de empreendimentos ou atividades com significativo impacto ambiental de âmbito regional ou nacional";

d) os art. 43 e segs. trazem orientações sobre a *gestão democrática da cidade*.

E o Conselho das Cidades, editou a Resolução n° 34, de 01/07/05, onde se destaca a importância do Plano Diretor e que ele contemple "as ações e medidas para assegurar o cumprimento das funções sociais da cidade, considerando o território rural e urbano" (art. 1°, I). E para tanto, o art. 2° exige sejam contemplados:

> "I – espaços coletivos de *suporte à vida na cidade*, definindo áreas para atender as necessidades da população de equipamentos urbanos e comunitários, mobilidade, *transporte e serviços públicos*, bem como *áreas de proteção, preservação e recuperação do meio ambiente natural* e construído, do patrimônio cultural, histórico, artístico, paisagístico e arqueológico;
>
> II – ... *sistema viário básico*;
>
> III – a universalização do *acesso à água potável, aos serviços de esgotamento sanitário, a coleta e disposição de resíduos sólidos e ao manejo sustentável das águas pluviais, de forma integrada às políticas ambientais, de recursos hídricos e de saúde*;
>
> ..."

O texto destacado, assim como o restante do conteúdo da aludida Resolução, em consonância com o *Estatuto da Cidade*, demonstra que não pode haver, em nenhuma hipótese, prevalência do interesse particular ou patrimonial sobre o interesse público e social. Veja-se que o crescimento desordenado, além dos outros aspectos já enfocados, acarreta inúmeros ônus ao Poder Público e, portanto, à coletividade, que invariavelmente acaba pagando a conta, pois ela é a responsável pela constituição do erário, arcando cada vez mais com elevados impostos.

Em artigo denominado "Aspectos Jurídicos do Plano Diretor"[1], o Mestre e Doutor DIOGENES GASPARINI, advogado e um dos mais respeitados autores de direito urbanístico brasileiro, resume alguns dos pontos mais importantes e aplicáveis na espécie.

Assim, discorrendo sobre a *unicidade do Plano Diretor*, leciona:

> "O Plano Diretor, afirma HELY LOPES MEIRELLES (ob. cit. p. 394), em lição ainda válida na vigência do *Estatuto da Cidade*, deve ser uno e único. Vale afirmar: o Plano Diretor não pode estar consubstanciado em várias leis. Por dita razão, é uno, indivisível, e eventuais leis que venham alterar sua estrutura, acolhendo ou proscrevendo institutos urbanísticos, não podem ser havidas

[1] Temas de Direito Urbanístico 4, publicação do Ministério Público do Estado de São Paulo e Imprensa Oficial, pág. 79/108.

como Planos Diretores. De outro lado, não pode existir mais de um Plano Diretor. Para cada Município somente deve vigorar um Plano Diretor, pois prescreve o § 2° do art. 40 desse diploma legal, que o Plano Diretor deverá englobar o território do Município como um todo... Em suma: o Plano Diretor é a lei municipal geral de planejamento e instrumento fundamental da política de desenvolvimento e expansão urbana do Município."

Prossegue o autor lembrando da possibilidade de *planos setoriais*, os quais, entretanto, "devem observar o mesmo processo de elaboração e instituição do Plano Diretor".

E na elaboração do Plano Diretor e suas revisões, "não pode se afastar das diretrizes instituídas pelo *Estatuto da Cidade* nem de normas gerais de conteúdo urbanístico, como é a Lei Federal do Parcelamento do Solo Urbano".

Ainda faz considerações sobre a necessidade de "prévia discussão com a população e associações representativas dos vários segmentos da comunidade", lembrando que "de outro modo estaria fraudada a determinação do art. 40, § 4°, I, do *Estatuto da Cidade*". Quanto ao *quorum* entende o autor que para "aprovação da lei do Plano Diretor e de suas alterações é de dois terços dos membros da Câmara de Vereadores, a exemplo do que prescreve o art. 87 da Lei Orgânica de Belo Horizonte", segundo ele "dito *quorum* dificulta a alteração do Plano Diretor, defendendo-o contra investidas inescrupulosas de certos especuladores imobiliários".

É certo, portanto, se o Plano Diretor é exigência constitucional e legal, não se pode transformar áreas até então rurais para urbanas, sem a existência daquele e o que é pior, contrariando os requisitos próprios de sua eficácia. O desenvolvimento urbano, assim, está vinculado a prévia elaboração, estudos, discussões e aprovação do Plano Diretor, ou seja, depende de PLANEJAMNTO MUNICIPAL.

O Dr. DIÓGENES no texto citado, ainda lembra que além do prazo de 5 anos para instituição do Plano Diretor para municípios com mais de 20.000 habitantes, "o Plano Diretor deverá estar em vigor quando o Município resolver impor o parcelamento, a edificação e a utilização compulsórios ou após ser integrado em *área de especial interesse turístico* ou, finalmente, *quando for inserido em área de influência de empreendimentos ou atividades com significativo impacto ambiental de âmbito regional ou nacional*".

Assim, leis de transformação de áreas rurais em urbanas exigem respeito à obrigação constitucional e legal de adequado planejamento. Alterações pontuais do território rural para urbano, no interesse particular, afastam-se do interesse público e social. As exigências do *Estatuto da Cidade* devem ser cumpridas, tanto para o Plano Diretor, como para suas alterações ou transformações de áreas rurais em urbanas. Havendo interesse turístico e envolvendo atividades com significativo impacto ambiental, passíveis de atingir áreas de proteção ambiental ou de manancial, não há como se promover alterações sem a existência de prévia aprovação de Plano Diretor, que deve considerar todo o território do Município, respeitado o interesse público e social, com participação efetiva da coletividade.

## 4. PLANEJAMENTO URBANÍSTICO DEMOCRÁTICO

Todos os fundamentos jurídicos analisados conduzem ao consenso da exigência de *planejamento urbanístico democrático*.

Em abalizada lição, o sempre lembrado e festejado JOSÉ AFONSO DA SILVA[2] destaca sobre a necessidade de um planejamento permanente e geral:

> "O planejamento urbanístico, em nível municipal especialmente, ocasiona custos sociais muito grandes pelos condicionamentos e limitações que impõe à atividade e aos bens dos particulares. Esses custos são, no entanto, amplamente justificados pelos fins coletivos colimados. Deve-se, contudo, procurar uma metodologia que busque realizar o máximo de satisfação do interesse coletivo com o mínimo de sacrifício para os indivíduos. A relação custo-benefício deve ser sempre uma preocupação do planejador, que precisa perseguir, sem descanso, o máximo benefício com o mínimo custo de toda espécie.
>
> O primeiro problema metodológico que se coloca é o de que se terá que implantar processos de planejamento urbanístico de caráter permanente e não produzir simples planos, que nada significam, se não forem expressão instrumental daqueles. Por outro lado, sem embargo do que dissemos antes sobre as distorções da concepção do planejamento local integrado, é certo

[2] Direito Urbanístico Brasileiro, Malheiros, 2.ed., 1997, págs. 95/96.

que o planejamento urbanístico, para ser eficaz, há de ter em conta o planejamento geral das atividades da entidade pública interessada. No que se refere ao planejamento municipal, já escrevemos antes que o 'desenvolvimento integrado da comunidade local só se obterá mediante o planejamento de todas as atividades da administração municipal, visando à execução de obras e serviços que atendam efetivamente às necessidades da população'."

E prossegue o ilustre autor, citando Friedmann, enumerando como critérios fundamentais do planejamento a "aceitabilidade, exeqüibilidade, viabilidade, sensibilidade e dimensão", cada qual com requisitos e definições próprias. Quanto à *dimensão*, observa o jurista que "todo plano cobre uma área geográfica: todo o Município (como é o caso do plano diretor), um distrito, um bairro (casos de planos especiais); tem, pois, que levar em conta a realidade física e as circunstâncias do meio, mormente os planos urbanísticos, já que sua função básica consiste precisamente na ordenação do solo"[3].

Na seqüência, temos nova lição que retrata a dura realidade enfocada, passando o Mestre às considerações quanto à democratização desse processo de planejamento:

> "Quando se diz que os planos serão bons quando levam em conta o bem-estar do povo, quando são sensíveis às necessidades e aspirações deste, é preciso que se esclareça que tal sensibilidade há de ser captada por via democrática e não idealizada autoritariamente, como é comum nos tecnocratas e nos salvadores do 'bem comum' subjetivamente projetado.
>
> Merece afirmar, com destaque, que só o *planejamento urbanístico democrático* realizará aqueles princípios indicados acima. Esse tipo de planejamento busca realizar-se com base no consentimento popular. Entende que o povo deverá participar, a fim de que seja legítimo. Concepção bem sintetizada por Lubomir Ficinski nos termos seguintes: *'o novo tipo de planejamento – uma nova fase – será de conteúdo humano e democrático. É um completo engano pensar que a democracia atrapalha o planejamento, mesmo porque, se esta antinomia fosse verdadeira, seria correto eliminar, imediatamente, o planejamento. Ao contrário, o pla-*

---

[3] Idem nota anterior, pág. 97.

*nejamento é uma forma de organizar a democracia e de exprimi-la. O que devemos dizer, de forma clara e tranqüila, é que este tipo de planejamento toma o partido da maioria da população da cidade e a defende – aliás, por isso ele é democrático`."*[4].

Ainda cita Jorge Wilheim nos seguintes termos:

"Sendo democrático, ele se coloca contra pressões ilegítimas ou erradas em relação ao crescimento e à direção da cidade ... outro resultado, nunca negligenciável no planejamento democrático é que a discussão pública gera o apoio – se o plano é bom, evidentemente – e esse apoio público garante sua execução"[5].

E arremata o preclaro doutrinador com a clareza peculiar:

"Esses princípios, que já constavam da edição anterior deste volume, são agora exigências da Constituição, que, no referente ao planejamento municipal, declara que a lei orgânica do Município terá que assegurar a cooperação das associações representativas, além de prever a iniciativa popular de lei de interesse específico do Município, da cidade ou de bairros, através de manifestação de, pelo menos, cinco por cento do eleitorado (art. 29, X e XI)."[6].

Discorrendo sobre o conteúdo do Plano Diretor, lembra ainda o mesmo autor que deve conter "o sistema de zoneamento, que abrange o estabelecimento de zonas de uso do solo e os modelos de assentamento urbano (regras de ocupação do solo urbano), inclusive de renovação urbana ..." e que "há de prever também o solo destinado a uso industrial e comercial, em face do interesse e projeções do desenvolvimento da industrialização e do comércio; especialmente deve organizar núcleos industriais, reservando área para tanto, se assim for aconselhável em face da realidade local"[7].

---

[4] Idem nota anterior, pág. 97.

[5] Idem nota anterior, pág. 97.

[6] Idem nota anterior, pág. 98.

[7] Idem nota anterior, pág. 125.

Em artigo intitulado PRINCÍPIO DA DEMOCRACIA PARTICIPATIVA E O PLANO DIRETOR, de forma clara e objetiva, Maricelma Rita Meleiro, ilustre Promotora de Justiça, recorda que a participação democrática no planejamento urbano tem supedâneo no art. 29, XII, da Constituição Federal, em conjugação com o disposto no art. 1°, que estabelece o princípio da democracia participativa, lembrando que o poder emana do povo e deve ser exercido por meio de representantes eleitos ou DIRETAMENTE, nos termos da Constituição (art. 1°, parágrafo único, do Texto Maior).

Ao final do seu trabalho, a autora citada conclui que:

"1. O princípio democrático só é operável com a participação indireta e direta dos cidadãos no processo de formação da vontade estatal.

2. Por força do *princípio da forma normativa da Constituição* e sob o ângulo do *princípio da unidade hierárquico-normativo da Constituição*, o preceito do inciso XII, do artigo 29, prescritor da 'cooperação das associações representativas no processo de planejamento' não afasta a participação direta dos cidadãos no processo de planejamento municipal, imperativa pelo preceito do parágrafo único, do artigo 1°, da Constituição.

3. A concretização do princípio democrático será atendida por meio da criação e do exercício interventivo de entidades comunitárias, de conselhos distritais, de conselhos de desenvolvimento urbano, inclusive em órgãos de decisão administrativos e pelo maior atendimento da participação popular direta em enquetes e em audiências públicas, em todas as etapas do processo de planificação municipal (elaboração, execução e revisão do plano)."[8]

Um dos mais respeitados ambientalistas, Paulo Afonso Leme Machado[9], lembra que na elaboração do zoneamento deve haver participação do público, invocando a experiência estrangeira na França, EUA, Suíça, Alemanha e Portugal, concluindo à vista da legislação pátria:

"Salientamos a importância do zoneamento passar por um debate aberto e amplo, o que não deve significar morosidade e confusão.

---

[8] Temas de Direito Urbanístico 1, publicação do Ministério Público de São Paulo e Imprensa Oficial, 1999, pág. 101.

[9] Direito Ambiental Brasileiro, Malheiros Editores, 7.ed., 1999, pág. 134.

O concerto das vontades individuais, notadamente de todos os setores – inclusive as associações ambientais – poderão expressar seus pontos de vista para o desenvolvimento local se faça sem agressão aos recursos naturais.".

O mesmo autor, na seqüência, salienta a importância do zoneamento municipal e critica os improvisos:

> "Se não ficar obrigatório para os municípios a elaboração dos planos de zoneamento e a sua revisão, os interesses ambientais continuarão ao sabor das improvisações e das atitudes precipitadas de muitos administradores, causando inclusive maiores ônus financeiros aos municípios com posteriores indenizações e até desapropriações."[10].

## 5. LEIS DE EFEITOS CONCRETOS

Leis Municipais como as em análise são consideradas de *efeitos concretos*. Como tal, temos sua definição:

> "Por leis e decretos de efeitos concretos entendem-se aquelas que trazem em si mesmos o resultado específico pretendido, tais como as leis que *fixam limites territoriais, as leis que aprovam planos de urbanização*, as que criam municípios ou desmembram distritos, as que concedem isenções fiscais; as que proíbem atividades ou condutas individuais; os decretos que desapropriam bens, os que fixam tarifas, os que fazem nomeações e outros dessa espécie.
>
> Tais leis ou decretos nada têm de normativos; são *atos de efeitos concretos*, revestindo a forma imprópria de lei ou decreto, por exigências administrativas. Não contêm mandamentos genéricos, nem apresentam qualquer regra abstrata de conduta; atuam concreta e imediatamente como qualquer ato administrativo de efeitos individuais e específicos, razão pela qual se expõem ao ataque pelo mandado de segurança (RT 242/314, 289/152, 291/171, 441/66 e 455/51)"[11], podendo-se acrescentar a ação popular e a ação civil pública.

---

[10] Idem nota anterior, pág. 135.

[11] Hely Lopes Meirelles, Mandado de Segurança, Ação Popular e Ação Civil Pública, Ed. RT, 11.ed., 1.987, pg. 15.

O saudoso administrativista pontifica que:

"Dentre os atos *ilegais* e *lesivos* ao patrimônio público pode estar até mesmo a *lei de efeitos concretos*, isto é, aquela que já traz em si as conseqüências imediatas de sua atuação, como a que desapropria bens, a que concede isenções, a que desmembra ou cria municípios, a que fixa limites territoriais e outras dessa espécie. Tais leis só o são em sentido formal, visto que materialmente se equiparam aos atos administrativos e por isso mesmo são atacáveis por ação popular ou por mandado de segurança, conforme o direito ou o interesse por elas lesado"[12], incluindo-se também, por óbvio, a ação civil pública.

Por isso as Leis Municipais em questão possuem *natureza formal de leis* e *natureza material de atos administrativos*. Desde a publicação de tais leis de efeitos concretos é cabível o controle jurisdicional, incluindo-se como instrumento a Ação Civil Pública para impedir que seus efeitos possam causar danos de ordem difusa e coletiva.

## 6. ANULAÇÃO DOS ATOS ADMINISTRATIVOS. CONTROLE JUDICIÁRIO DA LEGALIDADE DOS ATOS ADMINISTRATIVOS

Na lição de HELY LOPES MEIRELLES[13] a "anulação é a declaração de invalidade de um ato administrativo ilegítimo ou ilegal, feita pela própria Administração ou pelo Poder Judiciário".

Prossegue o festejado autor: "desde que a Administração reconheça que praticou um ato contrário ao direito vigente, cumpre-lhe anulá-lo e quanto antes, para restabelecer a legalidade administrativa. Se o não fizer, poderá o interessado pedir ao Judiciário que verifique a ilegalidade do ato e declare a sua invalidade, através de anulação".

Assim, se a própria Administração não anula por seus próprios meios os atos ilegais (Súmula STF nº 473), cabe ao Judiciário o controle da legalidade substancial do ato administrativo.

Como ressalta o mestre HELY LOPES MEIRELLES, "qualquer que seja a procedência, a natureza e o objeto do ato, desde que traga

---

[12] Idem nota anterior, pág. 93.

[13] Direito Administrativo Brasileiro, Ed. RT, págs. 163 e 168, 13.ed., 1987.

em si a possibilidade de lesão a direito individual ou ao patrimônio público, ficará sujeito à apreciação judicial, exatamente para que a Justiça diga se foi ou não praticado com fidelidade à lei, e se ofendeu direitos do indivíduo ou interesses da coletividade".

Ensina novamente o brilhante jurista[14] que a "legalidade do ato administrativo é a condição primeira para a sua validade e eficácia. Nos Estados de Direito, como o nosso, não há lugar para o arbítrio, a prepotência, o abuso de poder. AAdministração Pública está tão sujeita ao império da lei como qualquer particular, porque o Direito é medida-padrão pela qual se aferem os poderes do Estado e os direitos do cidadão".

E prossegue: "Todo ato administrativo, de qualquer autoridade ou Poder, para ser legítimo e operante, há que ser praticado em conformidade com a norma legal pertinente (princípio da legalidade), com a moral da instituição (princípio da moralidade), com a destinação pública própria (princípio da finalidade) e com a divulgação oficial necessária (princípio da publicidade). Faltando, contrariando ou desviando-se desses princípios básicos, a Administração Pública vicia o ato de *ilegitimidade*, expondo-se à *anulação* por ela mesma, ou pelo Poder Judiciário se requerida pelo interessado".

No mesmo diapasão, por *ilegalidade* ou por *ilegitimidade* se entende a desconformidade do ato administrativo com a *lei* ou com a *moral administrativa* ou com o *interesse coletivo*. Segundo HELY LOPES MEIRELLES, "tanto é ato ilegal ou ilegítimo o que desatende a Lei, como o que violenta a moral da instituição, ou se desvia do interesse público, para servir a interesses privados de pessoas, grupos ou partidos favoritos da Administração".

Também sempre oportuna a lição do Mestre Hugo Nigro Mazzilli:

> "É certo que a ação civil pública da Lei n. 7.347/85 e a ação coletiva do Código do Consumidor não são sucedâneo da ação direta de inconstitucionalidade ou da ação interventiva, e, assim, não poderiam atacar pura e simplesmente um comando legal normativo, que é abstrato e genérico. Contudo, assim como ocorre nas ações populares e nos mandados de segurança, a inconstitucionalidade de um ato normativo pode ser *causa de pedir* (não o próprio *pedido*) de uma ação civil pública ou coletiva. Ao cuidar da ação popular, já ensinava Hely Lopes Meirelles que, "na ampla acepção admi-

---

[14] Idem nota anterior, págs. 602/603.

nistrativa, ato é lei, o decreto, a resolução, a portaria, o contrato e demais manifestações gerais ou especiais, de efeitos concretos, do Poder Público e dos entes com funções públicas delegadas ou equiparadas. Ato lesivo, portanto é toda manifestação de vontade da Administração danosa aos bens e interesses da comunidade. *Esse dano pode ser potencial ou efetivo*. Assim sendo, não é necessário que se aguarde a conversão do ato em fato administrativo lesivo para se intentar a ação. Dentre *os atos ilegais e lesivos ao patrimônio público pode estar até mesmo a lei de efeitos concretos*, isto é, aquela que já traz em si as conseqüências imediatas de sua atuação, como a que desapropria bens, a que concede isenções, desmembra ou cria municípios, a que fixa limites territoriais e outras dessas espécies"."[15].

Nesse sentido a jurisprudência pátria, reconhecendo como válida a Ação Popular para invalidar lei de efeitos concretos e, por identidade de razões, aplicável à Ação Civil Pública na defesa dos interesses difusos[16]:

"AGRAVO DE INSTRUMENTO - Ação popular - Possibilidade de sua utilização para invalidar *lei de efeitos concretos* - Recurso não provido. (Agravo de Instrumento n. 265.345-2 - São Paulo - 15ª Câmara Civil - Relator : Ruy Coppola - 08.08.95 - V.U.)"

"AÇÃO POPULAR ... - *Procedência da ação, para declarar a invalidade da Lei Municipal n.º 5312/87, que tem efeitos concretos* ... - Cuidando-se de ato sob a forma de lei, mas de conteúdo circunscrito a interesse certo, pertinente a pessoas determinadas, a ação popular é própria para invalidar os efeitos lesivos do mesmo ato (RTJ, 78/541) ... (Des. Geraldo Ferreira Leite - TJ-PB - 1995 - DATA DECISÃO 10/12/90 - DATA PUBLIC. 01/08/95 - N PROCESSO 1102/90 - Apelação Cível - ORG. JULG. 2ª Câmara Cível – Capital)."

Ainda que se pudesse reconhecer o efeito genérico da legislação municipal enfocada (o que não ocorre, já que dirigida aos interesses diretos dos proprietários de imóveis), cabível o reconhecimento de sua nulidade

---

[15] A Defesa dos Interesses Difusos em Juízo, Saraiva, 8.ed., 1996, pág. 162/163, citando a obra Mandado de Segurança, Ação Civil Pública e Habeas Data, Hely Lopes Meirelles.

[16] Fonte CD ROM de Jurisprudência da Associação Paulista do Ministério Público, ano 2004.

ou invalidade por Ação Civil Pública. Isso porque, caso sejam efetivamente executadas essas leis, seus efeitos causarão prejuízos ao padrão urbanístico e ao meio ambiente. Ainda que não executadas, geram a expectativa desses danos a qualquer momento, que podem se tornar irreparáveis, cumprindo a necessidade de reparação a título preventivo.

O consagrado Mestre JOSÉ CRETELLA JÚNIOR[17], citando Aguiar Dias, "reconhece a responsabilidade do Estado pelos danos causados *por lei nula, inconstitucional ou inválida*, porque temos um regime que nos permite impugná-la".

E prossegue em lição quanto à viabilidade de medidas preventivas: "*Se a ameaça de lesão ou de violação de um direito líquido e certo* está manifesta numa lei evidentemente inconstitucional, porque esperar que ela passe da *potência do ato* para só então ficar a pessoa, ou grupo de pessoas alvejadas, autorizada a procurar abrigo à sombra da medida protetora?"[18].

A execução de lei dessa natureza, gera danos difusos (urbanísticos e ambientais), passíveis, portanto, de proteção preventiva por meio da Ação Civil Pública. Essa finalidade preventiva vem expressa no art. 4º da Lei 7347/85.

Também face à inconstitucionalidade da legislação dessa natureza, possível o reconhecimento incidental desse vício, como mais um fundamento para sua nulidade. Nesse sentido temos julgado do Superior Tribunal de Justiça:

> "**PROCESSUAL CIVIL – AÇÃO CIVIL PÚBLICA – DECLARAÇÃO INCIDENTAL DE INCONSTITUCIONALIDADE – POSSIBILIDADE – EFEITOS.**
>
> 1. É possível a declaração incidental de inconstitucionalidade, na ação civil pública, de quaisquer leis ou atos normativos do Poder Público, desde que a controvérsia constitucional não figure como pedido, mas sim como causa de pedir, fundamento ou simples questão prejudicial, indispensável à resolução do litígio principal, em torno da tutela do interesse público.
>
> 2. A declaração incidental de inconstitucionalidade na ação civil pública não faz coisa julgada material, pois se trata de controle difuso de constitucionalidade, sujeito ao crivo do Supremo Tribunal

---

[17] Controle Jurisdicional do Ato Administrativo, Ed. Forense, 3.ed., 1993.

[18] Idem nota anterior, pág. 455.

Federal, via recurso extraordinário, sendo insubsistente, portanto, a tese de que tal sistemática teria os mesmos efeitos da ação declaratória de inconstitucionalidade.

3. O efeito *erga omnes* da coisa julgada material na ação civil pública será de âmbito nacional, regional ou local conforme a extensão e a indivisibilidade do dano ou ameaça de dano, atuando no plano dos fatos e litígios concretos, por meio, principalmente, das tutelas condenatória, executiva e mandamental, que lhe asseguram eficácia prática, diferentemente da ação declaratória de inconstitucionalidade, que faz coisa julgada material *erga omnes* no âmbito da vigência especial da lei ou ato normativo impugnado.

4. Embargos de divergência providos." (Embargos de Divergência em RESP 305.150-DF – 2002/0144745-0, data do julgamento 11.05.05, relatora Ministra Eliana Calmon, v.u.).

Ainda no corpo do aludido acórdão, são citados outros precedentes, valendo destaque:

"RECURSO ESPECIAL. AÇÃO CIVIL PÚBLICA. EFICÁCIA *ERGA OMNES*. CONTROLE DE CONSTITUCIONALIDADE *INCIDENTER TANTUM*. POSSIBILIDADE. ENTENDIMENTO DO SUPREMO TRIBUNAL FEDERAL."

## 7. CONCLUSÕES

Os fundamentos jurídicos expostos revelam a necessidade de controle das alterações de zoneamento, editadas para fins econômicos e privados, ao arrepio do interesse público, considerando-as como leis de *efeitos concretos* (leis do ponto de vista *formal*; atos administrativos do ponto de vista *material*), que padecem de *ilegalidade* (desconformidade do ato administrativo ou da lei de efeitos concretos com a lei e com o interesse coletivo) e inconstitucionalidade (que pode ser reconhecida incidentalmente).

Como se verifica muitas dessas leis são preparadas e aprovadas a pedido dos proprietários interessados em implantarem atividades urbanas, onde antes era área rural. As áreas transformadas de rurais para urbanas são constituídas, no mais das vezes, somente de propriedades individualizadas, fora de um contexto de planejamento geral do município.

Assim, a qualquer momento podem ser autorizadas atividades nessas áreas (loteamentos etc.), sobrevindo depois argumentos de irreversibilidade, fundados em altos investimentos, razão da importância de detectar com antecedência a situação e propor as medidas pertinentes, inclusive com pedido de liminar, visando obter:

a) *obrigação de não fazer*, consistente em não autorizar ou permitir quaisquer obras ou atividades de natureza urbana (loteamentos etc.) nas áreas objetos de transformação de rurais para urbanas pelas Leis Municipais em comentário;

b) *obrigação de não fazer*, consistente em não fazer tramitar e não promulgar outras leis de transformação de áreas rurais em urbanas, devendo cuidar dos estudos técnicos e aprovação regular do PLANO DIRETOR, contemplando todo o Município, observando-se o planejamento municipal democrático;

c) *anulação* das Leis Municipais em estudo, de efeitos concretos (leis sob o aspecto formal, atos administrativos sob o aspecto material), em razão de ofensa ao princípio da legalidade e por afronta direta a normas constitucionais e legislação ordinária;

d) subsidiariamente, não sendo o entendimento de anulação, em face dos vícios encontrados, que sejam *declarados inválidos os efeitos das alterações promovidas*, por faltar os elementos próprios de planejamento municipal e face à iminência de prejuízos urbanísticos e ambientais, até que se promova um o planejamento urbanístico (global) e democrático;

e) que seja declarada a necessidade de aprovação de um PLANO DIRETOR para o Município, sem o que não poderá haver novas alterações de áreas rurais para urbanas.

## 8. REFERÊNCIAS BIBLIOGRÁFICAS

CRETELLA JÚNIOR, José. *Controle Jurisdicional do Ato Administrativo*. 3.ed. São Paulo: Forense, 1993.

GASPARINI, Diógenes. *Temas de Direito Urbanístico 4*. 4° volume. São Paulo: publicação do Ministério Público do Estado de São Paulo e Imprensa Oficial, 2005.

MACHADO, Paulo Afonso Leme. *Direito Ambiental Brasileiro*. 7.ed. São Paulo: Malheiros, 1999.

MAZZILLI, Hugo Nigro. *A Defesa dos Interesses Difusos em Juízo*. 8.ed. São Paulo: Saraiva, 1996.

MEIRELLES, Hely Lopes. *Mandado de Segurança, Ação Popular e Ação Civil Pública*. 11.ed. São Paulo: RT, 1.987.

_________.*Direito Administrativo Brasileiro*. 13.ed. São Paulo: RT, 1987.

MELEIRO, Maricelma Rita. *Temas de Direito Urbanístico 1*. 1° volume. São Paulo: publicação do Ministério Público de São Paulo e Imprensa Oficial, 1999.

SILVA, José Afonso da. *Direito Urbanístico Brasileiro*. 2.ed. São Paulo: Malheiros, 1997.

# A RESERVA LEGAL NAS ZONAS URBANAS

FERNANDO REVERENDO VIDAL AKAOUI*

***SUMÁRIO:*** 1. Breve introdução sobre o ordenamento urbano brasileiro 2. A Reserva Legal e sua Importância. 3. Da Obrigatoriedade da Instituição de Reserva Legal em Zona Urbana 4. A reserva legal e sua natureza de obrigação *propter rem*. A impossibilidade de modificação de sua destinação. 5. Conclusões.

## 1. BREVE INTRODUÇÃO SOBRE O ORDENAMENTO URBANO BRASILEIRO

A vigente Constituição Federal deu ímpar importância ao ordenamento das cidades,seja no que tange à sua zona rural, seja àquela de características urbanas, sendo que cada uma delas possui capítulo próprio a tratar de suas diretrizes gerais, instituindo verdadeira política de ocupação (arts. 182 a 191).

Especificamente em relação à zona urbana, a política de desenvolvimento, cuja execução está sob os auspícios do Poder Público Municipal, terá como objetivo "ordenar o pleno desenvolvimento das funções sociais da cidade e garantir o bem-estar de seus habitantes" (art. 182, *caput*, CF).

---

* Promotor de Justiça em São Paulo, Assessor do Centro de Apoio Operacional de Urbanismo e Meio Ambiente, Especialista em Interesses Difusos pela ESMP-SP, Mestre e Doutorando pela PUC-SP.

No cumprimento de seu desiderato, não poderá o administrador municipal se afastar o claro comando contido na norma constitucional supra citada, de sorte a que as atividades desenvolvidas no território do município sejam voltadas a atender às múltiplas necessidades sócio-ambientais dos cidadãos ali residentes.

Somente perseguindo de forma incessante este objetivo é que será possível atender ao fundamento da República Federativa do Brasil que garante aos brasileiros e estrangeiros residentes no país que possam viver com plena dignidade (art. 1°, III, CF).

De fato, como pensar na existência de uma vida digna sem que o ambiente urbano esteja devidamente equilibrado, permitindo que os cidadãos possam conviver de forma harmônica com os espaços construídos e naturais existentes na zona urbana das cidades?

Para se atingir o auge do desenvolvimento social das cidades é preciso levar a sério o princípio constitucional da função social da propriedade (art. 5°, XXIII, CF)[1], pois a imposição de regras rígidas de condutas sociais e ambientais se mostra como a única solução possível.

Foi com este espírito que o constituinte mais uma vez não decepcionou, pois fez consignar que "a propriedade urbana cumpre sua função social quando atende às exigências fundamentais de ordenação da cidade expressas no plano diretor" (art. 182, § 2°, CF), sendo que este é, segundo o Estatuto da Cidade "o instrumento básico da política de desenvolvimento e expansão urbana" (art. 40, *caput*).

O conteúdo do plano diretor não poderá, no entanto, deixar de incorporar as diretrizes gerais contidas no art. 2° do Estatuto, sendo sua obrigação especificá-las concretamente. E, mencionadas diretrizes possuem nítido conteúdo de proteção do meio ambiente, como, aliás, não poderia deixar de ser, na medida em que o ambiente urbano ou construído é uma das facetas do meio ambiente.[2]

Neste diapasão vale lembrar as sempre esclarecedoras palavras de Celso Antonio Pacheco Fiorillo, para quem "a divisão do meio ambiente em aspectos que o compõem *busca facilitar* a identificação da *atividade* degradante e do *bem imediatamente agredido*. Não se pode

---

[1] Vale consignar que referido princípio não é novidade da Carta Magna de 1988, encontrando-se inserido em nossas Constituições desde 1934.

[2] Paulo Affonso Leme Machado pontua que "o Município não planejará olhando somente para sua realidade política, social e econômica, mas haverá de ter em conta o ecossistema em que está inserido" (*Direito ambiental brasileiro*, 11.ed. rev. atual. e ampl., Malheiros, 2003, p. 371.

perder de vista que o direito ambiental tem como *objeto maior* tutelar a vida saudável, de modo que a classificação apenas identifica o aspecto do meio ambiente em que valores maiores foram aviltados. E com isso encontramos pelo menos quatro significativos aspectos: meio ambiente natural, artificial, cultural e do trabalho".[3]

Portanto, ao meio ambiente urbano aplicam-se *in totum* as disposições do art. 225 da Carta de Regência, que serve de norte ao desenvolvimento da política urbana, que terá sempre de preservar a qualidade do meio ambiente, *bem de uso comum do povo e essencial à sadia qualidade de vida*.

## 2. A RESERVA LEGAL E SUA IMPORTÂNCIA

Para Narciso Orlandi Neto, "a reserva legal é limitação que atinge todos os imóveis situados em regiões especificamente protegidas, restringe o uso de parte certa e localizada de cada imóvel, em caráter definitivo e imutável e pode ser especializada no Registro de Imóveis, a requerimento do proprietário. Por lei, destina-se à preservação de florestas particulares e torna-se efetiva com a proibição de corte raso".[4]

Atualmente, por força da Medida Provisória n° 2.166-67, de 24.08.2001, que determinou a inserção de um parágrafo 2° ao art. 1° do Código Florestal, gozamos de um conceito legal de reserva legal, assim consignado: "área localizada no interior de uma propriedade ou posse rural, excetuada a de preservação permanente, necessária ao uso sustentável dos recursos naturais, à conservação da biodiversidade e ao abrigo e proteção de fauna e flora nativas".

Vale mencionar que a reserva legal, enquanto limitação administrativa de caráter geral, e portanto não indenizável, cumpre a disposição constitucional no sentido de que a propriedade deve atender a sua função social (art. 5°, XXIII, CF), e que, no caso de áreas rurais, é a de manter parte de suas florestas intactas, com o fito de evitar processos erosivos, manter a biodiversidade regional, etc.

A reserva legal é instituto de proteção de elementos ambientais que se coaduna com o comando dirigido ao Poder Público no sentido de que deve "definir em todas as unidades da Federação, espaços

---

[3] *Curso de direito ambiental brasileiro*, 5.ed. ampl., Saraiva, 2004, p. 20.

[4] *Reservas florestais*, in Revista de Direito Imobiliário, n° 42, RT, 1997, p. 51.

territoriais e seus componentes, a serem especialmente protegidos" (art. 225, § 1°, III, CF).

Os arts. 16 e 44 da Lei n° 4.771/65 disciplinam a reserva legal, detalhando, inclusive, o percentual incidente sobre a propriedade particular, variável dependendo da região geográfica em que se encontre aquela.

A limitação imposta ao imóvel em nada ofende o direito de propriedade, na medida em que desta forma cumpre esta sua função social[5], valendo destacar que os benefícios trazidos pelas restrições também aproveitam ao proprietário. E são muitas.

Com efeito, especificamente no que pertine à reserva legal, insta consignar suas funções e as implicações ecológicas e sociais dela decorrentes. Vejamos:

| Funções | Implicações Ecológicas | Implicações Sociais |
|---|---|---|
| Interceptação, absorção e reflexão de radiação luminosa.<br><br>Fotossíntese, produção primária líquida.<br><br>Fluxo de energia. | Manutenção do equilíbrio dos ciclos biogeoquímicos.<br><br>Manutenção de altas taxas de evapotranspiração.<br><br>Manutenção do microclima e da fauna. | Conforto térmico.<br><br>Conforto sonoro.<br><br>Manutenção da biomassa com possibilidade de integração da comunidade local. |
| Biofiltração. | Eliminação de materiais tóxicos particulados e gasosos e sua incorporação nos ciclos biogeoquímicos. | Melhoria da qualidade do ar, da água e de escoamento superficial. |
| Contenção dos processos erosivos. | Economia de nutrientes e solos.<br><br>Favorecimento do processo sucessional. | Prevenção de deslizamentos, voçorocas, ravinamento e perda de solos.<br><br>Preservação dos recursos hídricos. |
| Infiltração de água pluvial (maior permeabilidade). | Redução do escoamento superficial.<br>Recarga de aqüífero.<br>Diminuição na amplitude das hidrógrafas. | Prevenção de inundações. |

[5] Importante lembrar que os ditames para que a propriedade cumpra sua função social são estabelecidos pelo Poder Público, e não pelo particular. Este último poderá sempre ir além daquilo que o Poder Público lhe imponha, mas nunca deixar de observar as normas dirigidas à obtenção da qualidade ambiental.

| Funções | Implicações Ecológicas | Implicações Sociais |
|---|---|---|
| Movimentos de massas de ar. | Manutenção do clima. | Conforto térmico e difusão de gases tóxicos e material particulado do ar. |
| Atenuação sonora. | Aspectos comportamentais da fauna. | Conforto acústico aos seres humanos. |
| Estética. | Melhoria da qualidade ambiental. | Quebra da monotonia da paisagem, causada pelas grandes áreas edificadas.<br><br>Valorização visual e ornamental dos espaços.<br><br>Caracterização de espaços: elemento de interação de atividades humanas com o meio ambiente. |

Dentre as funções ecológicas e sociais da reserva legal acima destacadas, gostaríamos de reiterar que estas contribuem demasiadamente para a conservação do solo e da água, além de contribuir para evitar alterações climáticas, interferindo no clima e no microclima das regiões onde se encontrem.

## 3. DA OBRIGATORIEDADE DA INSTITUIÇÃO DA RESERVA LEGAL EM ZONA URBANA

No passado já firmamos entendimento no sentido de que "não há fundamento legal, ou mesmo técnico, para excluir a observância de manutenção de um percentual mínimo de 20% da floresta existente no imóvel urbano intacta, devendo esta reserva legal florestal ser averbada no registro de imóveis competente".[6]

---

[6] Fernando Reverendo Vidal Akaoui, *Apontamentos acerca da aplicação do Código Florestal em áreas urbanas e seu reflexo no parcelamento do solo*, in Temas de Direito Urbanístico 2, 2000, p. 290.

Este posicionamento permanece íntegro, não obstante para alguns o conceito legal de reserva legal estabelecido pela Medida Provisória n° 2.166-67, já acima transcrito, tenha definido que este instituto de proteção do meio ambiente somente para as zonas rurais.

Com o devido respeito, parece que ocorre uma leitura absolutamente equivocada, pois a lei determina a verificação da reserva em *áreas rurais*, e não em *zonas rurais*. E ambas não se confundem.

Realmente, o zoneamento é o instrumento de política do desenvolvimento urbano e rural de um município, sendo certo que o plano diretor, apesar de ser considerado por muitos apenas como meio de ordenar o desenvolvimento da política urbana, também se presta a estabelecer as regras da porção territorial da cidade com vocação predominantemente rural (art. 40, § 2°, Estatuto das Cidades), lembrando que mencionado instrumento só é obrigatório aos municípios com mais de vinte mil habitantes (art. 182, § 1°, CF).

Sobre a questão supra referida se manifesta Paulo Affonso Leme Machado no sentido de que "a Lei 10.257/2001 prevê que 'o plano diretor deverá englobar o território do Município como um todo' (§ 2° do art. 40). A redação desse parágrafo não diz expressamente que o plano diretor deve abranger ao mesmo tempo a parte urbana e a parte rural, mas está subentendida tal diretriz. Não me parece que a lei tenha sido inconstitucional nesse ponto, pois a norma geral federal tentou indicar meios de se implementar a função social não só da propriedade urbana, como também da propriedade rural".[7]

É oportuno lembrar que o estatuto é *das cidades*, e não *da zona rural*.

Os municípios que não estiverem obrigados a aprovar plano diretor (e efetivamente não o tenham feito de forma voluntária), poderão disciplinar o uso e ocupação de seu território (tanto zona urbana como rural) através de leis específicas.

Ocorre que imóveis localizados em zonas rurais podem comportar atividades tipicamente urbanas (mercado, bar, posto de abastecimento, etc.), enquanto que imóveis pertencentes à porção urbana das cidades, por seu turno, poderão abrigar áreas tipicamente rurais (independente de nelas estarem sendo promovidas atividades rurais).

---

[7] Op. cit., p. 370.

Assim, para que incida a obrigação de instituição da reserva legal, o que devemos verificar é se o imóvel se constitui em uma *área rural*, e não se está localizado em *zona rural*.

A interpretação acima conferida está em conformidade com os ditames da Carta Constitucional, que exige a sustentabilidade das cidades como forma de se buscar a dignidade da pessoa humana, e nitidamente busca preservar a vocação agrícola do país e manutenção do homem no campo.[8]

Notadamente quanto à manutenção da política de desenvolvimento das áreas com vocação agropastoris, inúmeros municípios país afora a estão pondo em risco, na medida em que, na busca incessante por arrecadação, dada a situação calamitosa por que muitos daqueles se encontram, acabam por transformar a totalidade de seu território, ou grande parte dele, em zona urbana.

Com isto, aquelas áreas que antes se encontravam na zona rural, e recolhiam o Imposto sobre a Propriedade Territorial Rural – ITR ao INCRA, passam a recolher Imposto Predial e Territorial Urbano – IPTU.

Muitas destas transformações de zonas rurais em urbanas não têm observado, entretanto, o regramento contido no art. 2°, V, da Resolução CONAMA n° 302, que nos dá um parâmetro do que seja uma área urbana consolidada. A instituição destas, portanto, acaba por abranger áreas despovoadas e sem qualquer infra-estrutura mínima para poder receber uma nova aglomeração, isto sem contar a malha viária geralmente precária.

Assim, hoje em dia numa *"canetada"* a Câmara Municipal incorpora uma área totalmente ocupada por atividades tipicamente rurais na zona urbana, o que, em absolutamente nada irá alterar suas atividades produtivas, ao menos enquanto elas continuarem sendo lucrativas.

Sob o enfoque exclusivamente ambiental, a se sustentar que basta o imóvel estar na zona urbana para não incidir a obrigação de instituição de reserva legal, e mais do que depressa teremos todo o país localizado em zona desta natureza, pois a pressão dos proprietários de áreas rurais será imensa, a fim de que possam sustentar a possibilidade de intervir naquela área restrita, não obstante esta hipótese nos pareça totalmente despropositada.

---

[8] Note-se que há instituída na Carta Magna uma política de reforma agrária (art. 184), assim como para obtenção do usucapião especial rural é preciso que o usucapiente reside no imóvel rural (art. 191).

## 4. A RESERVA LEGAL E SUA NATUREZA DE OBRIGAÇÃO *PROPTER REM*. A IMPOSSIBILIDADE DE MODIFICAÇÃO DE SUA DESTINAÇÃO

Finalizamos o item anterior sustentando uma tese subsidiária no sentido de que, mesmo vencido nosso posicionamento no sentido de que a reserva legal é instituída em propriedade com características rurais, e não as que se encontrem em zona rural[9], não haveria prejuízo à instituição daquela limitação.

E realmente não há qualquer possibilidade daquela área rural agora inserida na zona urbana deixar de observar a limitação em relação a, no mínimo, 20% do imóvel, a fim de preservar o meio ambiente.

Isto se dá em face da natureza de obrigação *propter rem* da reserva legal, posto que recaí sobre aquele que tenha a posse ou propriedade da área com característica rural enquanto for mantido este *statu quo*. Transferida a posse ou propriedade, a obrigação segue com o imóvel, passando ao adquirente.

Assim, inclusive, tem decidido o Colendo Superior Tribunal de Justiça. Vejamos:

> "RECURSO ESPECIAL. FAIXA CILIAR. ÁREA DE PRESERVAÇÃO PERMANENTE. RESERVA LEGAL. TERRENO ADQUIRIDO PELO RECORRENTE JÁ DESMATADO. IMPOSSIBILIDADE DE EXPLORAÇÃO ECONÔMICA. RESPONSABILIDADE OBJETIVA. OBRIGAÇÃO *PROPTER REM*. AUSÊNCIA DE PREQUESTIONAMENTO. DIVERGÊNCIA JURISPRUDENCIAL NÃO CONFIGURADA".[10]

A Colenda Câmara Especial de Meio Ambiente do Egrégio Tribunal de Justiça do Estado de São Paulo já consignou em v. acórdão da lavra do eminente Desembargador Renato Nalini que "a delimitação, demarcação e averbação da Reserva Legal prevista pelo Código Florestal não é de natureza **pessoal** mas é obrigação **propter rem** e, desde 5 X 1988, constitui pressuposto intrínseco do direito de propriedade, de origem constitucional, como atributo de sua função

---

[9] Fosse assim, um pequeno imóvel localizado na zona rural, que abrigue um posto de abastecimento, deverá instituir reserva legal.

[10] REsp nº 343.741/PR, Rel. Min. Franciulli Netto, DJU 07.10.2002. No mesmo sentido: REsp nº 217.858/PR.

ecológica, à luz dos artigos 186, II e 170, VI, da Constituição da República (Ap. Civ. n° 402.646.5/7-00 – São Carlos – j. 29.06.2006).

Aliás, de forma indireta assim também já se manifestou o Colendo Superior Tribunal de Justiça, ao pontuar que "o novo adquirente do imóvel é parte legítima passiva para responder por ação de dano ambiental, pois assume a propriedade do bem rural com a imposição das limitações ditadas pela Lei Federal" (REsp n° 264173/PR, Rel. Min. José Delgado, j. 15.01.2001).

Portanto, com esta natureza híbrida, não há como se sustentar que, passando o imóvel anteriormente localizado em zona rural, a integrar a zona urbana do município, desapareça a obrigação já existente, que é definitiva e perpétua.

A corroborar nosso posicionamento, dispõe o art. 16, § 8°, do Código Florestal que "a área de reserva legal deve ser averbada à margem da inscrição de matrícula do imóvel, no registro de imóveis competente, *sendo vedada a alteração de sua destinação, nos casos de transmissão*, a qualquer título, de desmembramento ou de retificação da área" (destaque nosso).

Não resta dúvida, portanto, de que a natureza jurídica do instituto é de obrigação *propter rem*, impossibilitando-se a modificação de sua destinação, seja pela transmissão a novo proprietário ou possuidor, seja pela alteração do zoneamento do local onde se encontre o imóvel.

Importante enfatizar que a reserva legal é instituída *ope legis*, sendo que a demarcação e averbação desta no registro de imóveis é mero exaurimento da obrigação já existente.

Da mesma forma, de nada importa que o imóvel não tenha área florestada, pois nesta hipótese o possuidor ou proprietário deverá proceder à recuperação da área demarcada com sendo aquela que deva abrigar a reserva legal, anotando-se que, caso o imóvel tenha parte da área com floresta e parte desmatada, a reserva legal obrigatoriamente deverá recair sobre a porção vegetada, não havendo possibilidade jurídica ou técnica para se sustentar a autorização de corte raso das árvores, e determinar-se a recuperação da área desmatada. Tal atitude atentaria contra vários princípios de Direito Ambiental.

Não olvidemos, ainda, sobre a necessidade de averbação da reserva legal na matrícula do imóvel, e que se constitui em mera regularização de um dever de manutenção já existentc.

Portanto, caso um proprietário ou possuidor de área rural cuja reserva legal ainda não tenha sido averbada venha a aliená-la, seja a título oneroso ou gratuito, permanecerá intacto o dever de instituí-la. Daí porque, o desmembramento ou retificação da área não altera a reserva legal já anteriormente estabelecida (ou que deveria tê-lo sido).

Ousaríamos dizer, ainda, que a partir de 24.08.2001, data em que entrou em vigência a Medida Provisória n° 2.166-67, e que introduziu no ordenamento jurídico o supra transcrito parágrafo 8°, do art. 16 do Código Florestal, os demembramentos e retificações rurais estão absolutamente vinculados à prévia instituição e averbação da reserva legal.

Não se mostra possível, desta forma, que ocorra a instituição e averbação da reserva legal após a ocorrência do desmembramento ou retificação, na medida em que se mostra como conduta preliminar àquelas.

Ainda, tendo a reserva legal como uma de suas características a manutenção da biodiversidade regional, o que se mostra em consonância com a regra contida no art. 225, § 1°, II, da Magna Carta, que dispõe ser dever do Poder Público, "preservar a diversidade e a integridade do patrimônio genético do País", constituindo-se, dentre outras maneiras, através da imposição da existência daquela limitação, não se pode aceitar que seja ela instituída fora da área vegetada existente na propriedade ou posse, com a conseqüente permissão de desmatamento.

De fato, tal permissividade levaria a grave prejuízo ao meio ambiente, na medida em que se permitiria o desmatamento de área existente na propriedade, instituindo-se em outra área, desprovida de floresta, a reserva legal, o que implicaria na necessidade de se proceder a recuperação daquela localidade.

Além de ser ilógico, certamente causaria grave dano não somente à flora existente na área a ser desmatada, mas à sua fauna associada, que não teria, até que a outra área fosse recomposta, local adequado para se alojar, o que redundaria na fuga das espécies para outra área florestada, mas com possível morte de animais que não conseguissem se deslocar a contento.

## 5. CONCLUSÕES

1 - A Reserva Legal possui excepcionais funções ecológicas, com impactos positivos para as zonas rurais e urbanas, motivo pelo qual não se pode prescindir de sua instituição em todo o território municipal;

2 - O Código Florestal, com a redação conferida ao art. 1º, § 2º pela Medida Provisória nº 2.166-67, dispôs que a Reserva Legal se aplica a toda e qualquer área com características rurais, independentemente desta se encontra na zona urbana ou rural;

3 - A instituição de zona urbana no Município deve respeitar os requisitos mínimos contidos na Resolução CONAMA nº 302, mesmo que esta determine que aquelas características se aplicam apenas para as áreas no entorno de reservatórios, uma vez que a não observância daqueles pode gerar prejuízos de monta ao meio ambiente, ao ordenamento urbano e, conseqüentemente, à coletividade;

4 - Subsidiariamente, sustentamos que, uma vez instituída a Reserva Legal, esta adere à propriedade com característica de perpetuidade, independentemente de posterior alienação ou modificação do zoneamento urbano, tudo em face de sua natureza de obrigação *prpter rem*;

5 - Não é possível se admitir o desmembramento de área urbana ou rural sem que antes esteja instituída (leia-se localizada e formalizada) e averbada a reserva legal;

6 - A instituição da reserva legal deverá ser obrigatoriamente instituída no remanescente florestal existente na propriedade, não se admitindo o corte de vegetação existente, e a instituição da reserva em área a ser recuperada.

# A OMISSÃO DO PODER PÚBLICO MUNICIPAL NA CONCESSÃO DE ALVARÁS DE CONSTRUÇÃO DE EDIFICAÇÕES QUE UTILIZAM ESTRUTURAS SUBTERRÂNEAS CONHECIDAS COMO TIRANTES

CARLOS HENRIQUE PRESTES CAMARGO*

***SUMÁRIO:*** 1. Dos Fatos. 2. Do Direito. 3. Da Responsabilidade do Poder Público Municipal na Concessão de Alvarás de Construção. 4. Conclusões.

## 1. DOS FATOS

A Prefeitura Municipal de São Paulo e outras vêm autorizando o início de obras de edificações em que se utilizam tirantes, sem a anuência dos moradores de edificações vizinhas, ou sob as quais serão instalados os tirantes e sem a determinação de realização do devido levantamento topográfico do terreno, do levantamento das edificações vizinhas (tipo de fundações, cotas de assentamento das fundações, distância à borda da escavação) e das redes de utilidades públicas,

---

* Promotor de Justiça em São Paulo; assessor do Centro de Apoio Operacional de Urbanismo e Meio Ambiente do Ministério Público do Estado de São Paulo

não só para a determinação das sobrecargas , como também, para se determinar as condições de deslocabilidade e deformidade que podem ser provocadas pela execução da escavação.

Os "tirantes" são cordoalhas de aço de cerca de 10 (dez) a 12 (doze) metros de comprimento, por cerca de 12 (doze) centímetros de largura, que são introduzidas no terreno através de perfurações no subsolo dos imóveis lindeiros, ancoradas em concreto armado, perpendiculares às paredes da área escavada (subsolo dos terrenos vizinhos) e que na maioria dos casos provoca rachaduras nas edificações preexistentes, por atingir a fundação desses imóveis, além de causar impactos no lençol freático, o que causa os chamados "vazios" e conseqüentemente o rebaixamento do solo.

Os solos são, em regra, formados por argila, areia, material orgânico, rocha e água. Em São Paulo, Capital, especificamente, nas áreas próximas aos rios e cursos d´água, o solo apresenta um alto índice de saturamento (presença de grande quantidade de água). Mesmo assim, inúmeras construções são executadas nesses locais, pois a Lei de Zoneamento da Capital Paulista em vigor não faz qualquer tipo de restrição, com relação à edificação nesse tipo de solo.

Para a fixação dos tirantes é necessário o tracionamento que forma o "bulbo de pressão", que é a chamada "cabeça do tirante", pois sem esse procedimento não há como se prender a estrutura à parede de concreto, que serve de contenção para o terreno e subsolo lindeiros.

Como exemplo, podemos citar um tirante de 12 metros que é introduzido no subsolo vizinho. Após a introdução e seu tracionamento, essa estrutura é significativamente reduzida, o que causa um vazio no subsolo, onde havia o tirante sem a tração.

Em uma construção, onde se utiliza dessa técnica, há a necessidade de introdução de tirantes a cada 01 (um) metro, aproximadamente. Esses tirantes são introduzidos em linha (podendo haver duas ou três linhas horizontais, dependendo da profundidade da escavação) e podem causar o rebaixamento do subsolo vizinho em vários locais.

As escavações que são feitas para a introdução dos tirantes, iniciam e aceleram a drenagem das águas subterrâneas dos terrenos vizinhos. Essa drenagem, como já dito, causa o rebaixamento do solo, pois as águas que ocupavam um espaço nesse local, são retiradas e deixam um vazio. Esses vazios provocam uma reacomodação do subsolo do terreno lindeiro e conseqüentemente, o rebaixamento do nível do solo.

Esse rebaixamento, na maioria das vezes, causa rachaduras nas paredes das edificações vizinhas, afundamento dos pisos, inclinação das construções e riscos de desabamento.

Os tirantes vêm causando sérios problemas na cidade de São Paulo. Essa técnica foi adotada a partir do ano de 1990, pelas construtoras, para acelerar o ritmo das construções, especialmente na etapa da escavação da fundação de edifícios.

Esse método construtivo é utilizado para a contenção de paredes da área escavada e é extremamente mais barato, pois reduz o tempo da execução do total da obra. A escavação e concretagem da fundação de um edifício, que durariam de 02 (dois) a 03 (três) meses, passariam a ser executadas em 30 (trinta) dias aproximadamente.

Teoricamente essa técnica é utilizada para evitar desmoronamentos das paredes de terra da escavação e para garantir a integridade das construções vizinhas. Na prática, o que está sendo constatado é exatamente o contrário.

A técnica dos tirantes está muito bem explicada no parecer técnico contido no "Relatório Anual de 2004" da Ouvidoria Geral do Município de São Paulo, em suas páginas 45/46:

> - "Uma técnica adotada a partir de meados dos anos 90 pelas construtoras para acelerar o ritmo das construções na etapa de escavação para a fundação de grandes edifícios, vem causando rachaduras nos imóveis vizinhos a esses canteiros de obras. Trata-se de uma forma de conter as paredes da área escavada nos limites do terreno em que o prédio será erguido, de modo a evitar deslizamentos de terra e o desmoronamento das construções vizinhas. Para isso, durante a escavação, são perfuradas as seções do terreno e introduzidas barras de ferro, ancoradas em concreto armado, perpendiculares às paredes da área escavada, que nada mais são do que o subsolo dos terrenos laterais, dos fundos e da rua. Introduzidas essas barras, conhecidas como tirantes, a parede é concretada."

Continua o Relatório esclarecendo as conseqüências da utilização dos "tirantes", sem o cumprimento da legislação em vigor:

> "- Para que os tirantes sejam introduzidos, é necessária uma perfuração no subsolo dos terrenos vizinhos, com uma broca que chega a 12 cm de diâmetro, o que, em muitos casos, provoca

rachaduras nas edificações preexistentes, seja por atingir a fundação do imóvel, seja devido ao impacto nos lençóis freáticos, causando "vazios" que levam, muitas vezes, a um rebaixamento do solo. Anteriormente, a escavação era feita por partes: um pequeno trecho era escavado, o concreto armado da fundação era introduzido (no próprio local, sem perfurar o subsolo além dos limites da obra) e o material, por si só, já garantia a estabilidade do próprio terreno e, conseqüentemente, dos terrenos vizinhos."

As Construtoras, defendendo exclusivamente interesses econômicos, vêm argumentando que os tirantes estão localizados fora dos limites das obras e que não fazem parte da construção, pois seriam estruturas independentes e que poderiam ser removidas após o término da edificação.

Tal afirmativa não é verdadeira, pois como podemos observar no município de São Paulo, onde os "tirantes" são utilizados indiscriminadamente e sem a devida fiscalização do Poder Público, essas estruturas fazem parte da obra e jamais são retiradas após o término da construção. Além de permanecerem no subsolo onde foram introduzidos, causam sérios danos às edificações vizinhas, aos encanamentos de esgoto, água e gás e às vias públicas.

A retirada dos tirantes, após o término da obra é pior ainda que sua permanência. Para que essas estruturas sejam removidas do subsolo, é necessária a execução de um orifício de diâmetro ainda maior em torno do tirante, o que causa nova movimentação de solo e drenagem e águas subterrâneas. Evidentemente que novos prejuízos serão causados aos imóveis lindeiros.

A própria execução de um tirante, provisório ou definitivo, por si só, já causa inúmeros danos aos imóveis vizinhos. Não importa se essa estrutura será, ou não, retirada, pois o simples apoio no terreno lindeiro já provoca reações físicas no subsolo.

Os "tirantes" são, pois, elementos estruturais da obra, interferindo nos imóveis vizinhos, não podendo, assim, serem retirados do solo lindeiro, sem causar danos muitas vezes irreversíveis, nas edificações vizinhas.

Nesse sentido, leciona o mestre Hely Lopes Meirelles, em sua obra "Direito de Construir", 7ª edição atualizada, pág. 55:

- "Os dispositivos acima consubstanciam as normas sobre invasão de área do vizinho, goteiras e devassamento do prédio confinante. A primeira regra é a de que o confrontante, ao edificar, não pode apossar-se do terreno vizinho, pelo avanço da construção além da meia espessura da parede sobre linha divisória. Essa invasão de área tanto é reprimível quando os alicerces são colocados além dos limites do terreno como quando o avanço se dá nos pavimentos superiores, pela construção dos denominados "balanços". Ocorrendo, por qualquer modo, a invasão da área vizinha, é lícito ao proprietário prejudicado embargar a obra e obter a demolição e restituição da parte que lhe pertence, além dos prejuízos que houver suportado."

A Procuradoria do Município de São Paulo, no mesmo caminho, emitiu parecer que se encontra juntado às fls. 704/707 do Procedimento Preparatório de Inquérito Civil 204/04, que tramita perante a "Agenda Nº 3", da Promotoria de Habitação e Urbanismo da Capital, onde se conclui que é necessária a autorização dos vizinhos das obras que se utilizam de tirantes e a adoção de medidas acautelatórias, pelos proprietários dessas construções, por se tratarem de elementos estruturais de natureza complexa, conforme previsão das Normas Técnicas de Engenharia e no Código de Obras e Edificações do Município.

Somente como ilustração, podemos citar vários casos de construções onde os tirantes foram utilizados indevidamente no município de São Paulo e causaram sérios danos materiais aos imóveis vizinhos e prejuízos aos seus proprietários.

Citaremos abaixo, alguns casos onde ocorreram conseqüências drásticas às estruturas das edificações vizinhas:

a) Rua Gomes de Carvalho, Nº 662, Subprefeitura de Pinheiros;

b) Rua Mário Ferraz, Nº 514, Subprefeitura de Pinheiros;

c) Rua Gaspar Soares Nºs. 128/142, Subprefeitura de Santana/ Tucuruvi;

d) Rua Divino Salvador, Subprefeitura de Vila Mariana;

e) Rua Teodoro Sampaio, Nº 1.020, Subprefeitura de Pinheiros ;

f)Rua Joaquim Floriano, Nº 964, Subprefeitura de Pinheiros.

Em todos esses casos, os tirantes causaram prejuízos aos proprietários de edificações vizinhas, como rachaduras nas paredes, rompimento de tubulações de esgoto e o rebaixamento dos pisos. Além disso, a introdução dos tirantes no solo, também causaram a drenagem das águas subterrâneas, o que acarretou o rebaixamento do solo e, conseqüentemente, dos pisos das edificações localizadas logo acima.

Essa drenagem irregular e perniciosa aos imóveis lindeiros não é permitida, conforme determina o Código de Obras e Edificações do Município de São Paulo (."9.3.1", nº 9.3 – Instalações Prediais, do Anexo I), especialmente quando as águas são despejadas diretamente nas vias públicas ou sobre as calçadas dos imóveis vizinhos. Essa águas, deveriam ser conduzidas por canalização sob o passeio à rede coletora própria, de acordo com as Normas emanadas do órgão competente.

As Construtoras da Capital Paulista, de forma equivocada, através de grandes escritórios de advocacia, vêm argumentando no seguinte sentido:

> - "O que aparece nos livros especializados como uma das técnicas mais eficientes de ancoragens no solo é hoje utilizado como argumento para embargos de obras na cidade de São Paulo. Muitas construtoras estão passando por essa situação por construírem tirantes para conter as paredes de diafragma nas fundações. No Brasil, os tirantes são usados há mais de 30 anos e somente agora a utilização do elemento tem sido questionada. Isso porque há a necessidade de colocá-lo no terreno vizinho para garantir a segurança tanto da obra em execução como da estrutura existente ao lado. "É sem dúvida a solução mais segura para obras de escavações", afirma Luiz Henrique Ceotto, do Comitê de Tecnologia e Qualidade (CTQ), do SindusCon-SP. Ceotto observa que as mudanças na sociedade e o aumento do número de carros em circulação obrigam os empreendimentos a terem cada vez mais obras subterrâneas. "Fazemos prédios hoje com 3, 4 e até 5 subsolos de garagem", diz. A segurança dessas escavações é obtida, segundo Ceotto, graças ao uso dos tirantes. "Existem outras técnicas, mas nenhuma é tão confiável", comenta. A grande polêmica está no fato de o tirante ficar para fora da obra, na rua ou no terreno vizinho, enterrado a cerca de 10 a 12 metros, dependendo da profundidade subterrânea da obra em construção. "É algo que não incomoda ninguém", garante Ceotto."

Como se pode observar, as Construtoras paulistanas e paulistas tentam demonstrar para a população em geral, que o problema não existe. Trata-se de grande inverdade afirmar que os tirantes "não incomodam ninguém". Ao contrário, como já referido, existem na Promotoria de Justiça de Habitação e Urbanismo da Capital vários Inquéritos Civis tratando desse assunto e onde inúmeros imóveis vizinhos às edificações, onde foram utilizadas essas estruturas, foram seriamente danificados.

Existem outras técnicas que podem muito bem ser aplicadas pelas construtoras, como a escavação feita por partes. Essa técnica já foi utilizada anteriormente no país, onde um pequeno trecho era escavado, o concreto armado da fundação era introduzido sem a perfuração do solo além dos limites da obra e a estabilidade do terreno era garantida pelo material aplicado. Não havia qualquer prejuízo aos imóveis vizinhos, pois o subsolo lindeiro à obra não era utilizado.

## 2. DO DIREITO

O Código Obras e Edificações do Município, que foi instituído pela Lei Nº 11.228, de 25 de junho de 1992, regulamentada pelo Decreto Nº 32.329, de 23 de setembro de 1992 prevê as regras para a utilização dos chamados "tirantes".

Os artigos 17 do Código de Obras e o artigo 27 do Decreto Regulamentador determinam que:

> - Art. 17- "O Executivo regulamentará a presente lei no prazo de 90 (noventa) dias.
>
> - Parágrafo Único - O Executivo fixará as Normas Técnicas Oficiais, ou emanadas da autoridade competente, a serem observadas no projeto e execução das edificações, conforme expressamente previsto nas disposições desta lei ou sempre que sua aplicação seja conveniente".
>
> - "Art. 27 do Decreto – "Nos termos do parágrafo único do artigo 17 da Lei 11.228, de 25 de junho de 1992, deverá ser observado o atendimento às recomendações das seguintes Normas Técnicas Oficiais da ABNT, desde que não disponham em contrário ao estabelecido no COE":
>
> -"NBR - 9061- Segurança de Escavação a Céu Aberto"

A Norma **"NBR" 9061** determina que é indispensável o levantamento topográfico do terreno, o levantamento das edificações vizinhas (tipo de fundações, cotas de assentamento das fundações, distância à borda da escavação) e das redes de utilidades públicas, não só para a determinação das sobrecargas como, também, no estudo de condições de deslocabilidade e deformidade que podem ser provocadas pela execução da escavação. Também é determinado pela norma citada que os levantamentos devem abranger uma faixa, em relação às bordas, de pelo menos duas vezes a maior profundidade a ser atingida na escavação.

A Norma **"NBR" 5629** determina que no item "3.3" que é considerado tirante permanente aquele destinado a ser utilizado por tempo superior a dois anos. É o caso da maioria das construções de São Paulo. Em seus itens "5.4.3 e 5.4.3.1" a Norma "NBR" 5629, determina que cabe ao proprietário localizar interferências tubulações, galerias, estacas, etc...) e definir a distância mínima de perfuração dos obstáculos. Além disso, o proprietário do terreno onde será feita a edificação com a utilização de tirantes, deverá apresentar à Municipalidade o respectivo levantamento geotécnico.

A Municipalidade de São Paulo, não vem atentando para os termos do Anexo I, Capítulo 9, item "9.2.1. e 9.2.2." do Código de Obras e Edificações do Município, que estabelece;

- "as fundações e estruturas deverão ficar situadas inteiramente dentro dos limites do lote e considerar as interferências para com as edificações vizinhas, logradouros e instalações de serviços públicos".

- item "9.1.2", do mesmo Anexo determina***; - "A Prefeitura Municipal de São Paulo poderá desaconselhar o emprego de componentes considerados inadequados, que possam a vir a comprometer o desempenho desejável, bem como referendar a utilização daqueles cuja qualidade seja notável".***

- item "9.2 - Componentes Básicos - 9.2.2 - A parede que estiver em contato direto com o solo, ou aquela integrante de fachada voltada para o quadrante sul, deverão ser impermeabilizadas.

Determina também o item "9.1.4", do Anexo I, do Capítulo 9, do Código de Obras e Edificações que;

- ***"as edificações deverão observar os princípios básicos de conforto, higiene e salubridade de forma a não transmitir aos imóveis vizinhos e aos logradouros públicos, ruídos, vibrações e temperaturas em níveis superiores aos previstos nos regulamentos oficiais próprios".***

Cabe também, à Municipalidade licenciar e fiscalizar a execução, utilização e manutenção das condições e estabilidade, segurança e salubridade das obras, edificações e equipamentos, conforme determinado pelo Código de Obras, assim como, fixar as Normas Técnicas Oficiais, ou emanadas da autoridade competente, a serem observadas no projeto e execução das edificações. (artigo 17, do Código de Obras e Edificações e Anexos Integrantes, item '2.1.').

- "Item 2.1 – Do Município - Visando exclusivamente a observância das prescrições edilícias do Município, da LPUOS e legislação correlata pertinente, a PMSP licenciará e fiscalizará a execução, utilização e manutenção das condições de estabilidade, segurança e salubridade das obras, edificações e equipamentos, não se responsabilizando por qualquer sinistro ou acidente decorrente de deficiências do projeto, execução ou utilização".

As Normas Técnicas Oficiais da **"ABNT" (ASSOCIAÇÃO BRASILEIRA DE NORMAS TÉCNICAS**), desde que não disponha em contrário o estabelecido pelo "COE", deverão ser respeitadas, pois estão contempladas no Código de Obras e Edificações e determinam a necessidade de realização de investigações geotécnicas-geológicas e de águas subterrâneas, além do levantamento topográfico do terreno, o levantamento das edificações vizinhas (tipo de fundações, cotas de assentamento das fundações, distância à borda da escavação) e das redes de utilidades públicas, não só para a determinação das sobrecargas como, também, no estudo das condições de deslocabilidade e deformidade que podem ser provocadas pela execução da escavação. (Norma Técnica "NBR 9061, itens 4.1 e 4.3).

A Norma **"NBR" 6497**, determina que entende-se como levantamento geotécnico; "O conjunto de todos os estudos e 'Geologia de engenharia', 'Engenharia de solos" e 'Engenharia de rochas', destinado à obtenção das informações necessárias ao projeto, referentes aos maciços geológicos interessados direta e/ou indiretamente na obra".

Devem também ser garantidas as condições de estabilidade das paredes de escavações em todas as fases da execução e durante a sua existência, devendo ser levado em consideração a perda parcial de coesão pela formação de fendas ou rachaduras, conforme determina a Norma Técnica "NBR 9061, item 5.6.1".

Determina o "item 9.2.1.", do Anexo I, do Capítulo 9, do Código de Obras do Município de São Paulo que as fundações e estruturas deverão ficar situadas inteiramente dentro dos limites do lote e considerar as interferências para com as edificações vizinhas, logradouros e instalações de serviços públicos e a Prefeitura Municipal de São Paulo poderá desaconselhar o emprego de componentes considerados inadequados, que possam a vir a comprometer o desempenho desejável, bem como referendar a utilização daqueles cuja qualidade seja notável. (item 9.1.2., do Anexo I, do Capítulo 9, do Código de Obras do Município de São Paulo).

Determina o item "9.3.1", nº 9.3 – Instalações Prediais, do Anexo I, do Código de Obras e Edificações do Município de São Paulo que;

- *"Não será permitido o despejo de águas pluviais ou servidas, inclusive daquelas provenientes do funcionamento de equipamentos, sobre as calçadas e os imóveis vizinhos, devendo as mesmas serem conduzidas por canalização sob o passeio à rede coletora própria, de acordo com as Normas emanadas do órgão competente."*

Por fim, cabe ao proprietário da nova construção localizar interferências em tubulações, galerias, estacas e outros e definir a distância mínima de perfuração dos obstáculos, conforme determinado na Norma Técnica "NBR 5629, itens 5.4.3 e 5.4.3.1.

Cabe também ao proprietário do terreno onde se pretende edificar, os ônus da realização dos estudos geotécnicos-geológicos e de águas subterrâneas, além do levantamento topográfico do terreno, o levantamento das edificações vizinhas (tipo de fundações, cotas de assentamento das fundações, distância à borda da escavação) e das redes de utilidades públicas, não só para a determinação das sobrecargas como, também, no estudo das condições de deslocabilidade e deformidade que podem ser provocadas pela execução da escavação. (Norma Técnica "NBR 9061, itens 4.1 e 4.3) e não permitido o despejo de águas pluviais ou servidas, inclusive daquelas provenientes do funcionamento de equipamentos, sobre as calçadas e os imóveis vizinhos, devendo essas águas, serem conduzidas por canalização sob o passeio à rede coletora própria, de acordo com as Normas emanadas do órgão competente.

O Instituto de Pesquisas Tecnológicas - IPT, em recente estudo contido no Relatório Técnico nº 82.134-205, que tratou dos danos ocorridos no Bairro de Moema, na Capital Paulista, concluiu, dentro outras coisas, que:

- a - "O bombeamento para o rebaixamento do nível d´água na obra situada na Av. Iraí, 782, foi o principal responsável pela ocorrência de danos nos imóveis situados nas imediações do cruzamento da Al. dos Tupiniquins com a Av. Iraí. Entretanto, é possível que o efeito deste rebaixamento tenha se somado a pequenos recalques anteriores provocados por eventuais outros rebaixamentos na região, pois o solo do local é altamente sensível a esse fenômeno;"

- f – "Para que se tenha um controle da situação futura, é imprescindível que se faça um acompanhamento da evolução dos recalques nas áreas não edificadas (passeios e ruas) e uma avaliação periódica das anomalias nas edificações vizinhas à obra. Essa avaliação periódica permitirá definir a ocasião adequada às obras de recuperação nas moradias afetadas";

- g – "O estudo chamou a atenção para a necessidade de revisão da postura dos órgãos responsáveis em situações análogas, para que problemas como o ocorrido não se repitam em novas obras na região que envolvam escavações. Nesse sentido, é também fundamental que sejam realizados estudos no bairro de Moema que possam delimitar com maior precisão a área de ocorrência da camada de argila orgânica turfosa".

## 3. DA RESPONSABILIDADE DO PODER PÚBLICO MUNICIPAL NA CONCESSÃO DE ALVARÁS DE CONSTRUÇÃO

Ante todo o exposto, demonstra-se a responsabilidade, por omissão da Prefeitura, pois era seu ***munus*** responder pela regular fiscalização e embargo das obras onde são utilizados os "tirantes", sem determinação da realização do levantamento topográfico do terreno, do levantamento das edificações vizinhas (tipo de fundações, cotas de assentamento das fundações, distância à borda da escavação) e das redes de utilidades públicas, não só para a determinação das sobrecargas como, também, para se determinar as condições de deslocabilidade e deformidade que podem ser provocadas pela execução da escavação.

Preceitua o artigo 30, inciso VIII, da Constituição Federal que:

- ***"promover, no que couber, adequado ordenamento territorial, mediante planejamento e controle do uso, do parcelamento e da ocupação do solo urbano".***

O artigo 182, "caput", da Carta Magna, reza:

- "A política de desenvolvimento urbano, executada pelo Poder Público municipal, conforme diretrizes gerais fixadas em lei, tem por objetivo ordenar o pleno desenvolvimento das funções sociais da cidade e garantir o bem-estar de seus habitantes".

A Municipalidade de São Paulo e outras no Estado de São Paulo, conforme documentação juntada aos autos de vários inquéritos civis que se encontram em andamento nas Promotorias de Habitação e Urbanismo, vêm expedindo alvarás de aprovação e execução e certificados de conclusão de obras, em empreendimentos onde são utilizados os chamados "tirantes" sem a exigência de referidos estudos e outras medidas para minorar o perigo de danos às edificações vizinhas e em desconformidade com as normas técnicas citadas e com a legislação que trata da matéria.

Inúmeros imóveis lindeiros às construções onde são utilizados os tirantes estão sendo seriamente danificados na Capital Paulista e em todo o Estado de São Paulo. Isso ocorre, pois para que os tirantes sejam introduzidos, é necessária uma perfuração no subsolo dos terrenos vizinhos, com uma broca que chega a 12 cm de diâmetro, o que, na maioria dos casos, causa rachaduras nas edificações vizinhas, pois atingem a fundação desses imóveis. Os tirantes também causam impactos nos lençóis freáticos, pois provocam vazios no solo e o conseqüente rebaixamento dos pisos das edificações lindeiras.

Esses lamentáveis fatos vêm de encontro ao que está determinado no próprio Código de Obras e Edificações do Município de São Paulo, quando estipula que as fundações e demais estruturas da obra deverão ficar situadas inteiramente dentro dos limites do lote e considerar as interferências para com as edificações vizinhas, logradouros e instalações de serviços públicos. Como se sabe, os tirantes são instalados no subsolo dos lotes vizinhos à obra, para contenção das paredes de sustentação e, portanto, são estruturas da construção. Essas estruturas que medem aproximadamente 12 (doze) metros, invadem áreas dos vizinhos, causando, em muitos inúmeros casos, sérios danos materiais às edificações.

A Municipalidade de São Paulo e outras Prefeituras do interior do Estado não vêm aplicando o poder que lhe é conferido pela legislação vigente para coibir abusos cometidos pelas empresas construtoras. O que vemos é o uso nocivo dos direitos individuais, especialmente, do direito de construir. O Poder Público Municipal não vem atuando corretamente, quando deixa de fiscalizar as obras que utilizam da técnica dos tirantes.

Mais uma vez, citaremos Hely Lopes Meirelles, em sua obra "Direito de Construir", 7ª edição atualizada, páginas 85/86;

> - "...o poder de polícia é a faculdade discricionária que se reconhece à Administração Pública de restringir e condicionar o uso e o gozo dos bens e direitos individuais, especialmente os de propriedade, em benefício do bem-estar geral... É sabido que ninguém adquire direitos contra o interesse público, que prevalece sempre sobre o interesse privado. Pode, pois, a Administração Público, a todo tempo, fazer cessar as atividades ou obras particulares licenciadas que se apresentem em desacordo com as normas legais ou regulamentares ou que, por motivos supervenientes, passem a prejudicar o interesse coletivo. Neste último caso, revogado o alvará, fica o Poder Público no dever de indenizar os danos suportados pelo particular com a cessação da atividade ou com a paralisação e demolição da obra, cujo exercício ou construção foi até então permitido".

Como muito bem realçado pelo Professor Hely, o direito de construir está diretamente condicionado ao direito dos vizinhos e à observância aos regulamentos administrativos em vigor, ou seja, somente será concedido alvará de construção quando não houver qualquer tipo de perigo para a propriedade dos vizinhos.

Percebemos que o Poder Público Municipal , em geral, não vem exercendo o poder de polícia (Código de Obras e Edificações e Anexos Integrantes, item '2.1.) fiscalizando as obras onde se utilizam tirantes e principalmente, exigindo para a concessão dos alvarás de construção, os estudos geotécnicos-geológicos e de águas subterrâneas, além do levantamento topográfico do terreno, o levantamento das edificações vizinhas (tipo de fundações, cotas de assentamento das fundações, distância à borda da escavação) e das redes de utilidades públicas, não só para a determinação das sobrecargas como, também, no estudo das condições de deslocabilidade e deformidade que podem ser provocadas pela execução da escavação (Normas Técnicas "NBR 9061, itens 4.1 e 4.3 e NBR 5629, itens 5.4.3 e 5.4.3.1. ).

Os argumentos lançados pela Comissão de Edificações e Uso do Solo – CEUSO, que consta da "Informação/CEUSO/190/2006", órgão da Prefeitura Municipal de São Paulo, não podem ser sequer, discutidos, pois totalmente contrários às normas técnicas em vigor e à própria legislação que trata da matéria. Segundo essa decisão da "CEUSO", cabe aos responsáveis pelo empreendimento e pela obra, o atendimento às Normas Técnicas Oficiais. Com esse argumento vazio, conclui que não cabe à Municipalidade exigir o estudo do solo para a concessão de alvará de construção.

Verificamos uma inteira confusão desse órgão, quando afirma que caberia à Municipalidade a realização do estudo das condições geológicas dos imóveis vizinhos às obras que utilizam tirantes. O que se deve exigir dos proprietários dos terrenos onde se pretende edificar, ou mesmo dos responsáveis pelo empreendimento e pela obra, é que se cumpra o que está determinado na lei, ou seja, que sejam eles obrigados a apresentar no ato do protocolo do pedido de alvará de construção, os devidos estudos geotécnicos-geológicos e de águas subterrâneas, além do levantamento topográfico do terreno, o levantamento das edificações vizinhas (tipo de fundações, cotas de assentamento das fundações, distância à borda da escavação) para localização de interferências em tubulações, galerias, estacas e outros e definir a distância mínima de perfuração dos obstáculos, conforme determinado nas Normas Técnicas "NBR 5629, itens 5.4.3 e 5.4.3.1. e NBR 9061, itens 4.1 e 4.3".

A exigência de apresentação de estudos do subsolo dos imóveis vizinhos às obras que se utilizam dos tirantes, está implicitamente prevista no Código de Obras e Edificações do Município de São Paulo, local de maior incidência de danos aos imóveis vizinhos, quando esse tipo de técnica é utilizado. Cabe, pois, à Municipalidade, exigir estudos quanto à solidez da construção, os recuos obrigatórios, a insolação e o coeficiente de ocupação, dentre outros.

Essas exigências devem ser feitas antes da concessão do alvará de construção, pois os tirantes normalmente são utilizados em edificações em caráter definitivo e em regra, não são retirados após a conclusão da obra, prejudicando seriamente os proprietários de imóveis vizinhos.

Como é de conhecimento de todos e afirmado pelo próprio Poder Público Municipal Paulistano, não se exige dos proprietários e responsáveis por obras que se utilizam da técnica de tirantes, a adoção de medidas acautelatórias, conforme previsão das Normas Técnicas de Engenharia e no Código de Obras e Edificações do Município.

## 4. CONCLUSÕES

1 - Somente deveriam ser outorgados alvarás de edificação, pelo Poder Público Municipal, às empresas de construção que juntarem documentação relativas às investigações geotécnicas-geológicas e de águas subterrâneas, além do levantamento topográfico do terreno, o levantamento das edificações vizinhas (tipo de fundações, cotas de assentamento das fundações, distância à borda da escavação) e das redes de utilidades públicas, não só para a determinação das sobrecargas como, também, no estudo das condições de deslocabilidade e deformidade que podem ser provocadas pela execução da escavação, conforme determinam as Normas Técnicas "NBR 9061, itens 4.1 e 4.3 e NBR 5629, itens 5.4.3 e 5.4.3.1."

2 - Somente deveriam ser outorgados alvarás de aprovação e execução e certificados de conclusão de obras, pelo Poder Público Municipal, às empresas de construção que comprovarem que realizaram o controle das edificações vizinhas e da escavação, mediante um plano de acompanhamento, através de inspeção e instrumentação adequada ao porte da obra e das edificações vizinhas, conforme determina a Norma Técnica "NBR 9061, item 4.4";

3 - Somente deveriam ser outorgados alvarás de aprovação e execução e certificados de conclusão de obras, pelo Poder Público Municipal, às empresas de construção que demonstrarem as condições de estabilidade das paredes de escavações em todas as fases da execução e durante a sua existência, devendo ser levado em consideração a perda parcial de coesão pela formação de fendas ou rachaduras, conforme determina a Norma Técnica "NBR 9061, item 5.6.1.;

4 - O Ministério Público, atuando em defesa do interesse público, da salubridade pública, da segurança pública e das normas habitacionais e urbanísticas, através de seu representante legal, deve instaurar Inquérito Civil, sempre que houver notícia de existência de obras, onde os alvarás foram concedidos sem a exigência dos devidos estudos geotécnicos-geológicos e de águas subterrâneas, além do levantamento topográfico do terreno, o levantamento das edificações vizinhas (tipo de fundações, cotas de assentamento das fundações, distância à borda da escavação) e das redes de utilidades públicas, não só para a determinação das sobrecargas como, também, no estudo das condições de deslocabilidade e deformidade que podem ser provocadas pela execução da escavação, conforme determinam as Normas Técnicas "NBR 9061, itens 4.1 e 4.3 e NBR 5629, itens 5.4.3 e 5.4.3.1.";

5 - O Ministério Público, atuando em defesa do interesse público, da salubridade pública, da segurança pública e das normas habitacionais e urbanísticas, através de seu representante legal, deve recomendar ao Poder Público Municipal que cumpra as normas em vigor (Código Obras e Edificações e as Normas Técnicas Oficiais da "ABNT" - ASSOCIAÇÃO BRASILEIRA DE NORMAS TÉCNICAS), e somente expeça alvará de aprovação de execução da edificação após análise dos devidos estudos geotécnicos-geológicos e de águas subterrâneas, além do levantamento topográfico do terreno, o levantamento das edificações vizinhas (tipo de fundações, cotas de assentamento das fundações, distância à borda da escavação) e das redes de utilidades públicas, não só para a determinação das sobrecargas como, também, no estudo das condições de deslocabilidade e deformidade que podem ser provocadas pela execução da escavação, conforme determinam as Normas Técnicas "NBR 9061, itens 4.1 e 4.3 e NBR 5629, itens 5.4.3 e 5.4.3.1."

# DIREITO À TERRA URBANA

ANA LAURA BANDEIRA LINS LUNARDELLI*
ROBERTO LUÍS DE OLIVEIRA PIMENTEL**



## 1. INTRODUÇÃO

O tema "terra urbana", sob enfoque jurídico, não é simples de se analisar, ao menos a princípio, em razão da expressão trazer consigo significativa carga de indefinição, dado o seu caráter genérico e, até se pode dizer, ambíguo – não em razão da palavra "urbana", mas sim por conta do substantivo "terra".

Propõe-se, assim, visando análise e entendimento do termo, que se examine, com esse enfoque, o processo de urbanização no Brasil e, posteriormente, obtido tal substrato histórico, que se proceda a um estudo propriamente jurídico.

---

* Promotora de Justiça em São Paulo; assessora do Centro de Apoio Operacional de Urbanismo e Meio Ambiente do Ministério Público do Estado de São Paulo.

** Promotor de Justiça em São Paulo; assessor do Centro de Apoio Operacional de Urbanismo e Meio Ambiente do Ministério Público do Estado de São Paulo; Especialista em Interesses Difusos e Coletivos pela ESMP-SP.

## 2. URBANIZAÇÃO DAS CIDADES BRASILEIRAS

O processo de desenvolvimento (urbanização) das cidades brasileiras é contemporâneo ao de afirmação do capitalismo industrial, quando ocorreram, de um lado, pressões positivas, através de oferta de empregos nas cidades e, de outro, pressões negativas, ou de expulsão do campo, como o crescimento vegetativo e as alterações na tecnologia de produção agrícola e do cultivo de produtos liberadores de mão-de-obra (como a criação de gado, o cultivo de soja e o de arroz).

Ocorre que a oferta de empregos urbanos não se dá em compasso com a chegada dos migrantes às cidades, levando estes novos habitantes a se concentrar em bairros distantes do centro, da infra-estrutura e dos serviços urbanos, onde sua condição sócio-econômica lhes permite comprar um terreno ou pagar um aluguel.

Ao contrário desta parcela da sociedade que veio a incrementar a população desfavorecida já existente, as classes média e alta se estabeleceram nos centros das cidades, região em que o Poder Público se viu obrigado a implantar obras de infra-estrutura, que consequentemente acabaram por valorizar os imóveis daquela região.

Assim, nas cidades brasileiras, o Poder Público passou a adotar postura na qual se desobriga a levar equipamentos/serviços públicos à periferia, ao mesmo tempo em que deixa de exercer seu poder de fiscalização porque a clandestinidade dos loteamentos lá situados lhe dá a legitimidade de não realizar obras ou oferecer serviços públicos e de ignorar as transformações no meio físico (território urbano), já que oficialmente aquela ocupação não é reconhecida.

No processo de urbanização, como conseqüência, dois fenômenos se fizeram notar: a concentração de renda e a especulação imobiliária.

A classe média e alta enxerga na especulação imobiliária uma forma segura de não perder sua poupança com o processo inflacionário[1]. Por ela, os proprietários de terra recebem uma renda transferida de outros setores produtivos da economia, especialmente de investimentos públicos de infra-estrutura e serviços urbanos, que são os meios de produção e consumo no espaço urbano.

---

[1] Cândido Malta Campos Filho, "Cidades Brasileiras: Seu Controle ou o Caos - O que os Brasileiros Devem Fazer para a Humanização das Cidades no Brasil", Ed. Nobel, 1989, p. 49.

As mesmas classes passam a adquirir mais imóveis na área central. Isso faz com que as cidades cresçam verticalmente e horizontalmente, sendo adensadas no centro e pouco adensadas na periferia.

Isso propiciou a elevação do custo dos terrenos (tanto no centro quanto na periferia); a necessidade de ampliação dos serviços e de equipamentos públicos na região central; a existência de vazios urbanos à espera de valorização (tanto nas áreas centrais como em áreas de expansão urbana); gastos maiores do Poder Público com as obras de infra-estrutura em razão da extensão da cidade; maior dificuldade de a população de baixa renda adquirir seu imóvel ou pagar aluguel, levando-a a residir em favelas, invadir área pública, áreas ambientalmente protegidas (áreas de mananciais, áreas de preservação permanente) e áreas de risco de inundação, desabamento; ao distanciamento dos habitantes da periferia do trabalho, do comércio e dos serviços de educação, saúde e lazer.

## 3. O DIREITO URBANÍSTICO COMO RESPOSTA AO PROCESSO CAÓTICO DE OCUPAÇÃO DAS CIDADES

Em resposta aos problemas gerados pela ocupação desordenada das cidades e aos abusos decorrentes do processo de urbanização a que nos referimos, o Estado desenvolve o direito urbanístico prevendo instrumentos, institutos e diretrizes que irão regular a política de desenvolvimento urbano.

O direito urbanístico se desenvolve quando o Estado passa a intervir de forma mais incisiva no exercício da propriedade privada. É formalmente previsto como disciplina jurídica na Constituição de 1988 (art. 24 da Constituição Federal).

Um de seus princípios mais marcantes é o da função social da propriedade. Por ele, as decisões do destino da propriedade deixam de ser uma opção individual e passam a ser uma decisão que envolve também o Estado[2]. Ou seja, usar ou como usar a propriedade deixa de ser uma decisão individual, exclusiva e soberana do proprietário, pois esta passa a sofrer a interferência estatal pela via do planejamento.

O princípio da função social da propriedade está previsto no ordenamento jurídico brasileiro desde a Constituição Federal de 1934. Na Constituição vigente é encontrado em vários dispositivos.

---

[2] Carlos Ari Sundfeld, "O Estatuto da Cidade e Suas Diretrizes Gerais" in "Estatuto da Cidade-Comentários à Lei Federal nº 10.257/2001, vários autores, coordenação Adilson Abreu Dallari e Sérgio Ferraz, Malheiros, 2002, pg. 49.

No capítulo da Política Urbana, a Constituição Federal define em dois artigos (art. 182 e 183) os objetivos e instrumentos da política de desenvolvimento urbano, sendo eles:

> a) objetivo - **ordenar o pleno desenvolvimento das funções sociais da cidade** (trabalho lazer, circulação, moradia) e **garantir o bem-estar de seus habitantes**.
>
> b) instrumentos - **plano diretor** (obrigatório para cidades com mais de 20 mil habitantes), **parcelamento, edificação compulsórios, IPTU progressivo no tempo, desapropriação sanção.**

O mesmo capítulo da Carta reconhece a existência de dois **direitos subjetivos** ao possuidor de imóvel urbano: **usucapião de imóveis urbanos,** no caso de imóveis particulares, e a **concessão de uso.**

Tais objetivos e instrumentos surgiram para recuperar as cidades da desordem de seu processo de urbanização (informado pela concentração de renda/especulação imobiliária) e resgatar as famílias de baixa renda da marginalização.

## 4. DIRETRIZES DE POLÍTICA URBANA: O ESTATUTO DA CIDADE E A GARANTIA DO DIREITO ÀS CIDADES SUSTENTÁVEIS

A Constituição Federal delegou à lei ordinária fixar as diretrizes de política de desenvolvimento urbano.

Tal lei adveio em 10 de julho de 2001, sendo conhecida como Estatuto da Cidade (Lei nº 10.257), consagrando-se, como primeira diretriz da política urbana, o direito às cidades sustentáveis. O Estatuto detalha seu conteúdo na forma de direitos outros, entendidos como seus componentes (artigo 2º, inciso I).

O direito às cidades sustentáveis envolve dois aspectos: de um lado, o direito à terra urbana, à moradia, ao saneamento ambiental, à infra-estrutura urbana, aos transportes e ao lazer e, de outro, a exigência de que tudo isso seja preservado para as presentes e futuras gerações.

## 5. O DIREITO À TERRA URBANA NO ESTATUTO DA CIDADE

Conforme já assinalado, o legislador cuidou do assunto ao definir o direito à terra urbana como um dos componentes do conceito de cidade sustentável, no art. 2º, inciso I do Estatuto da Cidade (Lei Federal nº 10.257/01), *in verbis:*

> **"Art. 2º. A política urbana tem por objetivo ordenar o pleno desenvolvimento das funções sociais da cidade e da propriedade urbana, mediante as seguintes diretrizes gerais:**
>
> **I - garantia do direito a cidades sustentáveis, entendido como o direito à terra urbana, à moradia, ao saneamento ambiental, à infra-estrutura urbana, ao transporte e aos serviços públicos, ao trabalho e ao lazer, para as presentes e futuras gerações".**

Se é inegável a importância do assunto, uma vez que, como visto, o "direito à terra urbana" integra a complexa noção de "cidade sustentável", também o é que o termo continua, não obstante a inserção legislativa, a causar perplexidade, já que a lei não contempla sua conceituação.

Essa perplexidade jurídica apenas se resolve quando o tema é estudado de maneira calma e refletida. Segundo cremos, o melhor critério para fazê-lo consiste na análise de dois dos mais relevantes aspectos, não apenas desse direito, mas de qualquer outro, quais sejam, o aspecto *objetivo* (objeto do direito) e o aspecto *subjetivo* (titular do direito), segundo diferentes óticas. Com isso, perceberemos que a pergunta "o que é direito à terra urbana?" não possui apenas uma única resposta, mas várias delas ou, como queiram, uma resposta que se compõe de outras, que juntas nos apresentam um interessante panorama jurídico, tornando, afinal, a interpretação do inciso I do art. 2º do Estatuto da Cidade completa em seu significado e rica em seu alcance concreto.

Como iremos perceber, todas essas "respostas" são juridicamente válidas, mas apenas uma delas, a nosso ver, satisfaz o Estatuto no que diz respeito ao aludido dispositivo, ou, melhor dizendo, possui o alcance ali pretendido.

Estabelecido isso, faremos, então, uma análise desses dois aspectos, ou seja, o objetivo e o subjetivo do "direito à terra urbana", segundo alguns diferentes enfoques que sobre eles podem recair.

A primeira ótica válida para o pretendido pode ser classificada como "privatista". Diz respeito à idéia de direito de propriedade urbana, ou seja, o domínio exercido sobre imóvel certo e determinado, localizado no perímetro urbano ou em área de expansão urbana, ou mesmo de direitos outros exercidos sobre imóvel não rural. Tal ponto de vista sobre o direito à terra urbana pode ser validamente aplicado a institutos previstos no Estatuto, como o usucapião coletivo[3] e a concessão de direito real de moradia, mas não tem, a nosso ver, o alcance pretendido pelo diploma legal em questão no seu art. 2º, inciso I.

A segunda ótica é, por assim dizer, "intermediária". Não se altera, aqui, o objeto do direito, que ontologicamente continua a ser o mesmo, ou seja, o imóvel urbano, concretamente considerado. Não se fala, aqui, da "cidade" como objeto de direito, mas sim de seu aspecto meramente físico. Modifica-se, no entanto, o enfoque sobre o sujeito do direito. Com efeito, podemos enxergar o "direito à terra urbana" sob titularidade da coletividade, tendo por objeto o aspecto físico, espacial, da cidade, ou seja, seu aspecto imobiliário. A coletividade detém direito sobre o uso do espaço físico urbano, respeitados os limites impostos pelo exercício de direitos outros, podendo nele circular, por exemplo.

Sob a 3ª ótica a ser abordada, "terra urbana" passa a não ser mais um bem imóvel perfeitamente identificado, individualizado, de medidas conhecidas ou, ao menos, passíveis de apuração, mas sim um bem de contornos quase que indefiníveis, e por certo indefinidos. Compreender o alcance disso é importante passo para apreender o significado jurídico de "cidade sustentável".

Neste ponto, vamos nos socorrer do quanto a Constituição Federal dispõe, em seu art. 225, "caput", sobre o meio ambiente natural ("bem de uso comum do povo, essencial à sadia qualidade de vida, para as presentes e futuras gerações"). O conceito, como veremos, pode ser tratado de maneira paralela ao de "cidade sustentável". Aliás, do texto da Carta Magna extrai-se que o constituinte pretendeu dar o mesmo *status* ao meio ambiente natural e ao meio ambiente artificial, sem fazê-lo expressamente – apenas o Estatuto da Cidade acabou por conter tratamento expresso ao assunto.

---

[3] "Na verdade, apesar da expressão 'usucapião coletivo', a hipótese, como veremos adiante, configura-se como suscitando direitos individuais homogêneos, também previstos no art. 81, parágrafo único do Código de Defesa do Consumidor, mas que não são direitos transindividuais, já que cada integrante do grupo é titular de direito com frações determinadas (relativas à posse), o que não sucede com aquela outra categoria" (José dos Santos Carvalho Filho, "Comentários ao Estatuto da Cidade", Rio de Janeiro, Lúmen Juris, 2006, página 22).

Com efeito, a idéia de "cidade sustentável" é análoga em significado jurídico à idéia de "meio ambiente ecologicamente equilibrado". Vejamos.

| **Cidade Sustentável (art. 2º, inc. I do Estatuto da Cidade)** | **Meio Ambiente Ecologicamente Equilibrado (art. 225, *caput* da Constituição Federal)** |
|---|---|
| *Terra urbana, moradia, saneamento ambiental, infra-estrutura urbana, transporte, serviços públicos, trabalho e lazer* | *Bem de uso comum do povo, essencial à sadia qualidade de vida* |
| *Para as presentes e futuras gerações* | *Para as presentes e futuras gerações* |

Estabelecido isso, voltemos a tratar da idéia de "direito à terra urbana", que é o primeiro entre os direitos arrolados como "componentes" do direito à cidade sustentável. Como dito, está claro que a cidade sustentável é um bem de fruição *difusa*, de natureza complexa, composto de elementos corpóreos **e** *incorpóreos*. Pois bem. O direito à terra urbana, por sua vez, corresponderia justamente à porção corpórea, material, do direito à cidade sustentável.

Atente-se, no entanto, para o fato de que a noção de sustentabilidade é, aqui, inseparável mesmo desse aspecto físico e concreto do conceito: o Estatuto, assim, refere-se ao direito que a coletividade detém sobre o território de uma cidade devidamente planejada e, como conseqüência, caracterizada pelo equilíbrio entre as necessidades de seus habitantes, as atividades ali desempenhadas, sua infra-estrutura, etc.

Altera-se, pois, neste momento, a natureza do objeto do direito, que deixa de ser o bem imóvel (terra = terreno) e passa a ser todo o aspecto material, corpóreo, físico, *da cidade sustentável* (terra = território), compreendidos a superfície, seu subsolo e espaço aéreo. A coletividade, portanto, tem direito a um espaço físico urbano *sustentado*, *equilibrado*, *planejado*, dado essencial para a garantia da sadia qualidade de vida das populações urbanas[4]. É a isso que o inciso I do art. 2º do Estatuto se refere ao determinar que a coletividade tem direito à terra urbana.

---

[4] "Por cidades sustentáveis pode-se entender aquelas em que o desenvolvimento urbano ocorre com ordenação, sem caos e destruição, sem degradação, possibilitando uma vida urbana digna para todos" (Odete Medauar - "Estatuto da Cidade – Lei nº 10.257, de 10.07.2001 – Comentários", vários autores, coord. Odete Medauar e Fernando Dias Menezes de Almeida).

Observe-se, nesse sentido, a lição de Carlos Ari Sundfeld:

"(...) O crescimento não é um objetivo; o equilíbrio, sim; por isso, o crescimento deverá respeitar os *limites da sustentabilidade*, seja quanto aos padrões de produção e consumo, seja quanto à expansão urbana (inciso VIII). Toda intervenção individual potencialmente desequilibradora deve ser previamente comunicada (inciso XIII), estudada, debatida e, a seguir, compensada.

Por esse prisma é que se devem compreender os direitos subjetivos assegurados pelo inciso I do art. 2º (direitos à terra urbana, à moradia, ao saneamento ambiental, à infra-estrutura urbana, ao transporte e aos serviços públicos, ao trabalho e ao lazer). O dispositivo não pretendeu outorgar esses direitos individualmente e em concreto, mas garanti-los como reflexo da obtenção do equilíbrio (da *cidade sustentável*). Em outros termos: a população tem o direito coletivo a uma cidade sustentável, o que deve levar à fruição individual das vantagens dela decorrentes"[5].

A alteração de enfoque proposta pelo legislador não tem conseqüências meramente acadêmicas. Seus reflexos estão na possibilidade de exercício efetivo do direito assegurado e na concreta prerrogativa de exigir do Poder Público sua satisfação em cada uma de suas atividades, inclusive nas de licenciamento de obras e empreendimentos. Tratando-se, ademais, de direito supraindividual, o sistema processual de defesa dos direitos coletivos por meio da ação civil pública[6] possui enorme importância para a sua tutela, sendo de extrema relevância, nesse contexto, o papel do Ministério Público e da sociedade organizada.

Em conclusão, podemos afirmar que toda e qualquer atividade, estatal ou não, que agrida o direito à terra urbana, considerada sua ampla extensão jurídica e reflexos, nos termos do inciso I do art. 2º do Estatuto da Cidade, está sujeita a demandas coletivas para a defesa da ordem urbanística.

---

[5] ("O Estatuto da Cidade e suas Diretrizes Gerais", *in* "Estatuto da Cidade – Comentários à Lei Federal nº 10.257/2001", vários autores, coord. Adilson Abreu Dallari e Sérgio Ferraz, Malheiros, 2002, página 55.

[6] Carlos Ari Sundfeld, obra citada, páginas 55/56.

## 6. BIBLIOGRAFIA

CAMPOS FILHO, Cândido Malta. "Cidades Brasileiras: Seu Controle ou o Caos. O que os Cidadãos Devem Fazer Para a Humanização das Cidades no Brasil", Nobel, São Paulo, 1989.

CARVALHO FILHO, José dos Santos. "Comentários ao Estatuto da Cidade", Lumen Juris, 2.ed., 2006.

MEDAUAR, Odete, "Estatuto da Cidade – Lei nº 10.257, de 10.07.2001 – Comentários", São Paulo, RT, 2.ed., 2004.

SANTOS, MILTON. "A Urbanização Brasileira". EDUSP, São Paulo, 5.ed., 2005.

SUNDFELD, Carlos Ari. "Estatuto da Cidade", Malheiros, São Paulo, 2003 (vários autores; coord. de Adilson Abreu Dallari e Sérgio Ferraz).

# DIRETO À MORADIA E DIREITO AO MEIO AMBIENTE

CLÁUDIA MARIA BERÉ*

***SUMÁRIO:*** 1. O direito à moradia. 2. O direito ao meio ambiente ecologicamente equilibrado. 3. Conflito entre direito ao meio ambiente e direito à moradia. 4. Ação Civil Pública. 5. Conclusão.

## 1. O DIREITO À MORADIA

O direito à moradia está consagrado internacionalmente como um direito humano desde a Declaração Universal dos Direitos Humanos, proclamada pela Assembléia Geral das Nações Unidas em 10/12/1948, e assinada pelo Brasil na mesma data. Ela prevê que:

> "Artigo XXV – 1. Toda pessoa tem direito a um padrão de vida capaz de assegurar a si e a sua família saúde e bem estar, inclusive alimentação, vestuário, *habitação*, cuidados médicos e os serviços sociais indispensáveis, o direito à segurança, em caso de desemprego, doença, invalidez, viuvez, velhice ou outros casos de perda dos meios de subsistência em circunstâncias fora de seu controle."

Já o Pacto Internacional dos Direitos Econômicos, Sociais e Culturais, adotado pela Resolução nº 2.200-A da Assembléia Geral das Nações Unidas em 16/12/1966 faz expressa menção ao direito à moradia, tendo sido ratificado pelo Brasil em 24/01/1992, conforme trecho transcrito:

* Promotora de Justiça de Habitação e Urbanismo na Capital; especialista em interesses difusos e coletivos pela ESMP; mestre pela FAU-USP.

"Artigo 11 – 1. Os Estados-partes no presente Pacto reconhecem o direito de toda pessoa a um nível de vida adequado para si próprio e para sua família, inclusive à alimentação, vestimenta e *moradia adequadas*, assim como uma melhoria continua em suas condições de vida. Os Estados-partes tomarão medidas apropriadas para assegurar a consecução desse direito, reconhecendo, nesse sentido, a importância essencial da cooperação internacional fundada no livre consentimento."

Diversos outros tratados internacionais, dos quais o Brasil é signatário, também reconhecem o direito à moradia, tal como a Convenção Internacional Sobre a Eliminação de Todas as formas de Discriminação Racial, de 1965, Convenção Sobre a Eliminação de Todas as formas de Discriminação contra a Mulher, de 1979, Convenção Sobre os Direitos da Criança, de 1989 e a Agenda sobre Meio Ambiente e Desenvolvimento, de 1992.

O direito à moradia volta a ser reafirmado como um direito humano na segunda Conferência das Nações Unidas sobre Assentamentos Humanos – Habitat II, realizada em Istambul, no ano de 1996. Dentre os compromissos firmados pelos Estados participantes constam a implementação de moradia adequada para todos e o desenvolvimento de assentamentos humanos sustentáveis, devendo ser dada atenção especial às necessidades de pessoas vivendo na pobreza, desabrigados, mulheres, idosos, povos indígenas, refugiados, pessoas deslocadas, deficientes e aqueles que pertencem a grupos desfavorecidos ou vulneráveis, notadamente as crianças e especialmente as que vivem nas ruas. É também assumido o compromisso de garantir políticas de habitação como prioridade social; garantir a segurança legal da posse e o acesso igual à terra a todas as pessoas, incluindo mulheres e pobres; promover o acesso de todas as pessoas a água potável, esgoto sanitário e outros serviços, equipamentos e áreas de lazer básicas; promover acesso amplo e não discriminatório a financiamentos; aumentar a oferta de moradia a preços acessíveis; oferecer moradias e serviços básicos de apoio e equipamentos de saúde e educação para os sem-teto e outras minorias; proteger todas as pessoas, garantir proteção legal e socorro, no caso de despejos forçados contrários à lei e, quando os despejos forem inevitáveis, garantir que soluções alternativas sejam oferecidas.

É de se notar que, em função do disposto no art. 5º, § 2º, da Constituição Federal, "os direitos e garantias expressos nesta Constituição não excluem outros decorrentes do regime e dos princípios por ela adotados, ou dos tratados internacionais em que a República Federativa do Brasil seja parte."

Portanto, o direito à moradia já estava incorporado ao Direito e à ordem jurídica brasileiros, que reconhece os direitos garantidos em tratados assinados pelo Brasil. Ademais, ele decorre dos princípios fundamentais da República, que tem como um de seus fundamentos a dignidade da pessoa humana (art. 1º, inc. III, da Constituição) e tem como objetivos construir uma sociedade livre, justa e solidária, garantir o desenvolvimento nacional, erradicar a pobreza e a marginalização e reduzir as desigualdades sociais e regionais e promover o bem de todos, sem preconceitos (art. 3º).

Desde a promulgação da Constituição Federal de 1988 o direito à moradia já era implicitamente reconhecido, tendo em vista que o art. 23, inc. IX, atribuía competência comum à União, Estados, Distrito Federal e Municípios para promover programas de construção de moradia e a melhoria das condições habitacionais e de saneamento básico.

O direito à moradia foi expressamente incluído entre os direitos sociais elencados no art. 6º, da Constituição Federal, pela Emenda Constitucional nº 26, de 14/02/2000.

Segundo José Afonso da Silva, "o *direito à moradia* significa ocupar um lugar como residência; ocupar uma casa, apartamento, etc., para nele habitar. No morar, encontramos a idéia básica da habitualidade no permanecer ocupando uma edificação, o que sobressai com sua correlação com o *residir* e o *habitar*, com a mesma conotação de permanecer ocupando um lugar permanentemente"[1]. O mesmo autor ensina que o direito à moradia tem duas faces: uma negativa, segundo a qual o cidadão não pode ser privado de sua moradia ou impedido de conseguir uma, implicando uma abstenção do Estado e de terceiros; e outra positiva, consistente no direito de obter uma moradia digna e adequada, ao qual corresponde o dever do Estado de promover ações positivas para viabilizar esse direito, embora não signifique o direito de cada um de obter a casa própria.

Para assegurar o exercício do direito à moradia, é indispensável que o Poder Público tenha políticas de acesso à habitação para a população de baixa renda, que não tem condições de adquirir sua moradia a preços de mercado. Já existem algumas políticas afirmativas para assegurar acesso à moradia a alguns grupos, como é o caso dos idosos, para quem devem ser reservadas 3% das unidades residenciais

---

[1] SILVA, José Afonso da. *Curso de Direito Constitucional Positivo.* 24ª ed., rev. e atual. São Paulo: Malheiros, 2005.

nos programas habitacionais públicos ou subsididos com recursos públicos (art. 38, I, da Lei Federal nº 10.741/2003 – Estatuto do Idoso).

Por fim, vale ressaltar que "a segurança da posse é um ponto central do direito à moradia e à terra, pois sem ela - independentemente se formal ou informal – o direito à moradia vai estar em permanente ameaça e o risco de despejo ou deslocamento forçado será sempre iminente"[2], devendo ser assegurada a todos. Para tanto, é necessário reconhecer a diversidade de formas de uso e ocupação do solo em áreas urbanas e rurais: ocupação de áreas públicas, de áreas privadas, de prédios abandonados, aluguel, lotes em loteamentos irregulares, propriedades individuais, coletivas, posses de áreas tradicionais... Deve, ainda, ser assegurado o direito de moradia daqueles que vivem em áreas de risco ou de proteção ambiental, ainda que em outro local.

## 2. O DIREITO AO MEIO AMBIENTE ECOLOGICAMENTE EQUILIBRADO

Para José Afonso da Silva, "meio ambiente é a interação do conjunto de elementos naturais, artificiais e culturais que propiciem o desenvolvimento equilibrado da vida em todas as suas formas"[3].

O conceito legal de meio ambiente encontra-se na Lei Federal nº 6.938/81, a Lei da Política Nacional do Meio Ambiente, que, em seu art. 3º, inc. I, prevê que entende-se por "meio ambiente o conjunto de condições, leis, influências e interações de ordem física, química e biológica, que permite, abriga e rege a vida em todas as suas formas". Tal conceito foi recepcionado pela Constituição Federal de 1988 e verifica-se que o legislador optou por um conceito indeterminado, cabendo ao intérprete o preenchimento de seu conteúdo.

O meio ambiente pode ser enfocado em diferentes aspectos. Meio ambiente natural, constituído por solo, água, ar, flora e fauna, tutelado pelo art. 225, da Carta Magna. Meio ambiente artificial, integrado pelo espaço urbano construído, regulado no art. 182, da Constituição. Meio ambiente cultural, integrado pelo patrimônio histórico, artístico, arqueo-

---

[2] OSÓRIO, Letícia Marques. Direito à Moradia Adequada na América Latina. *In* ALFONSIN, Betânia e FERNANDES, Edésio (org. e co-autores). *Direito à Moradia e Segurança da Posse no Estatuto da Cidade Diretrizes, Instrumentos e Processos de Gestão.* Belo Horizonte: Fórum, 2004.

[3] SILVA, José Afonso da. *Direito Ambiental Constitucional.* 2ª ed., 2ª tiragem. São Paulo: Malheiros, 1997.

lógico, paisagístico e turístico, possuidor de um valor especial e tutelado pelo art. 216, da Constituição. Meio ambiente do trabalho, que consiste no local onde as pessoas desempenham suas atividades laborais, remuneradas ou não, mencionado no art. 200, inc. VIII, da Lei Máxima.

A qualidade do meio ambiente influi na própria qualidade de vida, razão pela qual a qualidade do meio ambiente é um bem ou patrimônio que deve ser preservado ou recuperado pelo Poder Público. Na cultura ocidental, o desenvolvimento econômico visa à obtenção de lucro sob forma de dinheiro, e ter mais ou menos dinheiro é confundido com ter melhor ou pior qualidade de vida. Essa mesma cultura ocidental, apesar de preocupada com a qualidade de vida, vem destruindo a natureza em nome do desenvolvimento econômico, razão pela qual é imperativo buscar conciliar o desenvolvimento econômico com a preservação da qualidade do meio ambiente, promovendo o chamado desenvolvimento sustentável, que consiste na exploração equilibrada dos recursos naturais, no limite da satisfação das necessidades da presente geração, assim como sua conservação no interesse das gerações futuras.

A tutela jurídica do meio ambiente é necessária para evitar sua degradação, que pode ocorrer pela destruição dos elementos que o compõe, como o desmatamento, ou pela contaminação por substâncias que alterem sua qualidade, como se dá com a poluição, que pode atingir o ar, as águas, o solo, a paisagem. Nem toda a poluição é condenável, já que ela é inevitável. Logo, somente se considera como poluição a atividade que influa de maneira nociva, direta ou indiretamente, sobre a vida, saúde, segurança e bem estar da população, sendo importante frisar que as atividades humanas alteram o meio ambiente e quando normais não merecem repressão, só exigindo combate quando prejudiciais.

O Direito Ambiental é o conjunto de normas e princípios editados objetivando a manutenção de um perfeito equilíbrio nas relações do homem com o meio ambiente. Nem todos os autores costumam relacionar os mesmos princípios do Direito Ambiental, razão pela qual optamos por tratar dos princípios apresentados por Paulo Affonso Leme Machado[4]:

1 - Princípio do acesso eqüitativo aos recursos naturais - a eqüidade deve orientar a fruição ou o uso da água, do ar e do solo, propiciando oportunidades iguais a casos iguais ou semelhantes;

---

4 MACHADO, Paulo Affonso Leme. *Direito Ambiental Brasileiro.* 8ª ed. ver, atual, ampl. São Paulo: Malheiros, 2000.

2 - Princípio do usuário-pagador – o utilizador do recurso deve suportar os custos destinados a tornar possível sua utilização, evitando que o Poder Público e terceiros paguem por ele;

3 - Princípio do poluidor-pagador - o poluidor deve pagar a poluição que pode ser ou que já foi causada; aquele que causar a deterioração paga os custos exigidos para prevenir ou corrigir, não significando, porém, que quem pagar está autorizado a causar dano;

4 - Princípio da precaução – enunciado no Princípio 15, da Declaração do Rio de Janeiro: “Quando houver ameaça de danos sérios ou irreversíveis (ao meio ambiente), a ausência de absoluta certeza científica não deve ser utilizada como razão para postergar medidas eficazes e economicamente viáveis para prevenir a degradação ambiental”. Na dúvida acerca da produção do dano ambiental, deve-se optar pela solução que proteja o ser humano e conserve o meio ambiente;

5 - Princípio da prevenção – deve-se evitar a consumação dos danos ao meio ambiente;

6 - Princípio da reparação – o meio ambiente danificado deve ser reparado, não bastando a indenização das vítimas;

7 - Princípio da informação – cada indivíduo deve ter acesso adequado às informações relativas ao meio ambiente de que disponham as autoridades públicas. A informação ambiental deve ser transmitida sistematicamente, e não apenas nos acidentes ambientais;

8 - Princípio da participação – o melhor modo de tratar as questões do meio ambiente é assegurando a participação de todos os cidadãos interessados, no nível pertinente.

Antes de 1988, não havia referências constitucionais expressas ao meio ambiente. Esse quadro de omissão constitucional mudou com a Carta de 1988, que dedicou um capítulo inteiro ao assunto, que vem tratado no art. 225, cujo *caput* dispõe que “todos têm direito ao meio ambiente ecologicamente equilibrado, bem de uso comum do povo e essencial à sadia qualidade de vida, impondo-se ao poder público e à coletividade o dever de defendê-lo e preservá-lo para as presentes e futuras gerações”.

Dentre os diversos parágrafos do art. 225, cumpre destacar o 3º, que prevê que as condutas lesivas ao meio ambiente sujeitarão os infratores, pessoas físicas ou jurídicas, a sanções penais e administrativas, independentemente da obrigação de reparar os danos. Isso significa que as responsabilidades penal, administrativa e civil são independentes entre si, isto é, o fato de ter sofrido uma multa administrativa não impede que o infrator seja processado criminalmente ou seja condenado a indenizar o dano na esfera civil.

O art. 225 impõe ao Poder Público o dever de defender e preservar o meio ambiente para as presentes e futuras gerações. A expressão Poder Público é genérica e abrange União, Estados, Distrito Federal e Municípios. Logo, todos eles têm competência para a proteção ambiental.

Podem legislar em matéria de proteção ao meio ambiente a União, os Estados e o Distrito Federal, tratando-se de competência legislativa concorrente, prevista no art. 24, inc. VI, VII e VIII. A União estabelece normas gerais e os Estados, normas suplementares. O Município também poderá suplementar a legislação federal com fundamento no art. 30, inc. I, II e VIII, desde que se trate de matéria de caráter local ou para complementar as normas promulgadas pela União e pelos Estados.

Já a competência material para proteger o meio ambiente é comum à União, Estados, Distrito Federal e Municípios. A competência material abrange a proteção do meio ambiente, o combate à poluição em qualquer de suas formas e a preservação das florestas, fauna e flora (art. 23, inc. VI e VII, da CF).

No âmbito internacional, David Harvey[5] traça um interessante painel dos movimentos ecológicos nos Estados Unidos, refletindo visões universais da questão ambiental.

O primeiro movimento é o da denominada "visão padrão", segundo a qual o tratamento geral dos problemas ambientais deve ser a intervenção apenas após o evento danoso. Essa estratégia surge, em parte, da crença de que preocupações ambientais não devem atrapalhar o progresso e qualquer dificuldade posterior ao evento pode ser limpa com efetividade, se for necessário (o que não é verdade, pois há problemas irreversíveis, como a extinção de espécies e destruição do *habitat*).

O único problema admitido pela "visão padrão" é o chamado fracasso de mercado, que ocorre porque as empresas podem externalizar custos pelo uso gratuito do ambiente para obter recursos ou dispor de rejeitos, tornando-se então tarefa do Estado regular a questão para forçar as empresas a internalizar os custos externos. A intervenção estatal, ferramenta lógica do gerenciamento ambiental, deve se limitar a ocorrer quando houver prova clara de dano sério

---

[5] HARVEY, David. *Justice, Nature and the Geography of Difference.* New York, Blackwell, 1996.

pelo fracasso do mercado e esse dano puder ser quantificado. A estratégia eleita é negociar soluções entre o Estado e o setor privado, caso a caso.

A "visão padrão" não desafia os direitos básicos da propriedade privada e da maximização dos lucros. A única questão séria é como gerenciar melhor o ambiente para acumular capital e ter eficiência econômica e crescimento.

O segundo movimento é a denominada "modernização ecológica", que promove a crença de que a atividade econômica sistematicamente produz dano ambiental e, então, a sociedade deveria adotar uma conduta pró-ativa a respeito da regulação ambiental e controle ecológico. A prevenção é vista como preferível à reparação. A palavra chave é sustentabilidade. Os direitos das futuras gerações e a questão da temporalidade apropriada vão para o centro da discussão, no lugar de serem abandonados às forças de mercado, como ocorre na "visão padrão". Também tem havido o reconhecimento crescente de que práticas caso a caso e após o evento podem produzir resultados desequilibrados e ineficientes.

O papel da ciência na mudança da "visão padrão" para a "modernização ecológica" foi importante, pois foi ela que revelou problemas como o aquecimento global e os buracos na camada de ozônio, tornando necessária uma ação coletiva, além das fronteiras dos estados nacionais.

A tese da "modernização ecológica" tornou-se enraizada em muitos segmentos do movimento ambiental. Fez-se necessário demonstrar que a "modernização ecológica" pode ser lucrativa. O alto custo de recentes esforços de reparação tem levado muitos a um novo olhar sobre a prevenção.

O discurso da "modernização ecológica" conseguiu amplo apoio social, graças à contribuição do poder político e econômico contemporâneo, inclusive com o aumento do interesse da classe média na qualidade ambiental e no turismo ecológico e com o aumento de sua preocupação com os perigos ambientais à saúde.

Os fracassos evidentes da modernização capitalista em países em desenvolvimento também tornaram a retórica da "modernização ecológica" mais atraente. Para as nações capitalistas avançadas, lutando para continuar competitivas, a imposição de severa regulação ambiental, exigindo soluções de alta tecnologia, acenava como vantagem competitiva para suas indústrias a abertura de um grande mercado exportador para a tecnologia ambiental por ela desenvolvida.

A "modernização ecológica" implica regulação severa sobre o direito de propriedade privada.

O terceiro movimento é uma reação aos impactos da modernização ecológica sobre a propriedade privada. Ele é chamado de "uso sábio" e se funda na visão de que os proprietários têm todo o incentivo para manter e sustentar as condições ecológicas que lhe fornecem sustento e que, independente de regulação, deixarão para seus descendentes uma terra melhor, e não uma terra pior. Juristas e teóricos sustentam que a desapropriação por motivos ambientais sem justa indenização não se justifica.

O movimento do "uso sábio" nos Estados Unidos" tem raiz na longa tradição de oposição aos poderes do governo federal para regular a propriedade privada. Esse movimento tem dois argumentos: o direito a empregos deve prevalecer sobre o direito da natureza e as normas universais sobre o uso da terra necessariamente fazem injustiça às determinações locais e privadas.

Embora esse movimento tenha sido cooptado por corporações, indústrias, madeireiras e agricultores, ele tem uma base democrática e populista. Deve ser destacado que não há motivo para acreditar que cada proprietário será mais sábio que a coletividade, especialmente no que tange às questões globais.

O quarto movimento é o da "justiça ambiental", que se opõe aos anteriores por várias razões:

1) as desigualdades na proteção contra os riscos ambientais são palpáveis;
2) o discurso dos *experts* freqüentemente tem sido usado pelas formas dominantes do poder político-econômico para negar ou minimizar os sérios efeitos à saúde advindos da exposição desigual;
3) o movimento ecológico tem adotado discursos de conservação das espécies porém não se importa com as causas dos sem-teto ou desempregados. É um estranho paradoxo que um movimento que exorta a coexistência harmoniosa de pessoas com a natureza só se preocupe com a sobrevivência da natureza e se esqueça da sobrevivência humana. A "justiça ambiental" põe a sobrevivência das pessoas, em geral, e dos pobres e marginalizados, em particular, no centro de suas preocupações;

4) o movimento da "justiça ambiental" junta metas ecológicas com justiça social de modo único, defendendo os marginalizados, os humildes, as minorias étnicas e as mulheres;
5) a "justiça ambiental" foca os aspectos discriminatórios e raciais do problema.

O movimento apóia-se em políticas simbólicas e poderosos ícones da mídia em acidentes de poluição. Há uma aguda percepção de que o jogo está perdido para os pobres e marginalizados assim que o problema é colocado em termos de troca monetária. Em sociedades governadas por profundas desigualdades de poder político, condição econômica, social e cultural, a promessa de direitos iguais é ilusória, com a conseqüência de que, para a maioria, os direitos são meramente abstratos, formais, sem influir na realidade da vida social. Enquanto a vida social é regulada por esses princípios, o discurso dos direitos iguais é uma ideologia.

O salto que o movimento dá é o da redefinição do ambiente para incluir a totalidade das condições de vida em nossas comunidades – ar e água, empregos seguros com salários decentes, moradia, educação, sistema de saúde, prisões humanas, igualdade, justiça. Ele também leva a considerações sobre áreas urbanas.

Geralmente mostradas como o ponto alto da poluição, as cidades ou são ignoradas, ou são denegridas na literatura ecológica e naquela corrente do ambientalismo que vê a natureza como vida selvagem, espécies e preservação de *habitat*. Contudo, é necessário entender a construção de sistemas urbanos como processos fundamentalmente ecológicos. Deve haver justiça ambiental na cidade pela limpeza e reconstrução dos ambientes urbanos. Deve haver uma superação da oposição entre cidade e campo, que demoniza a primeira e romantiza o último.

O movimento da "justiça ambiental" freqüentemente invoca princípios igualitários em suas reivindicações por maior igualdade na distribuição de vantagens e fardos ambientais.

Harvey conclui dizendo que cada uma dessas teorias é valida, porém elas fracassam se adotadas isoladamente. Deve-se abandonar a procura por uma única teoria aplicável à diversidade das questões ambientais, que ocorrem nos diversos níveis. A dificuldade desta posição é clara: por que adotar determinados princípios e não outros? E o que impede que a flexibilidade de certos discursos ambientais seja deturpada por leis que acentuem a vantagem dos que já são elite? A luta de classes está justamente em definir os princípios que prevalecerão. É necessário pensar como arbitrar conflitos complexos.

No Brasil, o art. 225, da Constituição e a Lei Federal nº 6.938/81 claramente abrigaram princípios do movimento da "modernização ecológica", preocupando-se com os direitos das futuras gerações e prevendo que a política nacional do meio ambiente tem por objetivos a preservação, melhoria e recuperação da qualidade ambiental, estabelecendo diversos mecanismos de intervenção do Poder Público sobre a propriedade e a atividade econômica, como o licenciamento, o estudo prévio de impacto ambiental, o planejamento e a fiscalização.

## 3. CONFLITO ENTRE DIREITO AO MEIO AMBIENTE E DIREITO À MORADIA

No artigo "Planejamento urbano no Brasil: as idéias fora do lugar e o lugar fora das idéias", a Profª. Ermínia Maricato relata o quadro que levou a população de baixa renda a construir suas moradias em áreas de proteção ambiental, especialmente as áreas de proteção aos mananciais, no que concerne à Região Metropolitana de São Paulo.

Para ela, a exclusão urbanística representada pelas ocupações ilegais vem sendo ignorada na representação da cidade oficial. Elas não estão inseridas no mercado imobiliário formal e sua relação com o Poder Público tem sido de mero favor, baseada em anistias periódicas que permitem a regularização de imóveis e implantação de alguma infraestrutura. Essa cidade informal é palco de segregação territorial, de falta de saneamento, de problemas ambientais como riscos de desmoronamento e enchentes e de violência.

Não se pode considerar, contudo, que a falta de planejamento urbano tenha sido causadora do caos. O planejamento urbano, importado dos países centrais, há muito vem sendo utilizado no país. Ocorre que ele atinge apenas a cidade formal. O mesmo se pode dizer da legislação urbanística. A maioria das cidades grandes apresenta leis de parcelamento do solo, de zoneamento, códigos de obras. Ao lado dessa regulação abundante, contudo, coexiste a flexibilidade da cidade ilegal. Percebe-se, pois, que os planos urbanísticos não impediram que as cidades tivessem problemas graves, já que o crescimento tem se dado ao largo dos planos. Habitação social, transporte público, saneamento e drenagem não figuram como temas importantes nos planos.

A história do planejamento urbano no Brasil mostra grande distância entre a retórica dos planos e sua prática: direitos universais no discurso, discriminação e desigualdade na prática da gestão urbana. O "plano discurso" sugere preocupação social, porém não é cumprido. Foi durante o regime militar que o planejamento urbano mais se desenvolveu. O plano era considerado a solução para o caos urbano. Nesse mesmo período, contudo, as cidades brasileiras tiveram seu maior crescimento, que se deu fora da lei.

Um aparato regulatório exagerado convive com uma radical flexibilidade. Essa regulação desconsidera a condição de ilegalidade em que vive grande parte da população brasileira em relação à moradia e à ocupação da terra. "A ocupação ilegal da terra urbana é não só permitida, como parte do modelo de desenvolvimento urbano no Brasil"[6]. A ilegalidade na provisão de moradias urbanas é funcional para a manutenção do baixo custo de reprodução da força de trabalho. A principal alternativa de moradia popular tem sido a combinação do lote precário e irregular na periferia urbana com a autoconstrução da moradia.

O poder público acredita que resolverá os problemas urbanos apenas legislando – sobretudo através de proibições, como se estas fossem capazes de produzir uma mágica alteração da realidade. Apesar de ineficaz, essa estratégia é retomada continuamente. Percebe-se que existe um hiato entre o arcabouço jurídico e a realidade social.

A invasão de terra urbana tem sido parte do processo de urbanização. Ela é estrutural e institucionalizada em razão do mercado imobiliário excludente e da ausência de políticas sociais. Invasão, termo muitas vezes rejeitado, é a ocupação de terra alheia, na maioria dos casos por falta de alternativas. Os loteamentos ilegais, por outro lado, não são terras invadidas, mas apresentam ilegalidades em relação à titulação ou às exigências urbanísticas.

A ilegalidade é resultado da urbanização que segrega e exclui. São características do processo de urbanização:

1) a industrialização com baixos salários e o mercado residencial restrito. Nos anos 90, o financiamento habitacional não atinge quem ganha menos de dez salários mínimos. Como, na Região Metropolitana de São Paulo, apenas 40% das famílias têm renda igual ou superior a dez salários mínimos, pode-se concluir que 60% da população está excluída do mercado formal de

---

[6] MARICATO, Ermínia.Planejamento urbano no Brasil: as idéias fora do lugar e o lugar fora das idéias. *In* ARANTES, Otília, MARICATO, Ermínia e VAINER, Carlos. *A cidade do pensamento único: desmanchando consensos.* Petrópolis: Vozes, 2000.

moradia. A produção pública não gera impacto no mercado devido à baixa oferta. Logo, essa demanda terá que procurar solução no mercado informal;

2) a gestão urbana pelos Municípios e Estado tem tradição de investimento regressivo, ou seja, os investimentos públicos se orientam para a valorização das propriedades fundiárias, e não para a democratização do acesso à terra para moradia;

3) legislação ambígua ou aplicação arbitrária da lei. O Estado não tem exercido o poder de polícia. A ocupação de terras urbanas tem sido tolerada, porém não é em qualquer área que a tolerância prevalece. Nas áreas valorizadas pelo mercado, a lei se aplica. Já nas áreas desvalorizadas ou inviáveis para o mercado, a lei pode ser transgredida. De fato, quando ocorre invasão em área valorizada, o proprietário ajuíza ação de reintegração na posse, e seu direito de propriedade tem sido assegurado pelas decisões da Justiça. Já nas áreas desvalorizadas, é celebrado um negócio entre os proprietários e os moradores, e a transgressão aos padrões urbanísticos e ambientais não recebe a mesma tutela. Não deixa de ser curioso que o direito de propriedade, que é individual, seja melhor resguardado que os direitos urbanísticos e ao meio ambiente, que são direitos coletivos.

Como conseqüências deste processo de urbanização surgem a predação ambiental e a escalada da violência, que pode ser medida pelo número de homicídios ocorridos nas periferias das grandes cidades.

Em São Paulo, a moradia pobre ocupa as áreas de proteção aos mananciais, protegidas por legislação estadual, municipal e até federal. São as áreas que apresentaram maiores índices de ocupação nos anos 80.

> "As áreas ambientalmente frágeis – beira de córregos, rios e reservatórios, encostas íngremes, mangues, áreas alagáveis, fundos de vale – que, por essa condição, merecem legislação específica e não interessam ao mercado legal, são as que 'sobram' para a moradia de grande parte da população. As conseqüências são muitas: poluição dos recursos hídricos e dos mananciais, banalização de mortes por desmoronamentos, enchentes, epidemias, etc.
>
> É freqüente esse conflito tomar a seguinte forma: os moradores já instalados nessas áreas, morando em pequenas casas onde

investiram suas parcas economias enquanto eram ignorados pelos poderes públicos, lutam contra um processo judicial para retirá-los do local. Nesse caso eles são vistos como inimigos da qualidade de vida e do meio ambiente. A remoção como resultado do conflito não é, entretanto, a situação mais corrente. Na maior parte das vezes a ocupação se consolida sem a devida regularização."[7]

Não surpreende, pois, que a população das áreas de proteção aos mananciais, tenha chegado a 1.800.000 pessoas, cerca de 10% da população da Região Metropolitana de São Paulo, sendo que, destas, 1.600.000 residem nas áreas das Represas Guarapiranga e Billings[8].

Essa ocupação crescente tem sido amplamente divulgada como predatória ao meio ambiente, formando-se a imagem de que as pessoas que encontram sua única opção de moradia em ocupações ou loteamentos irregulares nas áreas de mananciais são inimigas do meio ambiente.

É curioso notar que, conforme mencionado acima, antes da existência de legislação específica de proteção ao meio ambiente, este era tutelado com base em normas que protegiam o direito de vizinhança e normas sanitárias.

Estas últimas serviram de fundamento para diversas intervenções urbanas de caráter higienista ocorridas no início do século XX, conforme relato de João Sette Whitaker Ferreira:

> "Nesse processo, e nas demais intervenções de urbanização no Rio do início do século passado, em que morros foram desmontados, aterros criados, e a natureza bastante modificada para a construção da capital, não havia sequer possibilidade de contestação por parte da população atingida, e os propósitos de uma "higienização social" estavam muito pouco escondidos. A população pobre foi sistematicamente expulsa dos cortiços e dos morros centrais, deslocando-se invariavelmente para locais distantes – menos valorizados – ou mesmo para outros morros. Tais planos urbanísticos, que ficaram conhecidos como de Melhoramentos e Embelezamento, repetiram também em São Paulo essa mesma lógica, assim como em muitas outras cidades bra-

---

[7] MARICATO, Ermínia. Ob. cit.

[8] Relatório de Qualidade Ambiental do Estado de São Paulo – 2003, editado pela Secretaria Estadual do Meio Ambiente

sileiras, como Curitiba, Porto Alegre, Santos, Manaus, Belém. Amparadas na preocupação de higienização dos bairros mais pobres, onde se verificava uma relação direta entre insalubridade e doenças como a febre amarela, entre outras, as intervenções da época aproveitavam tal justificativa para pouco a pouco promover a expulsão da população mais pobre das áreas centrais e renovar esses bairros com novos padrões de ocupação." [9]

No final do século XX e início do XXI, é possível ouvir quem defenda a desocupação das áreas de mananciais, em nome da preservação ambiental, como se o direito à moradia fosse incompatível com a preservação ambiental.

Ora, conforme visto acima, a ocupação das áreas de mananciais se deu em virtude da falta de condição econômica da classe trabalhadora para adquirir moradias no mercado formal, aliada à falta de capacidade do Poder Público de suprir essa demanda. Assim, as áreas com restrições à ocupação, desvalorizadas, foram ocupadas pela população de baixa renda, sem que o Poder Público fiscalizasse ou impedisse a ocupação. Não bastassem os prejuízos ambientais ocorridos no momento da ocupação, tais como remoção da cobertura vegetal, erosão e assoreamento dos corpos d'água, estes danos são agravados pela falta de investimento estatal em infra-estrutura, já que tais investimentos são direcionados preferencialmente para as áreas ocupadas pelas classes dominantes. De fato, após a ocupação, a ausência de rede de coleta de esgoto e de drenagem e de coleta de lixo só fazem piorar a degradação que já havia ocorrido.

Não se pretende aqui advogar que as áreas de proteção ambiental sejam mais e mais ocupadas. Ao contrário, as áreas de proteção que estejam desocupadas devem ser mantidas assim, ou devem nelas ser implantados usos compatíveis com sua destinação. Contudo, no que tange às áreas que já tenham sido ocupadas, e cuja ocupação esteja consolidada, há necessidade de adoção de medidas para mitigar o impacto ambiental, providência apta a atender o interesse geral da sociedade na preservação ambiental e a contribuir para a melhoria da qualidade de vida dos moradores.

Conforme prega Edésio Fernandes, a discussão acerca do conflito crescente entre as políticas que visam à proteção do direito social à moradia e as políticas de preservação ambiental é um falso conflito, já que a

---

[9] FERREIRA, João Sette Whitaker. Ob. cit.

colocação de ênfase no "passivo ambiental" prejudica a discussão sobre o "passivo socioambiental". Ora, tanto o direito ao meio ambiente ecologicamente equilibrado quanto o direito à moradia são direitos constitucionalmente protegidos, não se podendo cogitar da prevalência de um sobre o outro, e sim devendo ser ambos compatibilizados de modo a viabilizar alternativas para a moradia da população de baixa renda.[10]

## 4. AÇÃO CIVIL PÚBLICA

Por fim, o Poder Judiciário tem se deparado com Ações Civis Públicas versando sobre parcelamento clandestino do solo em áreas de proteção ambiental. A Lei nº 7.347/85 atribui legitimidade para o ajuizamento da Ação Civil Pública ao Ministério Público, União, Estados, Municípios, autarquias, empresas públicas, fundações, sociedades de economia mista e associações constituídas há pelo menos um ano e que incluam entre suas finalidades institucionais a proteção do meio ambiente, do consumidor, da ordem econômica, da livre concorrência e do patrimônio artístico, estético, histórico, turístico e paisagístico. Contudo, a prática demonstra que cerca de 95 % das Ações Civis Públicas são ajuizadas pelo Ministério Público. Em relação aos danos à ordem urbanística, há algumas ações ajuizadas por Prefeituras Municipais e por associações de moradores, prática que se mostra bastante salutar.

A Ação Civil Pública poderá ter por objeto a condenação em dinheiro ou o cumprimento de obrigação de fazer ou não fazer. No que tange ao parcelamento ilegal do solo, os pedidos formulados nas Ações Civis Públicas são de regularização do parcelamento, se ela se mostrar viável, ou de desfazimento. Os pedidos de desfazimento têm sido reservados para casos em que a regularização seja totalmente impossível, especialmente em virtude da implantação do parcelamento em

[10] FERNANDES, Edésio. Princípio, Bases e Desafios de uma Política Nacional de Apoio à Regularização Fundiária Sustentável. *In* ALFONSIN, Betânia e FERNANDES, Edésio (org. e co-autores). *Direito à Moradia e Segurança da Posse no Estatuto da Cidade Diretrizes, Instrumentos e Processos de Gestão*. Belo Horizonte: Fórum, 2004.

[11] Cumpre esclarecer que as ações civis públicas com pedidos de desfazimento também continham pedidos de indenização dos adquirentes. Elas começaram a ser propostas no início dos anos noventa, especialmente em casos em que a implantação do loteamento estava em fase inicial. Era formulado pedido de liminar para paralisar a implantação. Ocorre que as liminares, embora tenham sido concedidas, acabaram não sendo respeitadas, de modo que, o pedido de desfazimento, que na petição inicial se referia a poucas casas, no final do processo abrangia centenas de moradias, panorama não antecipado quando do ajuizamento das ações.

áreas de proteção ambiental, ou quando o loteamento ainda se encontre em fase inicial[11] ou, ainda, para casos em que o desfazimento não acarretará problema social, como no caso de chácaras de lazer em áreas de preservação permanente.

Quando a ação versa sobre loteamento para fins de moradia de população de baixa renda, os Promotores de Justiça, num primeiro momento, formularam pedidos de desfazimento do loteamento, com a restituição da área ao estado anterior. Atualmente, há uma tendência a formular pedidos de regularização, ainda que essa encontre algum óbice legal, exigindo-se adaptações ou compensações pelo descumprimento da lei. Essa postura visa viabilizar o cumprimento das decisões da justiça e resguardar o direito à moradia das populações envolvidas. Também tem ocorrido o ajuizamento de ações pedindo exclusivamente a indenização dos danos urbanísticos e ambientais acarretados pelo parcelamento irregular.

Não é possível fornecer um panorama amplo da postura do Poder Judiciário nessas ações. Nos casos de loteamentos passíveis de regularização, que são bem mais simples, os juízes têm determinado que ela ocorra. Já nos casos em que a regularização implique o descumprimento de alguma norma legal, não há decisões suficientes para se demonstrar uma tendência.

Contudo, vale registrar uma sentença pioneira da Comarca de São Bernardo do Campo, que julgou parcialmente procedente o pedido formulado em uma ação civil pública versando sobre loteamento clandestino em área de proteção aos mananciais, condenando os réus a remover o asfalto e pavimentar o sistema viário com material não impermeável (paralelepípedos ou bloquetes); construção de poços de captação e percolação das águas superficiais; remover o pavimento impermeável das calçadas, com substituição por grama, ressalvados os acessos para veículos em garagem; implantar sistema de coleta e tratamento de resíduos líquidos e sólidos ambientais, com a proibição de desaguarem na represa e aquisição de área contígua de compensação, que represente outros 30% da gleba, a ser destinada a área pública, sem impermeabilização do solo, impondo ainda o pagamento de indenização pecuniária pelos danos causados ao meio ambiente.

Recorreram os réus e o Ministério Público, este último pretendendo, entre outras providências, a recuperação das áreas de preservação permanente do art. 2º, do Código Florestal, ou de primeira categoria, como denominadas pelas Leis Estaduais nº 898/75 e 1.172/76, o desassoreamento dos cursos d'água e da represa e que a área de compensação seja alterada quanto ao seu tamanho e à sua localização, devendo ser adquirida área livre e vegetada de 129.500 m², tendo como parâmetro o tamanho mínimo do lote preconizado na legislação de mananciais, então de 500 m², não sendo necessariamente área contígua, desde que próxima e dentro da sub-bacia hidrográfica da represa Billings, com o que se facilitará a aquisição. Foi negado provimento ao recurso dos réus e acolhido parcialmente o recurso do Ministério Público, nos seguintes termos:

> "Verifica-se, primeiramente, que o mesmo não concorda com a parte da sentença que dispôs que '*a consolidação da ocupação inviabiliza até mesmo a demolição das construções em área de preservação permanente*', alegando que as fotos revelam claramente que há ocupações em áreas de risco, que, por isso, não podem ser ocupadas da forma como estão sendo, devendo ser preservadas permanentemente. E tem razão o apelante, porque não bastasse a determinação legal de que se trata de área de preservação permanente, fácil compreender os riscos de edificação nesses locais, tanto para a família que irá ocupar a residência, como em relação aos danos ao meio ambiente em face de deslizamentos e assoreamentos. Esses locais não podem receber edificação alguma, ficando os réus obrigados a apresentar, no prazo de 60 dias, projeto técnico definindo os locais onde se faz indispensável a recuperação vegetativa, atendidas as exigências legais.
>
> Ainda, tem razão o autor ao reclamar o condenação dos co-réus em proceder o desassoreamento dos cursos d'água e da própria represa, já parcialmente atingida, como mostram as fotos. Esse, aliás, o principal objetivo da ação.
>
> Quanto à área de compensação a ser adquirida pelos réus, realmente ela não pode se limitar a 35% da gleba, percentual que diz apenas com a necessária à implantação do loteamento (Lei nº 6.766/79), sendo razoável aquela alvitrada pelo Ministério Público, de 129.500 m², cujo cálculo considera a compensação em relação ao dano efetivamente causado. Aí, a área não precisaria ser contígua, mas próxima, desde que dentro da sub-bacia hidrográfica da Represa Billings." (Acórdão proferido pelo Tribunal de Justiça de São Paulo na Apelação Cível nº 125.688-5/9-00, de São Bernardo do Campo).

Portanto, em sede de Ação Civil Pública, o Poder Judiciário é capaz de encontrar soluções alternativas, e espera-se que o exemplo supra seja seguido por outros juízes.

## 5. CONCLUSÃO

Conforme dito acima, até um certo ponto, a poluição é inevitável e tolerável. Todo ser humano produz diariamente esgoto e lixo; os deslocamentos por automóvel e ônibus provocam poluição do ar; a produção de alimentos provoca desgaste do solo e uso de agrotóxicos; isso sem falar em hábitos como, por exemplo, o uso de celulares, que causam poluição eletromagnética. Seria possível fazer uma lista enorme de agressões ao meio ambiente provocadas pelos hábitos normais que fazem parte do estilo de vida da maioria da população. Nem por isso todas as pessoas são tratadas como poluidoras.E não é a pretensa quantidade de poluição gerada que faz com que algumas pessoas sejam consideradas poluidoras, pois, nesse caso, as pessoas mais ricas, evidentemente, se enquadrariam melhor no conceito de poluidoras. Geram mais lixo, consomem mais mercadorias, deslocam-se com veículos que gastam mais combustíveis... Contudo, não são encaradas pela sociedade como poluidoras. Poluidoras são as pessoas pobres, não porque gerem mais lixo ou esgoto, mas pelo simples fato de que só conseguiram morar em locais não atendidos pelos serviços de coleta de esgoto e de lixo, serviços de responsabilidade do Poder Público.

Tratar a pessoa pobre, que constrói a moradia de sua família em área de proteção ambiental, como degradadora do meio ambiente, que deve ser sumariamente removida do local para a recuperação ambiental e processada pela prática de crime ambiental, implica uma visão simplista da questão[12].

Isso porque a remoção da família sem adequado atendimento habitacional implica em violação ao direito à moradia, cumprindo acrescentar que a remoção sumária implica violação aos direitos de defesa e ao devido processo legal.

Ademais, não se pode esquecer que a noção de meio ambiente inclui o homem no meio ambiente. De fato, quando a Constituição Federal dispõe que **todos** têm direito ao meio ambiente ecologicamente equilibrado, impondo-se ao Poder Público e à coletividade o dever de defendê-lo e preservá-lo, para as presentes e futuras gerações, ela

---

[12] A esse respeito vale citar acórdão do TJSP: "CRIME CONTRA O MEIO AMBIENTE - Causa supralegal de exclusão da ilicitude - Ocorrência - Construção de imóvel em local de preservação ecológica, sem autorização do órgão competente - Pessoa miserável que, sem recursos para sua mantença e de sua família, constrói mísero barraco para abrigar a entidade familiar em local onde outros já estavam localizados - Providências de cunho administrativo e civil para desocupação da área que são suficientes à solução da questão - Absolvição pelo delito previsto no art. 64 da Lei 9.605/98 que se impõe (TJSP) - RT 835/545"

inclui na proteção constitucional todas as pessoas, inclusive as pobres, que fazem parte do universo de todos os titulares desse direito e merecem a proteção do Poder Público. A manutenção do meio ambiente ecologicamente equilibrado inclui o meio ambiente urbano e implica uma cidade em que não haja moradias em áreas de risco, sem saneamento básico e sem condições de dignidade. A existência de milhares de famílias vivendo nessas situações constitui uma grave violação ao direito ao meio ambiente de todos, inclusive daqueles que vivem nessas precárias condições.

Isso sem falar que a população pobre é a maior vítima do desequilíbrio ambiental. Vive em áreas sujeitas a deslizamentos e enchentes, em áreas onde o esgoto corre a céu aberto e o lixo é recolhido irregularmente, causando a proliferação de ratos, insetos e doenças infecto-contagiosas. Ocupa áreas contaminadas, antigos lixões. Mora nas proximidades de indústrias, pedreiras, rodovias e outros empreendimentos incômodos que geram poluição sonora e do ar.

Assim, não é adequado penalizar a população pobre que vive em áreas irregulares pelo descumprimento de obrigações que competem ao Poder Público. De fato, compete à União, Estados, Distrito Federal e Municípios proteger o meio ambiente, promover programas de construção de moradias e a melhoria das condições habitacionais e de saneamento básico, bem como combater as causas da pobreza e os fatores de marginalização, promovendo a integração social dos setores desfavorecidos.

Resta claro, pois, que contrapor a moradia da população de baixa renda ao meio ambiente é um discurso que somente interessa ao Poder Público. A defesa do meio ambiente é um ícone do século XXI. Bancos que financiam empreendimentos poluidores, siderúrgicas, pedreiras, indústrias e outras atividades altamente degradadoras do meio ambiente fazem o marketing da responsabilidade ambiental. Assim também ao Poder Público interessa colocar-se como defensor do ambiente, atendendo aos anseios da classe média. Ao transmitir a imagem de que os pobres são os responsáveis pela degradação do meio ambiente, o Estado livra-se da responsabilidade que lhe cabe pela ocupação das áreas ambientalmente frágeis pela moradia popular, seja pela insuficiência das políticas habitacionais, seja pela omissão na fiscalização. E ao tomar providências para remover essas moradias em prol do meio ambiente, o Estado atrai a simpatia das classes médias que prezam o discurso da defesa ambiental e fecham os olhos às violações de direitos feitas em nome dessa defesa.

Não se deve aceitar a oposição entre meio ambiente e moradia popular. É necessário exigir a tutela a ambos os direitos e não o sacrifício de um em detrimento do outro. Mas como se pode fazer isso?

Consideremos as áreas de proteção aos mananciais da Região Metropolitana da Grande São Paulo. Nessa área, já residem 1.800.000 pessoas, muitas das quais moram em ocupações irregulares sem abastecimento de água e sem coleta de esgoto e lixo domiciliar, por vezes às margens da represa.

Sem dúvida, as primeiras medidas a serem adotadas são a informação e a prevenção. É necessário que se faça divulgação de que o local é área de proteção aos mananciais. Em alguns locais, esta informação já consta em placas com nomes de ruas, medida que deveria ser ampliada. Além disso, podem ser colocadas placas informativas e de orientação. É necessário, ainda, evitar a implantação de novos loteamentos clandestinos e ocupações na área, através da fiscalização e do incentivo aos usos adequados dos imóveis ainda não ocupados.

Quanto às áreas já ocupadas, há que se reparar o meio ambiente. E a remoção de moradias não é a única forma de reparação ambiental, já que em muitos casos a execução de obras de infra-estrutura, como a coleta e o tratamento de esgotos, e a implantação de serviços urbanos, como a coleta de lixo, poderá ser suficiente para a cessação da agressão ao ambiente. Em qualquer dos casos, é fundamental a participação da população nas decisões que irão atingi-la e, quer se proceda à remoção, quer se executem obras, em atenção ao princípio do poluidor-pagador, o Poder Público deverá custear o atendimento habitacional aos moradores removidos ou as obras executadas.

Finalmente, não é adequado considerar que a defesa do meio ambiente constitui um interesse difuso, enquanto o direito a moradia seria um direito individual, devendo, pois, o primeiro prevalecer sobre o segundo, em razão da sua maior abrangência.

A esse respeito, cumpre citar a reflexão formulada pela arquiteta e professora Maria Lucia Refinetti Martins[13]: "numa sociedade como a brasileira, a defesa de direitos difusos corre o risco de ser a defesa dos sujeitos indeterminados, 'que têm', em relação aos 'que não têm' e buscam adquirir. A defesa do direito à cidade não deveria ter o caráter de defesa de interesse difuso? E quando dispositivos do Direito

---

[13] MARTINS, Maria Lúcia Refinetti. Moradia e Mananciais: Tensão e Diálogo na metrópole. São Paulo: FAUUSP/FAPESP, 2006.

Administrativo como a legislação urbanística e ambiental barram o acesso ao direito à cidade àqueles que, por razões econômicas, não têm direito à cidade legal?".

As colocações formuladas no presente trabalho tiveram como objetivo apresentar o direito à moradia e o direito ao meio ambiente como direitos igualmente relevantes. O direito à moradia, além de direito individual, constitui, igualmente, um patrimônio social cuja violação atinge não só aquele que sofreu o despejo forçado, mas também toda uma sociedade que pretende erradicar a pobreza e a marginalização e reduzir as desigualdades sociais. O direito ao meio ambiente, por sua vez, também é um direito de todos cuja violação atinge a cada um. Não se pretendeu aqui pregar a prevalência do direito à moradia sobre o meio ambiente; pretendeu-se, apenas, destacar que a moradia deve ser protegida e que a defesa ambiental não deve ser pretexto para sua violação. É necessário e urgente que se abandone o discurso da oposição entre esses direitos, buscando-se sua compatibilização através de programas habitacionais e políticas públicas que tornem a população de baixa renda sujeito do direito à cidade.

| | |
|---|---|
| Formato | 15,8x23,0 |
| Tipologia | Frutiger e Arial |
| Papel miolo | Off set branco 75g/m² |
| Papel capa | Cartão triplex revestido 250g/m² |
| Número de páginas | 272 |
| Tiragem | 1800 |
| CTP, Impressão e Acabamento | imprensaoficial |